ÉTUDES

L'HISTOIRE DU DROIT CRIMINEL

DES PEUPLES ANCIENS.

Bruxelles.— Typ. Brulant-Christophe et Cⁱᵉ, rue Blaes, 35.

ÉTUDES

SUR L'HISTOIRE

DU DROIT CRIMINEL

DES PEUPLES ANCIENS

(INDE BRAHMANIQUE, ÉGYPTE, JUDÉE),

PAR

J.-J. Thonissen,

PROFESSEUR A L'UNIVERSITÉ CATHOLIQUE DE LOUVAIN,
MEMBRE DE L'ACADÉMIE ROYALE DE BELGIQUE.

TOME I.

BRUXELLES.
BRUYLANT-CHRISTOPHE & COMP.,
33, RUE BLAES.

PARIS.
A. DURAND & PEDONE LAURIEL,
9, RUE CUJAS.

1869

PRÉFACE.

Bien des siècles avant la fondation de Rome, quand
la Grèce et l'Italie n'avaient pas encore aperçu les premières lueurs de la civilisation, les vastes problèmes
de la politique et du droit s'étaient élevés à la hauteur
d'une science sur les bords du Gange et du Nil. Des
législations puissantes et vivaces, accueillies avec une
vénération religieuse, embrassaient dans un cercle
immense le gouvernement, le culte, la famille, la propriété, le travail, tous les actes de la vie publique et

TOME I.

de la vie privée. A mesure que les historiens et les philosophes pénètrent dans les secrets de ces âges reculés, ils découvrent, avec une surprise mêlée d'admiration, de nombreuses et irrécusables preuves d'une expérience consommée dans l'art de gouverner les hommes.

L'Inde et l'Égypte ne furent pas seules à jouir de cet avantage. Un phénomène analogue s'était manifesté sur les rives du Jourdain. Seize siècles avant l'ère chrétienne, Moïse, près de descendre au sépulcre, remit aux conquérants de la Palestine un recueil de lois civiles et pénales, où la sagesse antique s'appuie sur des maximes que les jurisconsultes modernes ont placées parmi les principes essentiels de la science. Là encore, on rencontre dans le guide inspiré d'Israël un génie profond et sagace, qui s'occupe à la fois des intérêts du présent et des exigences de l'avenir, avec une sûreté de vue et une force d'intuition qui ne seront jamais dépassées (1).

---

(1) Afin d'éviter toute fausse interprétation de notre pensée, nous tenons à déclarer, une fois pour toutes, que nous croyons à l'inspiration divine des lois de Moïse, mais que, dans cet ouvrage, nous nous bornons à les examiner au point de vue exclusif de la science.

Aussi l'espoir des grands législateurs des trois pays que nous venons de citer ne fut-il pas déçu. Leurs œuvres, douées d'une robuste vitalité, triomphèrent des redoutables atteintes du temps et des hommes.

Pendant plus de quinze siècles, les lois de l'Égypte furent un objet d'admiration pour tous les peuples de l'antiquité. Aujourd'hui encore, après une interminable série de bouleversements et de conquêtes, la législation religieuse et civile de l'Inde de Brahmâ reçoit les hommages et dirige les actes de près de cent cinquante millions d'âmes. Les Juifs, expulsés de leur patrie, dispersés, opprimés, errants dans toutes les parties du monde, ont transmis à leurs descendants, avec la foi de leurs ancêtres, le respect inaltérable du texte du Pentateuque.

Nous nous sommes proposé de grouper et de coordonner, dans la mesure de nos forces, les fragments de ces législations vigoureuses qui se rapportent à l'origine et à l'exercice du droit de punir.

Depuis un demi-siècle, les glorieuses conquêtes de l'érudition européenne ont complétement renouvelé l'histoire de l'Orient primitif. Pour l'Inde brâhmanique, des lumières inespérées ont jailli de l'étude approfondie

de ses livres religieux, de la publication de ses.poëmes
et de ses codes les plus vénérés. Pour l'Égypte, l'admirable découverte de Champollion et les savantes recherches de ses successeurs ont déchiré le voile qui
couvrait le mystérieux empire des Pharaons. Pour la
Judée, de brillants travaux philologiques et exégéti-
ques sur la Bible et le Talmud ont considérablement
reculé les limites de nos connaissances. La résurrec-
tion de tout un monde, inconnu à nos pères, a été le
résultat de l'essor prodigieux que toutes les branches
des sciences historiques ont pris en France, en Angle-
terre et en Allemagne.

Il nous a paru que l'heure était venue de mettre à
profit les richesses que ces remarquables études ont
fournies aux annales de la justice criminelle. Assurément toutes les difficultés n'ont pas disparu et toutes
les lacunes ne sont pas comblées; mais, sous peine de
faire preuve d'une ignorance grossière, il faut bien
avouer que les historiens et les jurisconsultes de nos
jours connaissent un nombre immense de documents et
de faits complétement ignorés de leurs devanciers qui
ont écrit dans les premières années de ce siècle. Quand
on affecte aujourd'hui la prétention de connaître la

filiation des idées juridiques, il ne suffit plus de prendre pour point de départ Rome ou la Grèce. Il faut
savoir remonter, bien au delà du Capitole et du Parthé-
non, jusqu'aux législations admirablement combinées
de l'Égypte et de l'Asie.

L'utilité des recherches auxquelles nous venons de
nous livrer ne saurait être contestée. L'histoire de la
législation criminelle n'est pas un vain assemblage
d'actions honteuses, de tableaux sanglants, de scènes
terribles et dramatiques, destiné à jeter l'indignation,
la terreur ou la pitié dans l'âme d'un lecteur désœuvré.
Les grandes révolutions sociales ont toujours été suivies
d'un changement radical dans la manière d'envisager
l'incrimination et la pénalité. Les tendances politiques,
les idées morales, les croyances, les coutumes et les
traditions des peuples se manifestent inévitablement
dans leurs institutions judiciaires. Explorer les annales
du droit pénal, c'est mettre en lumière l'une des faces
les plus intéressantes de la civilisation de chaque âge
de l'humanité; c'est chercher, dans le perfectionnement
successif des lois du passé, la nature et la raison d'être
des lois actuelles; c'est fournir des éléments nouveaux
à la solution toujours annoncée, mais toujours incom-

plète, de l'immense problème que soulève la conciliation de la liberté individuelle avec les exigences légitimes de la sécurité générale; c'est puiser, dans les efforts et la persévérance des générations éteintes, le courage de lutter à notre tour pour réaliser des réformes plus généreuses et plus larges. S'il est intéressant et fructueux d'étudier le développement et les variations du droit civil, il est plus utile encore de connaître les innombrables expériences tentées dans le domaine d'une législation où l'honneur, la liberté et la vie des citoyens se trouvent directement en cause.

On pourra reprocher à l'auteur d'être resté au-dessous de sa tâche, et il est le premier à proclamer très-sincèrement les imperfections de ces Études; mais l'élévation même du but auquel il a visé ne saurait être contestée par les esprits sérieux. Ce n'est pas seulement de la vie matérielle qu'il est permis de dire, avec le poëte :

> *Augescunt aliæ gentes, aliæ minuuntur*
> *Et, quasi cursores, vitæ lampada tradunt* 1).

L'histoire générale du droit criminel, qui manque

(1) Lucret., l. II, v. 76 et 78.

encore à la science, devra nécessairement débuter par l'Inde, l'Égypte et la Palestine. Quelles que soient les idées qu'on se forme sur les origines et les éléments de la civilisation de l'Europe, on sera toujours obligé d'arrêter ses regards sur les trois grands foyers de lumière qui ont si longtemps brillé sur les rives du Gange, du Jourdain et du Nil. C'est là que le jurisconsulte trouve, au début même des temps historiques, une élaboration savamment variée de toutes les parties essentielles de la législation. C'est là surtout qu'on aperçoit les liens intimes qui existent entre les lois et les mœurs, entre les croyances religieuses et les peines, entre l'organisation judiciaire et les institutions politiques. Sans nous faire aucunement illusion sur la valeur de nos travaux, nous croyons rendre un service réel aux criminalistes, en appelant leur attention sur l'importance de trois grands systèmes de répression qui, jusqu'ici, sont loin d'avoir été suffisamment appréciés.

On remarquera que, sans négliger l'Inde brâhmanique et la terre des Pharaons, nous nous sommes surtout attaché à l'étude des lois et des traditions hébraïques. Les raisons de cette préférence ne sont pas difficiles à saisir. Le flot de la civilisation chrétienne est parti de la Judée, et, jusqu'au commencement du siècle dernier, plus d'un précepte du Lévitique et du Deutéronome a joui d'une autorité souveraine dans l'enceinte de tous les tribunaux de l'Europe. Rechercher le sens intime des lois de Moïse, c'est sonder l'une des sources les plus fécondes de la jurisprudence criminelle du moyen âge et du commencement des temps modernes. Aussi ne nous sommes-nous pas contenté d'offrir au lecteur un tableau succinct, un exposé sommaire du système de répression établi par l'illustre libérateur des Hébreux. Nous avons placé à l'Appendice un *Code pénal extrait du Pentateuque*, où toutes les lois pénales disséminées dans les cinq premiers livres de l'Écriture sont groupées, commentées et classées en cinq grandes catégories d'infractions.

Nous ne croyons pas que l'utilité de ce travail complémentaire puisse être révoquée en doute.

Pas plus que les autres initiateurs de l'antiquité, Moïse n'a cru devoir s'astreindre à cette classification méthodique et détaillée qui distingue les œuvres des législateurs modernes. Le Pentateuque n'est pas un code dans le sens technique de ce mot; il est à la fois un livre d'histoire et un recueil de législation. L'Exode, le Lévitique, les Nombres et le Deutéronome renferm) ment des préceptes religieux, moraux et juridiques successivement promulgués dans une période de quarante années. Très-souvent la même loi y reparaît à diverses reprises, parce que le législateur, étant à la fois le chef politique, le chef militaire et le juge suprême du peuple, éprouvait le besoin de rappeler ses commandements à ceux qui semblaient les oublier. A certains égards, le Deutéronome entier n'est que la récapitulation et, parfois, le commentaire législatif des décrets promulgués depuis la sortie de l'Égypte.

Pour les Hébreux, qui faisaient de l'étude des lois nationales l'objet d'une préoccupation énergique et constante, cet éparpillement des préceptes, s'il est permis de s'exprimer de la sorte, ne présentait pas d'inconvénients. A force de relire et de réciter le texte sacré, ils ne tardaient pas à connaître et à coordonner dans leur mémoire toutes les règles qui devaient les guider dans leur vie religieuse, politique et civile. L'histoire atteste qu'ils arrivaient aisément à ce résultat; mais, d'autre part, l'expérience a prouvé qu'on ne saurait en dire autant du lecteur moderne. Celui-ci, absorbé par d'autres soins et vivant dans un tout autre milieu, trouve un incontestable avantage à pouvoir embrasser, d'un seul coup d'œil, les parties essentielles d'une législation qui s'écarte si considérablement des idées et des mœurs de notre époque. Pour lui, la classification méthodique et rationnelle, inutile sur les rives du Jourdain, devient un moyen d'investigation et d'étude, sinon indispensable, au moins éminemment utile.

Qu'on nous permette, en terminant, de dire quelques mots des nombreuses notes placées au-dessous du texte et à la fin de l'ouvrage. Nous eussions voulu éviter cet appareil scientifique, qui effraye le lecteur ordinaire et peut attirer à l'auteur le reproche immérité de faire un stérile étalage d'érudition. Mais cette suppression n'était pas possible dans un travail de la nature de celui que nous offrons au public. Quand chaque fait qu'on invoque peut être contesté, quand chaque opinion qu'on émet peut devenir le sujet d'une controverse, il faut bien indiquer les preuves dont on dispose et les auteurs qu'on appelle à son aide. Il en est surtout ainsi quand l'auteur est fréquemment obligé de combler les lacunes de l'histoire au moyen d'hypothèses fondées sur des témoignages et des documents appartenant à une antiquité reculée. Au lieu de chercher les faits surabondants et les détails inutiles, nous nous sommes constamment attaché à condenser et à simplifier notre récit, autant que le permettaient l'importance et l'étendue des matières qui faisaient l'objet de nos recherches.

LIVRE PREMIER.

L'INDE BRAHMANIQUE.

OBSERVATIONS PRÉLIMINAIRES.

Malgré les hautes et âpres montagnes qui lui servaient de barrière, l'Inde brâhmanique, dès les temps les plus reculés, entretenait de fréquents rapports avec les peuples civilisés de l'Asie. Du côté de l'occident, les Phéniciens, les Juifs, les Babyloniens et les Arabes avaient établi des communications régulières avec ses populations maritimes. Au nord, de nombreuses caravanes la mettaient en contact avec la Chine et les tribus nomades du vaste continent dont elle formait la partie méridionale. Ses propres enfants, à l'époque où le despotisme théocratique n'avait pas encore amorti leur énergie native, visitaient les rivages de l'Arabie,

1

de l'Égypte et de l'Afrique orientale. La guerre elle-même, en plaçant pour ainsi dire sous ses yeux les croyances et les mœurs des nations étrangères, était venue en aide à la propagande des idées, presque toujours inséparable du commerce. Les soldats des premiers monarques de l'Assyrie, peut-être ceux de Rhamsès le Grand, et, quelques siècles plus tard, les armées des Perses et des Grecs, avaient envahi ses riches et mystérieuses provinces (1).

Cependant, c'est en vain que la science moderne, après de longues et laborieuses investigations, cherche à découvrir les traces d'une influence étrangère dans le développement des institutions sociales de l'Inde brâhmanique. Au moment où arrivent les temps historiques, la race arienne des vallées de l'Hindoustan s'isole et se replie en quelque sorte sur elle-même. Plein de 'mépris pour des étrangers, des barbares (Mlêtchas), que le législateur sacré plaçait plus bas que

(1) Les relations commerciales des Phéniciens, des Babyloniens et des Arabes avec les habitants de l'Inde ont été mises sous leur véritable jour par Heeren (*Ideen über die Politik, den Verkehr und den Handel der vornehmsten Völker der alten Welt*; t. II, *Phœnicier*, c. 3 ; *Babylonier*, c. 2). Le même historien prouve que les Indiens eurent de bonne heure des relations avec la Chine ; mais il ajoute que, du côté du nord comme du côté de l'occident, ils ne tardèrent pas à prendre un rôle pour ainsi dire passif dans le commerce extérieur (t. II, *Inder*, c. 2). Quant aux Juifs, leurs rapports avec l'Inde ancienne sont très-bien établis. David s'était emparé de deux ports sur le golfe Arabique, qui était alors l'un des centres du commerce entre l'Inde et l'Asie occidentale. Salomon équipait des navires à Hetsjon Gueber (III, *Rois*, IX, 26-28 ; X, 11-22 ; 2 *Chroniques*, VIII, 17, 18 ; IX, 10, 21). Les Juifs connaissaient parfaitement tous les produits de l'Inde (voyez *Genèse*, XXXVII, 25 ; *Exode*, XXX, 23 ; *Cantique des Cant.*, IV, 14 ; *Ezéchiel*, XXVII, 6, 15 ; *Jérémie*, VI, 20).

les chevaux dans la hiérarchie des êtres (1), l'Indien leur fournissait ses épices, ses riches tissus et ses pierres précieuses, sans daigner s'enquérir de leurs opinions sur les vastes problèmes qui touchent au gouvernement, aux croyances et aux destinées finales de l'homme. Tandis que, partout ailleurs, les traditions nationales se modifient ou se transforment au contact des autres peuples, l'Inde, malgré la sagacité merveilleuse de ses habitants, reste un monde à part. Ses institutions religieuses et sociales, toujours fidèles à leur origine, toujours hostiles aux novateurs, triomphent des ravages du temps, des armes des conquérants et de l'action plus douce, mais souvent plus redoutable, de la propagande pacifique. Pendant plusieurs siècles, la *terre sacrée* du Gange nous offre l'imposant spectacle d'une civilisation vivace, qui, repoussant avec dédain tout ce qui ne jaillit pas de son propre sein, trouve en elle-même la force de soumettre les cœurs et d'assouplir les volontés de l'une des races les plus considérables de l'humanité (2).

Il n'en faudrait pas davantage pour prouver que, dans l'histoire générale du droit, la législation des

---

(1) *Lois de Manou*, XII, 43.

(2) Nous ne voulons pas dire qu'aucune idée étrangère n'ait pénétré dans l'Inde bràhmanique; pour ne citer qu'un exemple, il est certain que la littérature de la Grèce a été connue dans les contrées les plus éloignées de l'Orient, à la suite des conquêtes d'Alexandre. Nous ne voulons parler que des institutions politiques et sociales. Ici l'amour du passé fut incontestablement le caractère distinctif de l'Inde bràhmanique. Toutes ses croyances se conservèrent, toutes ses institutions restèrent debout.

vastes et populeuses contrées de l'Inde doit occuper l'une des premières places. Par quels prodiges de génie et d'adresse, par quelles merveilles d'intuition et de force les législateurs des bords du Gange réussirent-ils à imprimer à leurs œuvres cette robuste vitalité qui semblait défier les siècles? Comment imposèrent-ils leurs décrets à des peuples qui, aujourd'hui encore, après tant de calamités de toute nature, comptent près de cent cinquante millions d'âmes? Quelles étaient la nature, la portée et la tendance de ces formules juridiques, dans lesquelles tant de générations aussi nombreuses qu'intelligentes allèrent chercher la règle souveraine de leur attitude dans tous les incidents de la vie publique et de la vie privée? Ces questions seules suffiraient pour attirer l'attention sérieuse du jurisconsulte et du philosophe. Mais il est un autre fait essentiel qu'il importe de ne pas perdre de vue. Si l'Europe doit une grande partie de ses lumières au peuple romain, Rome, de son côté, remonte à la Grèce, et la Grèce, à son tour, reçoit de l'Orient le germe de sa culture intellectuelle et morale. Ainsi que l'a dit Fernon, dans une phrase devenue banale à force d'être citée, « l'Asie fut le foyer d'où s'échappa la lumière qui vint « éclairer nos climats. » En étudiant les lois écloses sur les bords du Gange, on sonde en réalité l'une des sources lointaines de la civilisation européenne (1).

____

(1) Nous tenons à constater que, tout en admettant des rapports intellectuels entre l'Inde et la Grèce, nous n'entendons nullement accueillir les exagérations de W. Jones et de ses successeurs. Mais il est incontestable que, même sur le terrain du droit, l'Inde a fourni à l'Europe

Afin d'éviter les hypothèses et de rester, autant que possible, sur le terrain solide des textes et des faits, nous prendrons pour guide et pour *criterium* de nos recherches ce code antique et vénérable que les Européens désignent sous la dénomination de Lois de Manou, mais que les Hindous appellent le *Mânava-Dharma-Sâstra*, titre qui, traduit à la fois littéralement et dans son acception la plus élevée, signifie *le livre des lois du genre humain* (1). Aux yeux des habitants de l'Inde, ce code renfermait l'expression de la volonté immuable et sacrée de « l'Être suprême, créateur du monde. » Brahmâ lui-même avait composé ce livre *dès le principe*, et, à sa demande, Manou, « qui possédait toute la « science divine, » l'avait appris par cœur pour en faire la *révélation* aux hommes (2). Rois et peuples, législateurs et sujets, tous devaient s'incliner devant ses prescriptions, parce qu'il était le régulateur suprême des actions humaines, la loi des lois, le commandement par excellence. A côté des coutumes locales, des ordonnances des princes et de la doctrine des sages, il restait invariable et debout, comme le type éternel des notions du juste et de l'injuste. Le législateur Vrihaspati rendait avec fidélité la croyance de ses concitoyens, quand il disait : « Manou tient le premier rang

une foule de préceptes et de notions utiles. On trouve, à ce sujet, des détails intéressants et complets dans l'ouvrage de M. le procureur général Gibelin, intitulé : *Études sur le droit civil des Hindous ; recherches de législation comparée sur les lois de l'Inde, les lois d'Athènes et de Rome et les coutumes des Germains* (Pondichéry, 1847, 2 vol. in-8°).

(1) Gibelin, *ouvr. cité*, t. II, *Exposition*, p. XVII.

(2) *Lois de Manou*, L. Ier, 58; L. II, 7, 8.

« parmi les législateurs, parce qu'il a exprimé dans
« son code le sens entier du Véda. Aucun code n'est
« approuvé, quand il contredit une loi promulguée par
« Manou (1). »

Expliquées dans les illustres écoles de Bénarès et
du Bengale (2); élucidées par une jurisprudence plusieurs fois séculaire; interprétées par une multitude de
commentateurs se succédant d'âge en âge, les lois de
Manou n'ont jamais cessé d'être l'objet de la vénération
profonde et inaltérable des adorateurs de Brahmâ. Aujourd'hui encore, après tant de bouleversements, de
révolutions et de conquêtes, elles sont, pour les populations indigènes de l'Inde, la règle souveraine de la
conscience de l'homme, l'idéal divin de toutes les institutions sociales. En plein dix-neuvième siècle, le chef
de la magistrature française de Pondichéry a pu dire
avec raison : « Parmi les législateurs, Manou est in-
« contestablement reconnu comme le plus ancien et le
« premier en autorité. Tous les autres n'ont fait que
« copier ou reproduire en d'autres termes ses disposi-
« tions, en y ajoutant quelques modifications que pro-
« bablement l'usage avait introduites dans les pays

(1) Cit. par Loiseleur-Deslongchamps, dans la préface de sa traduction
des lois de Manou. Voy. aussi ces lois, L. Ier, 106 et suiv.; L. II, 7 et
suiv. ; L. XII, 95 et suiv.

(2) L'école du Bengale était celle des provinces de l'est; l'école de
Bénarès exerçait son influence dans celles de l'ouest, du nord et du sud.
(Voy. la note A de Colebrooke, placée par Strange à la suite de ses
Éléments du droit hindou, t. Ier, p. 313.) L'école de Bénarès ne respec-
tait pas assez le texte de la loi et attachait une importance excessive
aux opinions des anciens commentateurs.

« pour lesquels ils écrivaient... Le code de Manou,
« après plus de trois mille ans, règne comme au pre-
« mier jour (1). »

A des époques plus récentes, mais qui ne sauraient
être déterminées avec une précision rigoureuse, d'autres recueils de lois, connus sous le nom de *Smriti* ou
Institutes, ont paru dans l'Inde (2). Ils peuvent être
consultés avec fruit, parce que Manou lui-même, malgré le nombre et les détails minutieux de ses préceptes,
autorise les juges à tenir compte des « coutumes im-
« mémoriales des gens de bien, » qui n'ont rien de contraire à la Révélation (*Srouti*) (3). Mais, même sous ce
dernier rapport, l'importance de ces recueils ne doit
pas être exagérée. Une distance immense sépare le
génie calme, lucide et profond de Manou de l'argu-
mentation subtile, sophistique et parfois puérile de ses
successeurs les plus célèbres. Sous prétexte d'inter-

(1) Gibelin, t. Ier, *Introduction*, p. xiv; t. II, p. 339. Plusieurs
savants indiens pensent cependant qu'une partie des lois promulguées
par Manou étaient limitées aux trois premiers âges du monde et n'ont
plus de force dans l'âge actuel. (Voy. la Note générale jointe par William
Jones à sa traduction des lois de Manou, et, pour les divers âges de la
mythologie hindoue, les notes de M. Loiseleur-Deslongchamps sous les
stances 68 et suiv. du liv. Ier.)

L'opinion des savants indiens a été réfutée par M. Gibelin, t. Ier,
Introduction, p xv et xvi.

(2) A chacun de ces recueils on ajoute le nom vrai ou supposé de son
auteur. Il en a été dressé plusieurs listes différant entre elles par leurs
noms et surtout par leur nombre. Les uns en admettent dix huit, d'autres trente-six; d'autres un plus grand nombre. (Voy. Colebrooke,
Digest of hindu law, t. Ier; *Préf.*, p. xviii et suiv.; Strange, *Eléments du
droit hindou*, t. Ier, p. 313; Gibelin, *ouv. cit.*, t. Ier, *Introduction*, p. x)

(3, L. II, 6 et suiv.

préter et de compléter la loi primitive, ils l'ont très-
souvent obscurcie et détournée de son sens réel. C'est
toujours au *Mânava-Dharma-Sâstra* que doit recourir le
jurisconsulte qui recherche le véritable esprit des institutions primordiales des Hindous (1). Nous nous contenterons de mettre en regard de ses préceptes ceux que
renferme le code de Yâjnavalkya, qui se place immédiatement après l'œuvre de Manou et dont la rédaction peut
être fixée au premier siècle de notre ère. Nous serons
ainsi en mesure d'embrasser d'un seul coup d'œil toute
la législation brâhmanique appartenant au monde ancien, et nous ne devrons que rarement recourir aux
sources juridiques plus rapprochées de notre époque (2).

Il est vrai que, dans l'Inde moderne, les magistrats ont
cessé d'appliquer la partie du code de Manou qui concerne les délits et les peines. Dans le domaine du droit
criminel, ses prescriptions éminemment nationales ont
été remplacées par les coutumes des musulmans, modi-
fiées à leur tour par les édits des conquérants européens.
Mais, si les adorateurs de Brahmâ se sont humble-
ment soumis à cette conséquence inévitable de la domination étrangère, ils n'y ont jamais vu qu'un abus
de la force, et pour eux, comme pour leurs ancêtres,
le *Mânava-Dharma-Sâstra* est resté le modèle indéfec-
tible de toute législation bien ordonnée (3).

(I) Gibelin, t. Ier, *Introduction*, p. XII.

(2) M. Stenzler place le code de Yâjnavalkya immédiatement après
celui de Manou, et il prouve que sa rédaction doit être reculée au moins
jusqu'au deuxième siècle de notre ère. (Voy. *Yâjnavalkya's Gesetzbuch,
Sanskrit und Deutsch*, Vorrede, p. x et xi; Berlin, 1849.)

(3) Colebrooke, dans son *Digest of hindu law*, a laissé de côté les

Ce vaste recueil de lois est-il en réalité l'œuvre d'un législateur unique portant le nom de Manou (1)? Doit-on y voir un assemblage de prescriptions religieuses, morales et politiques, longtemps transmises d'âge en âge par tradition orale, avant d'être écrites? N'est-il qu'un fragment plus ou moins informe d'une œuvre infiniment plus considérable? A quelle époque a-t-il été rédigé dans sa forme actuelle? Toutes ces questions épineuses, qui divisent profondément les Orientalistes, sortent du cadre de nos études. Il nous suffit de savoir que le texte du *Mânava-Dharma-Sâstra*, offrant tous les caractères d'une évidente authenticité, renferme tous les principes essentiels du droit brâhmanique et remonte incontestablement à plusieurs siècles avant l'ère chrétienne (2).

lois criminelles de l'Inde ancienne. *The translation of Menu*, dit-il, *has sufficiently made known the criminal law of the Hindus, wich is now superseded by the muhammedan system.* T. Ier, Préf., p. xii; édit. de 1801.

(1) En présence de ce nom de Manou, il est impossible de ne pas songer au Ménès des Egyptiens, au Minos des Grecs, au Manus des Celtes, au Mannus des Germains

(2) Beaucoup d'Orientalistes sont d'avis que les lois de Manou ont été rédigées par écrit vers le douzième ou le treizième siècle avant notre ère. Cette opinion est entachée d'exagération. M. Johaentgen (*Uber das Gesetzbuch des Manu*, p. 86) a très-bien prouvé que la rédaction des lois de Manou ne saurait être reculée au delà du cinquième siècle avant l'ère chrétienne. Il semble, du reste, que les deux mille cent quatre-vingt-cinq stances ou *slokas* parvenues jusqu'à nous ne sont qu'une faible partie du texte primitif. Suivant les traditions indiennes, Manou avait écrit ses lois en cent mille *slokas* ou deux cent mille vers Nârada, le sage parmi les dieux, les abrégea en douze mille vers, qu'il donna à Soumati, lequel, pour la plus grande facilité de la race humaine, les réduisit encore d'un tiers, c'est-à-dire à quatre mille *slokas*. Nous n'avons aujourd'hui que les débris de cette dernière rédaction. (Voy. la préface dont William Jones a fait précéder sa traduction des lois de Manou.)

CHAPITRE PREMIER.

SOURCE ET LIMITES DU DROIT DE PUNIR.

Après le culte des dieux et le maintien inflexible de la séparation des castes, l'exercice de la justice criminelle constitue, aux yeux de Manou, l'attribut le plus noble et le plus important de la dignité royale. Chaque jour, après s'être purifié et avoir invoqué les gardiens du monde (Lokapâlas), le roi est obligé de consacrer quelques heures au châtiment des coupables. Frapper les criminels n'est pas seulement accomplir une mission politique et sociale inhérente à la souveraineté, c'est faire un acte de religion qui attire sur le chef de l'État toutes les bénédictions célestes. Le roi qui réprime les méchants se sanctifie comme un Brâhmane qui offre un sacrifice. « Celui qui met les gens de bien à l'abri de la

« crainte, dit Manou, doit toujours être honoré ; car
« il accomplit un sacrifice en permanence (1). »

Jamais législateur n'a fait plus énergiquement ressortir l'importance du rôle que la justice criminelle est
appelée à jouer au milieu des institutions nationales.
« Pour aider le roi dans ses fonctions, dit-il, le Sei-
« gneur produisit, dès le principe, le Génie du châti-
« ment, protecteur de tous les êtres, exécuteur de la
« justice, son propre fils, dont l'essence est toute di-
« vine. C'est la crainte du châtiment qui permet à
« toutes les créatures mobiles et immobiles de jouir de
« ce qui leur est propre et qui les empêche de s'écarter
« de leurs devoirs. Le châtiment est un roi plein
« d'énergie ; c'est un administrateur habile ; c'est un
« sage dispensateur de la loi... Le châtiment gouverne
« le genre humain, le châtiment le protége ; le châti-
« ment veille pendant que tout dort ; le châtiment est
« la justice, disent les sages... Le châtiment régit le
« genre humain, car un homme naturellement ver-
« tueux se trouve difficilement. C'est par la crainte du
« châtiment que le monde peut se livrer aux jouis-
« sances qui lui sont allouées... Toutes les classes se
« corrompraient, toutes les barrières seraient renver-
« sées, l'univers ne serait que confusion, si le châti-
« ment ne faisait plus son devoir. Partout où le châti-
« ment, à la couleur noire, à l'œil rouge, vient détruire

(1) Voy. les lois de Manou, VIII, 23, 87, 303 et 311. — Sauf indication
contraire, les passages des *Lois de Manou* que nous avons reproduits
sont empruntés à la traduction de Loiseleur-Deslongchamps, revue par
MM. Pauthier et Brunet.

« les fautes, les hommes n'éprouvent aucune épou-
« vante, si celui qui dirige le châtiment est doué d'un
« jugement sain (1). »

Mais ces hyperboles orientales, qui s'écartent si considérablement de nos idées modernes, ne doivent pas
nous faire supposer que, dans le système pénal de
Manou, le roi, ministre du Génie du châtiment, avait
pour tâche principale, sinon unique, de jeter l'effroi
dans l'âme de ses sujets, en frappant avec une implacable rigueur tous ceux qui violaient les lois de leur
patrie. Loin de pousser à cet excès funeste, le législateur sacré recommande aux juges de procéder avec
prudence et avec modération. Il trace des règles très-
sages, dont quelques-unes, malgré les progrès accomplis et l'expérience acquise durant une longue série de
siècles, figurent encore aujourd'hui parmi les maximes
essentielles de la législation pénale. Il rappelle une
foule de préceptes où la sagesse antique se montre dans
toute la grandeur de sa simplicité native.

Le roi doit s'entourer de serviteurs habiles, afin que
le châtiment soit toujours imposé d'une manière équitable (2). Il est tenu de se rappeler sans cesse que, si
la peine appliquée avec circonspection et à propos procure le bonheur du peuple, celle qu'on inflige inconsi-
dérément est toujours une cause d'anarchie et de ruine;
car, « comme le sort de l'armée dépend de son général,
« le bon ordre dépend de la juste application des
« peines. » Il est obligé de tenir compte du temps, du

(1) *Lois de Manou*, VII, 14 31.
(2) 19 et 65.

lieu, des facultés du coupable, des circonstances extérieures, du texte de la loi, de la nature du crime (1). Il
manque à tous ses devoirs, s'il s'écarte des règles par
lesquelles il a lui-même antérieurement déterminé ce
qui est légal et ce qui est illégal, « par rapport aux
» choses permises et aux choses défendues (2). » Il est
tenu de respecter scrupuleusement la chose jugée (3).
Il doit, en général, se contenter d'un jugement peu sévère, à moins que la gravité du crime et la perversité
du coupable n'y mettent obstacle (4). Il faut surtout que
l'esprit de cupidité soit constamment éloigné de ses
décisions (5). « Un châtiment injuste, dit Manou, dé-
« truit la renommée de cette vie et la gloire après la
« mort; il ferme l'accès du ciel dans l'autre vie : c'est
« pourquoi le roi doit s'en garder avec soin (6). » Mais

(1) *Lois de Manou*, VII, 16, et VIII, 126.

(2) VII, 13. Cette règle, bien comprise, renferme toute la théorie
de la non-rétroactivité de la loi criminelle. C'était en vertu de ce
précepte que, dans l'Inde, chacune des dynasties qui se succédaient
avait la coutume de publier, comme règle de son gouvernement, soit un
nouveau commentaire, soit un nouveau digeste des anciens recueils de
lois. (Strange, préface de ses *Éléments du droit hindou*.)

(3) Cet important principe, sur lequel nous reviendrons, se trouve
formellement écrit dans le texte (IX, 233 234).

(4) VIII, 129, 130. Le texte suivant est l'application de cette règle :
« Que la peine infligée aux femmes, aux enfants, aux fous, aux gens
« âgés, aux pauvres et aux infirmes soit d'être frappés avec un fouet,
« une tige de bambou ou des cordes. (IX, 230) » Il est probable qu'il
s'agit ici des insensés dont la folie survient après la condamnation. On
sait qu'au dernier siècle on rencontrait encore des praticiens qui soute-
naient que les fous de cette catégorie pouvaient, dans certains cas, être
soumis à des peines corporelles. Voy. Jousse, *Traité de la justice criminelle de France*, t. II, p. 622 (Paris, 1771).

(5) VIII, 43.

(6) VIII, 127.

aussi, quand le méfait est grave et la culpabilité manifeste, le souverain ne peut se dispenser de frapper le
malfaiteur avec l'énergie et la rapidité requises. La
justice criminelle n'est pas le produit du bon plaisir du
prince; elle n'est pas une faveur, une grâce qu'il accorde à ses sujets : c'est une dette sacrée dont il est
redevable à la nation qu'il gouverne, en échange des
charges qu'il lui impose; c'est une sorte de tribut royal
qu'il est obligé de payer à son peuple, sous peine d'être
exclu des séjours célestes.

Manou proclame et applique ce dernier principe avec
toutes les conséquences qui en dérivent. « Un roi, dit-
« il, qui laisse aller un coupable est aussi injuste que
« celui qui condamne un innocent, parce que la justice
« consiste à appliquer la peine conformément à la
« loi (1). » Jamais, soit par motif d'amitié, soit dans
l'espoir d'un gain considérable, le prince ne doit relâ-
cher les auteurs d'actions violentes (2). Il faut même
qu'il prévienne les crimes et déjoue les complots des
malfaiteurs, principalement des incendiaires, des voleurs et de ceux qui commettent des actes de brigan-
dage accompagnés de violences. La sixième partie de
toutes les actions injustes est le partage du roi qui ne
veille pas à la sécurité de ses sujets (3). « Un roi qui
« perçoit les impôts sans protéger le peuple va sur-le-
« champ en enfer après sa mort..., parce qu'il tire à
« lui les souillures de la nation qu'il gouverne (4). »

(1) *Lois de Manou*, IX, 249.
(2) VIII, 347.
(3) VIII, 302, 304, 344; IX, 256 et suiv.
(4) VIII, 307, 308. — Voy. aussi IX, 253, 254.

Au contraire, toutes les récompenses présentes et futures deviennent le partage du prince qui, plaçant l'administration de la justice au premier rang de ses devoirs, se préoccupe sans cesse des exigences souveraines
de l'équité. Son royaume prospère « comme un arbre
» arrosé avec soin. » De même qu'Indra (roi du ciel)
verse de l'eau en abondance, le roi remplissant scrupuleusement sa mission de juge répand sur ses peuples
une pluie de bienfaits. Il recueille la sixième partie du
mérite de toutes les actions vertueuses, la sixième partie des récompenses obtenues par chacun de ses sujets
pour les lectures pieuses, les sacrifices, les dons offerts
et les honneurs rendus aux dieux. Sa renommée s'étend
au loin dans le monde, « comme une goutte d'huile de
» sésame dans une onde pure (1). »

(1) IX, 255, 304 ; VIII, 304, 305 ; VII, 33. — Pour aider le roi dans sa
double mission de répression et de protection, Manou développe tout un
système d'espionnage, qui dénote une police habile et déjà très-expéri-
mentée. Malheureusement les moyens qu'il indique ne se distinguent
guère par leur moralité. Il divise les voleurs en deux classes, les voleurs
publics et les voleurs cachés. Ces derniers — « faux honnêtes gens,
« hommes méprisables, qui portent les insignes des gens d'honneur, »
doivent être *attirés* et ensuite saisis par le roi, à l'aide de personnes
sûres, déguisées et qui en apparence exercent la même profession
qu'eux, ainsi que « par des espions répandus de tous côtés. » Quant aux
voleurs publics, le roi est tenu de faire surveiller avec vigilance tous les
lieux qu'ils fréquentent, tels que les fontaines publiques, les maisons
des courtisanes, les boutiques des distillateurs, les bâtiments déserts, etc. Il doit faire agir contre eux les sentinelles, les patrouilles,
mais surtout les espions. Nous nous contenterons de transcrire les deux
stances qui suivent : « Par le moyen d'espions adroits, ayant été voleurs,
« *et qui s'associent avec les voleurs*, les accompagnent, et sont bien au
« fait de leurs différentes pratiques, qu'il (le roi) les découvre et les
« fasse sortir de leurs retraites. Sous les divers prétextes d'un festin
« composé de mets délicats, d'une entrevue avec un Brâhmane qui

Cette manière de présenter la justice criminelle, d'abord comme une émanation directe de la Divinité, puis comme une dette sacrée qui pèse sur le prince en échange de l'impôt, est assurément très-digne d'attention. Mais l'étonnement augmente quand on voit le législateur sacré de l'Inde, pénétrant dans les entrailles du corps social, posséder une notion claire et distincte de la lésion que le délit cause toujours au peuple tout entier, là même où des intérêts individuels sont seuls directement blessés par l'acte imputé au coupable. Tandis que, même à Rome, malgré l'admirable génie de ses jurisconsultes, le délit revêtait plus souvent un caractère privé qu'un caractère public, Manou, voyant dans tous les malfaiteurs des ennemis de la société, les frappe sans hésiter de peines complétement étrangères à toute idée de réparation individuelle (1). L'amende elle-même, qu'il a si fréquemment comminée pour les infractions les plus diverses, ne présente jamais dans son code le caractère d'une composition pécuniaire ; elle n'a rien de commun avec le *Wehrgelt* des nations germaniques, qui joue un rôle si important dans les annales du droit criminel de l'Europe ; elle est payée au roi, comme au chef de la justice nationale (2). L'action

« assure le succès de leur entreprise, ou d'un spectacle de tours de
« force, que les espions parviennent à réunir tous ces hommes. (IX,
« 257 et suiv.) »

S'il faut ajouter foi à Strabon, il existait dans l'Inde tout un ordre de fonctionnaires chargés de diriger la police secrète. Ces fonctionnaires étaient tellement nombreux que le géographe grec en fait une caste à part. (L. XV, c. Ier, § 48.)

(1) VIII, 346 et suiv.

(2) VIII, 139 et 307 Seulement Manou, poussé par son désir habituel

publique est nettement séparée de l'action civile (1), et l'on ne trouve ici aucune trace de ce droit de vengeance et de ces systèmes de rachat qu'on rencontre ailleurs dans la plupart des législations primitives. Aussi la peine réunit-elle, dans le système de Manou, toutes les qualités d'une expiation intégrale. « Les hommes, dit-« il, qui ont commis des crimes, et auxquels le roi a « infligé des peines, vont droit au ciel exempts de « souillure, aussi purs que les gens qui ont fait de « bonnes actions (2). » Plusieurs auteurs ont eu tort de voir une idée exclusivement chrétienne dans ce caractère élevé de la peine, qui en fait une rédemption pour le coupable en même temps qu'un préservatif pour l'ordre social (3). Manou n'a pas seulement admis cette doctrine ; il l'a poussée à ses conséquences dernières, au point de placer le criminel châtié sur la même ligne que l'homme qui, pendant toute sa carrière, s'est toujours religieusement conformé aux exigences de la justice et de l'honneur.

Tout ce qui précède atteste que l'auteur du *Vishnou-Pourâna* traçait le portrait idéal d'un roi de l'Inde quand

de favoriser la classe sacerdotale, engage le roi à remettre aux Bráhmanes, lorsque sa fin approche, toutes les richesses qu'il a acquises à l'aide des amendes. (IX, 323.) — M. Gibelin (t. Ier, p. 209 et 210 ; t. II, *Exposition*, p. XXV) se trompe en signalant dans les lois de Manou l'existence des *compositions* et des *freda* qui distinguent le droit primitif de la Germanie. Les textes qu'il invoque sont loin d'avoir cette portée. Ils infligent des amendes *pénales* proprement dites. (*Lois de Manou*, VIII, 59, 139, 287, 288.)

(1) *Lois de Manou*, VIII, 59, 139, 287, 288 ; IX, 279.
(2) VIII, 318.
(3) *Les crimes et les peines*, par Loiseleur, p. 3.

il s'écriait : « Le roi se conforme à la vérité dans ses
« paroles ; il est généreux et observateur de ses pro-
« messes ; il est sage, bienveillant, patient, courageux
« et la terreur des méchants ; il connaît ses devoirs ;
« il reconnaît les services ; il est complaisant et s'ex-
« prime avec bonté ; il respecte les sages ; il accomplit
« les sacrifices ; il vénère les Brâhmanes ; il chérit les
« hommes vertueux, et, dans l'administration de la
« justice, il n'a égard ni à ses amis ni à ses enne-
« mis (1). »

(1) *Vishnou-Pourâna*, L. Ier, c. 13. Trad. de MM. Pauthier et Brunet.
(Migne, *Livres religieux de tous les peuples*, t. II, p. 254.)

CHAPITRE II.

Les tribunaux chargés de l'appréciation des causes criminelles sont organisés de la manière la plus simple.

Chaque jour le roi lui-même, accompagné de Brâhmanes et de conseillers expérimentés, se rend à la cour de justice. Là, modeste dans ses habits, humble dans son maintien, la main droite levée et rassemblant toute son attention, il juge les affaires qui se présentent, après avoir rendu hommage aux gardiens du monde (Lokapâlas) (1). Si le roi, arrêté par d'autres travaux, ne peut pas lui-même s'acquitter de cette tâche éminente, il doit se faire remplacer par un Brâhmane assisté de trois assesseurs. A défaut d'un Brâhmane, il a le droit de désigner un Kchâttriya (guerrier) ou même

(1) *Lois de Manou*, VIII, 1, 2, 3, 23. L'obligation de juger tous les jours, imposée au chef de la nation, était une vieille coutume des peuples de l'Orient. L'Écriture dit de Samuel : *Judicabat Samuel Israelen cunctis diebus vitae suae.* (I *Reg.*, VII, 15.)

un Vâiçya (marchand); mais jamais un homme appartenant à la classe servile des Soudras (1).

Cette juridiction royale existe indépendamment de celle que les délégués du souverain exercent dans les autres parties du pays où il a fixé leur résidence. Dans les villes et dans les campagnes, le roi institue des tribunaux partout où ils sont nécessaires. Outre un Brâhmane et trois assesseurs, il nomme, pour chaque siége, un comptable versé dans la science des nombres, un greffier expert dans la grammaire et la calligraphie, et un huissier chargé de faire l'appel des parties et des témoins. Tous doivent être des hommes justes, instruits, connaissant les lois et les Védas, et ne faisant aucune distinction entre l'ami et l'ennemi (2).

(1) *Lois de Manou*, VIII, 1, 9-20. Frappé d'une flétrissure indélébile, d'une tache originelle ineffaçable, le Soudra ne pouvait être investi du redoutable pouvoir de juger les hommes. « Lorsque le roi, dit Manou, « souffre qu'un Soudra prononce des jugements sous ses yeux, son « royaume est dans une détresse semblable à celle d'une vache dans un « bourbier. » (VIII, 21.)

(2) Voy. Manou, *loc. cit.*, et les extraits de Vrihaspati et autres jurisconsultes, recueillis par Madura-Kandasvami-Pulavar, dans son *Abrégé substantiel de droit* (Vyavahara-Sara-Sangraha), p. 15 et suiv. ; traduction de M. Sicé (Pondichéry, 1857). Voy. aussi le code de Yâjnavalkya, II, 1-3.

Les tribunaux royaux, dont nous venons de parler, ne doivent pas être confondus avec une foule de juridictions spéciales qui appartiennent à une époque plus rapprochée de nous et dont l'action était circonscrite dans une sphére plus ou moins étroite. Kandasvami-Pulavar en énumère quinze; par exemple, celles des commerçants, des corporations, etc. Il signale notamment l'existence d'un tribunal domestique, composé des membres les plus âgés de la famille. Celui-ci, qui remonte à une haute antiquité, a laissé des traces dans les lois de Manou. Il survaillait la conduite des femmes, des serviteurs et des apprentis; mais les peines qu'il infligeait ne pouvaient dépasser la détention domestique

De même que le roi, tous les juges sont obligés d'entendre les accusés avec bienveillance, et surtout avec patience ; car le prince lui-même manque à son devoir s'il ne pardonne pas aux plaideurs qui s'emportent contre lui en invectives (1). Tous aussi doivent sans cesse se rappeler les exigences inflexibles de la justice. Si le magistrat oublie cette règle fondamentale, s'il se montre disposé à commettre une iniquité, ses assesseurs sont tenus de prendre la parole et de lui dire : « Lorsque la justice blessée par l'injustice se « présente devant le tribunal, et que les juges ne lui « retirent pas le dard, ils sont eux-mêmes blessés. La « justice frappe lorsqu'on la blesse ; elle préserve lors- « qu'on la protége. Gardons-nous donc de porter at- « teinte à la justice, de peur que, si nous la blessons, « elle ne nous punisse (2). »

Les débats sont publics et ouverts contradictoirement avec l'accusé (3).

Après avoir fait soigneusement consigner par écrit les déclarations du plaignant et la réponse de son adversaire, le juge procède sans retard à l'instruction de la cause, à moins que l'accusé ne prouve qu'un certain délai lui est indipensable pour réunir les éléments de

et les coups donnés avec une corde ou une tige de bambou. (Kandasvami-Pulavar, *Op. cit.*, p. 17 et suiv. : Manou, VIII, 299, 300.) Nous n'entrerons pas dans ces détails, parce que nous pensons, avec Colebrooke (voy. ci-dessus, p. 3), que le véritable droit criminel de l'Inde brâhmanique se trouve dans les lois de Manou.

(1) *Lois de Manou*, VIII, 312.
(2) VIII, 12 à 15.
(3) VIII, 1, 10, 13, 23, 79. Comp. VII, 145, 146.

sa défense. On peut alors lui accorder une remise de cause, et même sa mise en liberté provisoire sous caution, à charge de se représenter au premier appel de la justice (1).

Manou ne fait pas connaître toutes les règles de procédure obligatoires pour les juges et les plaideurs. Il se contente de renvoyer à des usages qu'il suppose universellement admis chez les peuples auxquels il destinait ses lois (2). Une seule matière se trouve réglée avec une sollicitude extrême ; c'est la preuve par témoins. Le *Mânava-Dharma-Sâstra* renferme à ce sujet tout un système de conseils et de préceptes qui méritent d'être analysés avec soin. D'un côté, nous y rencontrons des mœurs et des usages qui remontent à la plus haute antiquité ; de l'autre, ils nous font découvrir, jusque dans les formes judiciaires, le soin jaloux de maintenir cette inégalité native des quatre castes, dont les doctrines religieuses et politiques de l'Inde faisaient le fondement de la vie sociale (3).

(1) Voy. Yâjnavalkya, II, 6, 7, 12, 53, et les autorités citées par Kandas-vami-Pulavar, p. 25 et suiv. — M. Gibelin (*Ouvr. cit.*, t. II, *Exposition*, p. XXII) fait remarquer avec raison que la liberté provisoire sous caution, admise en matière civile, devait l'être nécessairement au criminel, parce que les mêmes formes, les mêmes juridictions et les mêmes juges existaient pour tous les genres de contestations. Voy. encore Manou, VIII, 158 et suiv., et Colebrooke, *Digest of hindu law*, t. Ier, p. 233.

(2) Dans la st. 45 du L. VIII, il dit que le roi doit soigneusement chercher la vérité en s'attachant aux règles de la procédure. Plus loin (st. 199) il parle d'une « règle établie pour les procédures. » Ses successeurs renvoient très-souvent, comme lui, aux usages locaux. Voy. Madura-Kandasvami-Pulavar, *loc. cit.*

(3) Il n'est peut-être pas inutile de rappeler ici que, dans les conceptions théologiques de Manou, le Brâhmane était sorti de la bouche, le

De même que Moïse, le législateur des Hindous fait de la révélation de la vérité un devoir civique, sanctionné par une peine sévère. Dans les causes civiles, le témoin qui refuse de déposer est condamné à payer la somme qui fait l'objet du litige, avec un dixième en sus, à titre d'amende. Dans les matières pénales, les témoins récalcitrants sont assimilés aux témoins qui mentent (1).

Quand ils sont réunis au pied du tribunal, le juge, en présence de l'accusateur et de l'accusé, les exhorte doucement, en disant : « Déclarez avec franchise tout « ce qui s'est passé à votre connaissance dans cette « affaire ; car votre témoignage est ici requis. Le té- « moin qui dit la vérité parvient aux séjours suprêmes « et obtient dans ce monde la plus haute renommée : « sa parole est honorée de Brahmâ, tandis que celui « qui rend un faux témoignage tombe dans les liens « de Varouna, pendant cent transmigrations (2). L'âme « (Atmâ) est son propre témoin, l'âme est son propre « asile ; ne méprisez jamais votre âme, ce témoin par « excellence des hommes ! Les méchants se disent : « Personne ne nous voit ; mais les dieux les regardent, « de même que l'esprit (Pouroucha), qui siége en « eux (3). »

Kchâttriya du bras, le Vàiçya de la cuisse et le Soudra du pied de Brahmâ. (L. Ier, 31.)

(1) *Lois de Manou*, VIII, 13. Yâjnavalkya, II, 77.

(2) Varouna est le dieu des eaux, chargé de la punition des méchants, qu'il retient au fond des abîmes en les entourant de liens formés par des serpents.

(3) VIII, 79-85. Comp. Yâjnavalkya, II, 73. Ces discours adressés aux

Le juge, en présence des images des dieux et après s'être purifié, interpelle ensuite séparément les témoins, à mesure qu'ils viennent faire leur déposition; mais, suivant une coutume où l'inflexible génie de l'Inde se révèle tout entier, son langage diffère avec la caste de l'homme à qui il adresse la parole. Il interpelle un Brâhmane en lui disant : « Parle; » un Kchâttriya, en lui disant : « Déclare la vérité; » un Vâiçya, en lui représentant le faux témoignage comme une action aussi coupable que celle de voler des bestiaux, du grain ou de l'or; un Soudra, en assimilant le faux témoignage à tous les crimes, dans un long discours sacramentel dont nous transcrirons les passages qui suivent : « Les « séjours de tourments réservés aux meurtriers d'un « Brâhmane, à l'homme qui tue une femme ou un en- « fant, à celui qui fait tort à son ami, à celui qui rend « le mal pour le bien, sont également destinés au té- « moin qui fait une déposition fausse. Depuis ta nais- « sance, tout le bien que tu as pu faire, ô honnête « homme! sera entièrement perdu pour toi, si tu dis « autre chose que la vérité... Nu et chauve, souffrant « de la faim et de la soif, privé de la vue, celui qui « aura porté un faux témoignage sera réduit à men- « dier sa nourriture dans la maison de son ennemi. La « tête la première, il sera précipité dans les gouffres « les plus ténébreux de l'enfer, le scélérat qui, inter- « rogé dans une enquête judiciaire, fait une fausse dé- « position. » Le discours se terminait ainsi : « Instruit

témoins étaient dans les mœurs de l'Orient. Nous les retrouverons plus loin, devant les tribunaux des Hébreux.

« de tous les crimes dont on se rend coupable en fai-
« sant une fausse déposition, déclare avec franchise
« tout ce que tu sais, comme tu l'as vu et entendu (1). »
On avouera que cette attitude solennelle, cette purification du magistrat, cette exhibition des images des
dieux, ces redoutables menaces prodiguées au témoin
parjure, étaient bien propres à retenir le mensonge sur
les lèvres prêtes à le proférer.

Mais le législateur sacré ne s'est pas borné à pres-
crire ces précautions en quelque sorte préliminaires.
De même que les auteurs des codes modernes, il trace
des règles minutieuses concernant les témoins dont la
déposition ne doit pas être reçue en justice.

Lorsqu'il s'agit d'un meurtre, d'événements arrivés
dans une forêt ou de crimes commis dans les appartements intérieurs d'une maison, celui, quel qu'il soit,
qui a vu le fait peut être entendu comme témoin. Il en
est de même en cas de nécessité, lorsque tout autre
moyen d'arriver à la manifestation de la vérité manque
au procès, sauf au juge à tenir exactement compte de
la valeur morale du témoignage (2). Mais cette double
exception doit être strictement circonscrite dans sa

(1) Le discours à adresser au témoin Soudra se compose de treize
stances, toutes dictées dans le même esprit. (L. VIII, 89-101.) Comme
toujours, le législateur avait recueilli le fruit des erreurs et des injustices consacrées par la loi. Les classes déshéritées s'étaient corrompues,
en raison directe du mépris qu'on leur avait prodigué.

De l'ensemble du texte de Manou résulte à l'évidence que les témoins
étaient interrogés séparément. Le fait est d'ailleurs attesté par les législateurs postérieurs (voy. Gautama, cité par Kandasvami-Pulavar, p. 60).

(2) *Lois de Manou*, VIII, 62, 69, 70, 71. Voilà déjà la théorie des témoins nécessaires !

portée légale. « On doit choisir comme témoins, dit Ma-
« nou, des hommes dignes de confiance, connaissant
« tous leurs devoirs, exempts de cupidité, et rejeter les
« autres (1). Des maîtres de maison, *des hommes ayant*
« *des enfants mâles*, des habitants d'un même endroit,
« appartenant soit à la classe militaire, soit à la classe
« .commerçante, soit à la classe servile, sont admis
« à porter témoignage, mais non les premiers venus,
« excepté lorsqu'il y a nécessité (2). »

La liste des incapacités est très-longue et se ressent
parfois des préjugés enracinés de l'Orient. Il ne faut
admettre ni ceux qu'un intérêt pécuniaire domine, ni
des amis, ni des domestiques, ni des ennemis, ni des
hommes dont la mauvaise foi est connue, ni des malades, ni des hommes coupables d'un crime. On ne
peut appeler ni le roi, ni un artisan de bas étage, ni
un étudiant, ni un ascétique détaché de toutes les relations mondaines, ni un malheureux accablé par le chagrin, ni un homme ivre, ni un fou, ni un homme en
colère, ni un voleur, ni un homme souffrant de la faim
ou de la soif, ni celui qui est épris d'amour, ni un vieil-
·lard, ni un enfant, ni celui qui se livre à des occupations interdites, ni celui qui exerce un métier cruel, ni
un homme entièrement dépendant. Manou récuse le roi,
parce que, même en faisant abstraction de son caractère de juge suprême, la sublimité de ses fonctions ne

(1) *Lois de Manou,* VIII, 63.
(2) VIII, 64. Nous retrouverons plus loin chez les Juifs, sous une
autre forme, l'incapacité judiciaire prononcée contre les hommes sans
enfants.

permet pas de mêler son nom aux querelles de ses sujets. Il repousse l'étudiant, à cause de la légèreté habituelle de son caractère ; le vieillard, parce que ses organes sont trop affaiblis ; l'ascète, parce que la contemplation lui a fait perdre de vue les intérêts de la vie civile ; l'homme épris d'amour, parce que son âme ne jouit pas du calme nécessaire ; l'homme souffrant de la soif et de la faim, parce que la misère l'a rendu trop accessible à la corruption. Il admet les femmes à rendre témoignage pour des femmes ; les Soudras honnêtes, pour des gens de la classe servile ; les hommes des classes mêlées, pour ceux qui sont nés dans ces classes. Il pose enfin, plusieurs siècles avant l'ère chrétienne, le grand principe de l'insuffisance d'un témoignage unique pour obtenir la condamnation de l'accusé, principe qu'on retrouve dans l'histoire de la plupart des législations pénales des peuples modernes. En thèse générale, le témoignage de trois personnes irréprochables lui semble nécessaire pour motiver la condamnation. Ce n'est que par exception que le juge peut, dans certains cas, se contenter de la déclaration d'un seul homme exempt de cupidité (1).

(1) *Lois de Manou,* VIII, 64 et suiv. Pour ne pas trop gêner les juges dans l'appréciation des causes usuelles, Manou (VIII, 72) a soin d'ajouter que, lorsqu'il s'agit de violences, de vol, d'adultère, d'injures et de mauvais traitements, le magistrat ne doit pas aussi scrupuleusement qu'ailleurs examiner la compétence des témoins.

La prohibition de condamner sur un témoignage unique existait déjà chez les Hébreux. (*Nombres,* XXXV, 30 ; *Deutéronome,* XIX, 15.) Chez eux, le témoignage des femmes était absolument repoussé. On peut s'étonner que Manou, qui parle des femmes avec un profond mépris et qui les condamne à une sujétion complète, n'ait pas adopté la même règle. (Voy. L. IX, 2 et suiv.)

La manière d'interpeller les témoins et le droit de récusation étant ainsi fixés, Manou donne au juge un certain nombre de conseils pour la direction de l'enquête. Le magistrat doit découvrir ce qui se passe dans l'esprit des témoins, par le moyen des *signes extérieurs* de la pensée, c'est-à-dire par le son de leur voix, la couleur de leur visage, leur maintien, l'état de leur corps, leur regard et leurs gestes ; car, d'après le maintien, la démarche, les paroles, les mouvements des yeux et du visage, on devine le travail intérieur de l'âme (1). Il ne peut pas tenir compte du témoignage de celui qui parle étant influencé par un motif quelconque (2). Il est obligé d'envisager comme nulle une déposition faite par cupidité, par crainte, par amitié, par concupiscence, par colère, par ignorance ou par étourderie (3). Il doit adopter le rapport du plus grand nombre, lorsque les témoins sont partagés ; lorsqu'il y a égalité en nombre, il doit se déclarer pour ceux qui sont distingués par leur mérite ; quand ils sont tous recommandables, pour les Dwidjas (hommes régénérés

---

(1) *Lois de Manou*, VIII, 25, 26. Ce sont précisément ces motifs qui ont déterminé le législateur français à exiger que la conviction du jury se forme sur dépositions verbales. Yâjnavalkya commente cette règle de la manière suivante : « Ceux qui vont d'une place à une autre, qui se lè- « chent les deux coins de la bouche, dont le front se couvre de sueur et « dont la face se colore, qui répliquent longuement d'une voix haletante « et entrecoupée, qui se tordent les lèvres et ne répondent ni du regard « ni de la voix, qui manifestent spontanément l'un de ces changements « dans les opérations de l'esprit, de la voix ou du corps, sont suspects « de mensonge dans la plainte et dans le témoignage. » (II, 13-15.)

(2) VIII, 78.

(3) VIII, 118.

des trois premières classes) les plus accomplis (1). Il
est obligé de recommencer tout procès dans lequel un
faux témoignage a été prêté, en considérant comme
non avenu ce qui a été fait jusque-là (2). Il oublie sa
mission, s'il hésite à infliger aux parjures les peines
comminées par la loi, à l'exception cependant du cas où
le témoin, *par un motif pieux*, a cru devoir cacher la
vérité. « Toutes les fois, dit Manou, que la déclaration
« de la vérité pourrait causer la mort d'un Soudra,
« d'un Vâiçya, d'un Kchâttriya ou d'un Brâhmane, *s'il*
« *s'agit d'une faute commise dans un moment d'égare-*
« *ment, et non d'un crime prémédité*, un mensonge est
« préférable à la vérité. » Les témoins qui ont ainsi
menti pour un motif louable sont complétement purifiés
de leur péché en offrant quelques gâteaux de riz et de
lait à Saraswatî, la déesse de l'éloquence. On voit que
la théorie du mensonge pieux existait déjà sur les rives
du Gange (3)!

Ainsi que nous l'avons dit, l'audition des témoins est
la seule partie de la procédure que Manou ait réglée

(1) *Lois de Manou*, VIII, 73. En proclamant le principe que le juge doit
accepter le rapport du grand nombre, Manou s'écarte complétement de la
règle si sage et si rationnelle de la jurisprudence moderne, suivant laquelle on doit peser et non pas compter les témoignages. Peut-être faut-il
rapprocher cette stance de la 63e, qui veut qu'on n'appelle comme témoins
que des hommes dignes de confiance et connaissant tous leurs devoirs.

(2) VIII, 117.

(3) VIII, 103, 104, 105. Voy. aussi Yâjnavalkya, II, 83. Afin de jeter
la crainte dans l'âme des témoins, hors du cas exceptionnel que nous
venons de citer, Manou leur avait appliqué une espèce de jugement de
Dieu. Le témoin auquel, dans l'intervalle de sept jours après sa déposition, survenait une maladie, un accident par le feu, ou la mort d'un
parent, était condamné à payer une amende. (VIII, 108.)

avec une sollicitude réelle. Il consacre à peine quelques lignes au serment des plaideurs et aux épreuves qu'on a désignées plus tard sous les dénominations d'Ordalies ou de Jugement de Dieu.

Dans les affaires pour lesquelles il n'y a pas de témoins, le juge, mis dans l'impossibilité de reconnaître parfaitement de quel côté se trouve la vérité entre deux parties contestantes, peut en acquérir la connaissance par le moyen du serment ou des épreuves (1). « Que le « juge, dit Manou, fasse jurer un Brâhmane par sa « véracité ; un Kchâttriya, par ses chevaux, ses élé- « phants ou ses armes ; un Vâiçya, par ses vaches, « ses grains ou son or ; un Soudra, par tous les crimes. « Ou bien, suivant la gravité du cas, qu'il fasse prendre « du feu avec la main à celui qu'il veut éprouver, ou « qu'il ordonne de le plonger dans l'eau, ou qu'il lui « fasse toucher séparément la tête de chacun de ses « enfants et de sa femme. Celui que la flamme ne brûle « pas, que l'eau ne fait pas surnager, auquel il ne sur- « vient pas de malheur promptement, doit être reconnu « comme véridique dans son serment (2). » La place que ce passage occupe dans le texte pourrait faire supposer qu'il ne s'applique qu'aux matières civiles, et surtout au cas où l'une des parties nie l'existence d'une dette ; mais la stance dont il est immédiatement suivi dissipe tous les doutes. « Le Richi (saint) Vatsa, « ayant été autrefois calomnié par son jeune frère con- « sanguin, qui lui reprochait d'être le fils d'un Soudra,

(1) *Lois de Manou*, VIII, 109.
(2) VIII, 113, 114, 115.

« jura que c'était faux, passa au milieu du feu pour
« attester la vérité de son serment, et le feu, qui est
« *l'épreuve de la culpabilité et de l'innocence* de tous les
« hommes, ne brûla pas même un seul de ses cheveux
« à cause de sa véracité (1). » Ailleurs on lit encore :
« Que le roi éprouve par toutes sortes d'épreuves et
« *par les Ordalies que prescrit le Véda*, celui qui s'est
« *approprié un dépôt* (2). » Ce n'est donc pas seulement
comme un moyen de confirmer une déclaration asser-
mentée que le législateur sacré de l'Inde admet le recours suprême à la justice céleste.

Voilà bien ces jugements de Dieu, ces Ordalies qu'on
a crues longtemps originaires de la Grèce et qui, pendant plusieurs siècles, ont occupé une si large place
dans la procédure criminelle des peuples chrétiens (3).
Elles devaient naître dans un pays où le châtiment était
une émanation directe de l'Être suprême, où l'exercice
de la justice criminelle était « un sacrifice en perma-
« nence. » Manou, cependant, n'en connaît que deux
qui entraînent nécessairement un résultat immédiat, le
feu (*agni*) et l'eau (*udaka*), et il s'exprime à leur égard
avec une regrettable concision. Il ne dit pas même ce
qu'il entend par le feu ardent (*iddho 'gnih*) que l'accusé
doit « prendre avec la main. »

(1) *Lois de Manou*, VIII, 16.
(2) VIII, 190, 191.
(3) L'épreuve du feu se trouve déjà mentionnée dans le Chândogya-
Upanishad (VI, 16). Un homme, accusé de vol, saisit pour se justifier
une cognée rougie au feu.

Les Ordalies proviennent de l'Inde brâhmanique, mais le nom qu'elles
portent est d'origine anglo-saxonne : *Or-dâl*, en dialecte souabe *Urtheili*,
en allemand *Urtheil*, en flamand *Oordeel*.

Yâjnavalkya, qui se présente immédiatement après
Manou sur la liste des législateurs des Hindous, est
beaucoup plus explicite. Il décrit les deux opérations
de la manière suivante.

Dans l'épreuve par le feu, on commence par examiner
soigneusement la main de l'accusé, et on la lui fait
frotter avec du riz, pour en marquer les callosités. On
dépose ensuite sur cette main sept feuilles d'Asvattha
(*ficus religiosa*), retenues par le même nombre de fils
blancs, et le patient dit à haute voix : « O feu, qui cir-
« cules dans tous les êtres, ô purificateur, dis comme
« témoin, dans ma main, la vérité concernant l'inno-
« cence et la culpabilité ! » La prière terminée, on place
sur les feuilles d'Asvattha un boulet rouge, parfaitement uni, du poids de cinquante palas, et l'accusé, se
mettant en marche, pose successivement le pied sur
sept cercles de seize pouces, séparés par des espaces
intermédiaires de même dimension. Si sa main ne porte
aucune trace de brûlure au moment où il atteint le dernier cercle, on le répute innocent (1).

Quand il s'agit de procéder à la seconde épreuve, un
homme désigné par le juge entre dans l'eau jusqu'à la
moitié du corps. L'accusé, placé à ses côtés, s'écrie :
« O Varouna, protége-moi par la vérité ! » Il plonge
ensuite et pose les mains sur les chevilles de cet homme.
Au même instant, on lance une flèche avec une force
moyenne. Un des assistants va la ramasser en courant,
et si, au moment où il la rapporte au point de départ,

(1) Yâjnavalkya, II, 103-107.

le corps du patient n'a pas reparu à la surface de l'eau, l'accusation est réputée calomnieuse (1).

Il n'est pas certain qu'au siècle de Manou les deux Ordalies fussent déjà subies avec cet appareil, et le doute est surtout permis pour l'épreuve de l'eau. Le législateur sacré de l'Inde, partant d'une idée qu'on retrouve plus tard dans les coutumes germaniques, attache la preuve de la culpabilité à l'impossibilité de plonger ; il suppose que la Divinité, solennellement implorée, ne permettra pas à un élément pur de recevoir dans son sein le corps de l'homme souillé par un crime. Son successeur, au contraire, voit une preuve de culpabilité dans l'impossibilité de se maintenir sous la surface de l'eau pendant le temps assez long requis pour lancer et rapporter une flèche. Mais il est incontestable que pour Manou, comme pour ses successeurs, le jugement de Dieu n'était pas recevable aussi longtemps que le juge possédait d'autres moyens d'arriver à la manifestation de la vérité (2). C'était un moyen extrême qu'on évitait d'employer autant que possible et qui, au dire de Yâjnavalkya, devait être mis en œuvre sous les yeux du roi et des membres les plus vénérés de la caste des Brâhmanes (3).

Les Ordalies étaient nécessairement suivies d'un arrêt définitif (4) ; mais, en dehors de ce cas rare et excep-

(1) Yâjnavalkya, II, 108, 109. Dans l'Inde moderne, la manière de subir les épreuves de l'eau et du feu a été modifiée dans les détails. (Voy. Kandasvami-Pulavar, p. 71-73.)

(2) Lois de Manou, VIII, 109. — Yâjnavalkya, II, 22.

(3) Yâjnavalkya, II, 97.

(4) Dans les conceptions juridiques de l'Inde brâhmanique, le juge-

tionnel, les jugements prononcés par le chef de l'État étaient seuls irrévocables. Si la sentence émanait d'autres magistrats, le condamné pouvait recourir à la justice du prince, et les juges qui avaient manqué à leur devoir étaient frappés d'une peine pécuniaire. « Toute « affaire, dit Manou, qui, à une époque quelconque, a « été conduite à son terme et jugée, doit, si la loi a « été équitablement suivie, être considérée comme ter- « minée... Mais, quelle que soit l'affaire qui ait été « injustement décidée par les juges, que le roi la

ment de Dieu était nécessairement suivi de l'application d'une peine, au point que, dans la plupart des cas, le demandeur devait s'engager à subir lui-même le châtiment, si son adversaire réussissait à sortir victorieux de l'épreuve. « L'un des deux, dit Yâjnavalkya, subira l'épreuve « et l'autre se déclarera prêt à subir la peine, à moins qu'il ne s'agisse « d'un grand crime ou d'un attentat contre le roi (II, 96). »

Dans son intéressant travail intitulé : *Die Indischen Gottesurtheile* (au t. IX, 1855, du *Zeitschrift der Deutschen morgenländischen Gesellschaft*, p. 661 et suiv.), M. Stenzler prouve que les jurisconsultes postérieurs de l'Inde ne se sont pas contentés des épreuves indiquées par Manou. Outre l'eau, le feu et l'attouchement de la tête des enfants, ils ont successivement inventé la balance (*tulá*), le poison (*visha*), le riz (*tandula*), la pièce d'or chauffée (*taptamásha*), le soc de charrue (*phála*), le sort (*dharmâdharma*) et l'eau sacrée (*kosha*). Dans cette dernière épreuve, on faisait boire à l'accusé l'eau qui avait servi à laver une idole. Il était déclaré innocent si, dans un délai déterminé, il n'était pas frappé d'un grand malheur. Yâjnavalkya fixe ce terme à quatorze jours (II, 113); mais les jurisconsultes plus rapprochés de nous ont prolongé la période jusqu'à vingt et un jours voy. Kandasvami-Pulavar, p. 74). Pour l'Inde moderne, on peut consulter aussi le *Digest of hindu law*, de Colebrooke, t. Ier, p. 410, 503 ; II, 9 ; III, 90. Voy. aussi Schlagintweit, *Die Gottesurtheile der Indier* (München, 1866, in-4°).

L'histoire des Ordalies dans le droit européen se trouve résumée, d'une manière aussi exacte qu'intéressante, dans les *Études sur le développement de la société humaine*, de M. Kœnigswarter, p. 168 et suiv. (Paris, 1850.)

« réexamine lui-même et les condamne à une amende
« de mille panas (1). » Le droit d'appel n'avait pas pour
condition d'être exercé dans un délai déterminé. Le
prince, ministre de la justice divine, devait réparer
toutes les iniquités judiciaires qui parvenaient à sa connaissance, quelle que fût l'époque où ses subordonnés
les avaient commises. Il existait même à côté du roi,
pour l'aider dans l'exercice de cette haute prérogative,
une sorte de Conseil de Justice dont Manou indique ainsi
la composition et le rôle : « Un Brâhmane ayant par-
« ticulièrement étudié le Rig-Véda, un second connais-
« sant spécialement le Yadjous, un troisième possédant
« le Sâma-Véda, forment le conseil de trois juges pour
« la solution de tous les doutes en matière de juris-
« prudence (2). »

(1) IX, 233, 234 ; Yâjnavalkya, II, 31. Suivant ce dernier, les juges
qui, par passion, par crainte ou par cupidité, agissent contrairement
aux lois, doivent payer le double de l'importance du litige (II, 4).
Voy. encore Yâjnavalkya, II, 305.

(2) XII, 112. On sait que le Véda est la Sainte Écriture des Indiens.
Les principaux Védas sont le Ritch, le Yadjous et le Sâma. Les lois de
Manou les citent fréquemment, tandis que le quatrième Véda, l'Atharva,
n'y est mentionné qu'une seule fois (IX, 33). (Note de Loiseleur-Deslongchamps, sous la st 3 du liv. 1er de sa traduction des lois de Manou.)

CHAPITRE III.

Si l'inflexible génie de l'Orient, avec ses préjugés et sa grandeur, se manifeste déjà dans les maximes et les préceptes que nous avons analysés, il se montre plus clairement encore dans la partie des lois de Manou consacrée aux matières pénales proprement dites.

Les peines admises ou créées par le législateur sacré de l'Inde sont nombreuses et variées. On y trouve la mort, la mutilation, la marque, la détention, les fers, la dégradation, la réprimande, la tonsure ignominieuse, les coups, le bannissement, la confiscation des biens, l'amende, l'expulsion de la cité, les châtiments corporels à arbitrer par le juge, et enfin quelques pénalités bizarres qu'il est impossible de classer sous une dénomination générale.

Émettant une pensée admise, sans scrupule et sans hésitation, par la plupart de nos criminalistes jusque dans la seconde moitié du dix-huitième siècle, Manou indique dix endroits où l'on peut châtier les coupables : les biens, les organes de la génération, le ventre, la langue, les deux mains, les deux pieds, l'œil, le nez, les deux oreilles et enfin le corps tout entier pour les crimes qui emportent la peine capitale. Nous allons voir qu'il a très-largement exploité ce triste domaine légal du supplice (1).

Manou distingue nettement entre la mort simple, consistant dans la décollation par le glaive, et la mort *exaspérée* ou *qualifiée*, rendue plus ou moins douloureuse suivant l'énormité du crime. Cette dernière est de sept espèces : le pal, le feu, l'écrasement sous les pieds d'un éléphant, la noyade, l'huile bouillante versée dans les oreilles et dans la bouche, être déchiré par des chiens dans une place publique, être coupé par morceaux avec des rasoirs.

Il est juste d'ajouter immédiatement que la mort exaspérée, loin d'être prodiguée par Manou, ne se rencontre que dans un très-petit nombre de textes. Le supplice du pal existe pour les voleurs qui, la nuit, dérobent les richesses mobilières, après avoir fait une brèche à un mur : classe de malfaiteurs nombreuse et surtout éminemment redoutable dans un pays où les communications étaient difficiles et où l'espionnage formait à peu près le seul moyen de police préventive (2). Le supplice du feu n'est comminé que deux fois : le complice de

(1) *Lois de Manou*, VIII, 124, 125.
(2) IX, 276. On leur coupait, en outre, les deux mains avant l'exécution.

l'adultère commis par une femme appartenant à une famille illustre est brûlé sur un lit de fer chauffé à rouge; le Kchâttriya ou le Vâiçya, coupable d'adultère avec une Brâhmanî, *gardée par son époux et douée de qualités peu communes,* est brûlé avec un feu d'herbes ou de roseaux (1). L'écrasement sous les pieds d'un éléphant est ordonné pour un crime tout à fait spécial; il est réservé aux fonctionnaires qui volent les choses trouvées, dont la garde leur a été confiée par le roi : remède extrême imaginé contre la corruption des agents publics, qui fut toujours l'une des plaies de l'Orient (2). La noyade est la peine de celui qui rompt la digue d'un étang *et occasionne la perte des eaux :* infraction énorme sous le climat brûlant de l'Inde, où l'eau acquiert une valeur que nous pouvons difficilement apprécier dans les froides et humides régions du Nord (3). L'intervention des chiens n'est requise que pour le supplice de la femme de naissance illustre qui manque à la foi conjugale. « Que le roi, dit Manou, la « fasse dévorer par des chiens dans une place très-fré-

---

(1) *Lois de Manou*, VIII, 372 et 377.

(2) VIII, 34. Cette disposition doit être mise en rapport avec la st. 30 du même livre. « Un bien quelconque, dont le maître n'est pas connu, « doit être proclamé au son du tambour, puis conservé en dépôt pendant « trois ans; avant l'expiration des trois ans, le propriétaire peut le « réclamer; après ce terme, le roi peut se l'adjuger. »

(3) IX, 279. Si le coupable répare le dégât, il n'encourt qu'une amende de 1,000 panas. — Yâjnavalkya inflige la peine de la noyade à la femme qui blesse mortellement son mari (II, 278). Il veut qu'on lui coupe la main, les oreilles et le nez et qu'on la fasse déchirer par des taureaux, quand elle commet un homicide par le feu ou par le poison, ou quand elle assassine son mari, son enfant ou son père spirituel (II, 279). Voy. ci-après, p. 40.

« quentée (1). » L'orfévre qui commet une fraude est seul coupé par morceaux avec des rasoirs, parce que, selon l'expression employée par Manou, « il est le plus « pervers de tous les fourbes » : rigueur implacable qui, sans se laisser justifier, s'explique peut-être par la place importante que les métaux précieux ont toujours occupée dans les richesses des populations riveraines de l'Indus et du Gange (2). Le supplice de l'huile bouillante, versée dans les oreilles et dans la bouche, est destiné au Soudra assez audacieux pour donner un avis aux Brâhmanes relativement à leurs devoirs. Membre d'une caste dégradée, esclave flétri par une tache originelle, il commet un acte de révolte quand il cesse d'approuver aveuglément l'attitude de ceux qui, tirant leur origine du membre le plus noble de Brahmâ, sont de droit « les maîtres de toute la création (3). »

La mort simple est plus fréquemment prononcée, sans que cependant, pour elle aussi, quand on compare le système de Manou à celui des autres peuples de l'Orient, on puisse dire qu'elle soit prodiguée (4). Elle

----

(1) *Lois de Manou*, VIII, 371.

(2) IX, 292.

(3) VIII, 272. Pour la position respective du Brâhmane et du Soudra, voy. I, 8, 88-91, 93 ; VIII, 413, 414.

(4) Dans son mémoire intitulé : *Juris criminalis veterum Indorum specimen* (Vratislaviæ, 1842), M. Stenzler se livre (pp. 1-7) à une longue dissertation pour prouver que Jones et Loiseleur, traducteurs des lois de Manou, ont quelquefois donné au mot *vadha* le sens de *peine capitale*, là où il devait avoir celui de *supplicium*, c'est-à-dire de châtiment corporel à arbitrer par le juge. Si cette opinion est fondée, le catalogue des peines capitales attribué au législateur de l'Inde devra être réduit de deux ou trois cas

frappe notamment ceux qui tuent des femmes, des enfants ou des Brâhmanes; ceux qui font de faux édits, qui causent des dissensions parmi les ministres ou sont d'intelligence avec les ennemis (1); ceux qui pratiquent une brèche à l'hôtel du trésor public, à l'arsenal ou bien à une chapelle (2); le Soudra qui fait violence à la femme d'un Brâhmane (3), ou entretient un commerce criminel avec une femme appartenant à l'une des trois premières classes, *gardée à la maison* (4); celui qui, par

(1) *Lois de Manou*, IX, 232. Si le meurtre d'un Brâhmane n'est pas prémédité, le coupable est puni du bannissement, de la marque au front et de la confiscation des biens (IX, 237-242). Manou ne parle ni du parricide, ni du meurtre d'une personne autre qu'un Brâhmane, une femme ou un enfant. On rencontre évidemment ici l'une des hypothèses où il se réfère aux coutumes et aux lois particulières (VIII, 41). Il se contente d'indiquer quelques pénitences rigoureuses que les meurtriers doivent s'imposer pour ne pas être punis dans la vie future. Nous en parlons plus loin.

Yâjnavalkya (II, 277 et suiv.) donne les règles suivantes : « Pour les « lésions occasionnées par des armes ou pour l'expulsion du fœtus hu- « main, on inflige l'amende la plus élevée; l'amende la plus élevée ou la « moins élevée, pour le meurtre d'un homme ou d'une femme. La femme « qui tue son mari doit être précipitée dans l'eau avec une pierre au « cou. Quand une femme tue quelqu'un par le poison ou le feu, ou qu'elle « assassine son mari, son père spirituel ou son enfant, on lui coupe les « oreilles, la main, le nez et les lèvres, et on la fait tuer par des tau- « reaux. »

On ne reconnaît pas dans ces dispositions le respect profond et réfléchi de la vie humaine que nous verrons se manifester dans les lois de l'Egypte et de la Judée.

(2) IX, 280.

(3) VIII, 359.

(4) VIII, 374. Quand la femme n'est pas *gardée*, la peine consiste dans la confiscation des biens et la mutilation du membre coupable (voy. ci-après, p. 43); quand elle est *gardée*, le condamné perd tout, les biens et l'existence. — Il est très-remarquable que, dans la législation coutumière de l'Europe, on retrouve souvent cette distinction entre la

de fausses offres de service, s'empare du bien d'autrui (1); celui qui enlève, soit des individus appartenant à une bonne famille, surtout des femmes, soit des bijoux de grand prix, comme des diamants (2) ; ceux qui, dans les villes et dans les villages, donnent des vivres aux voleurs, leur fournissent des instruments ou leur offrent un asile (3) ; ceux qui volent des éléphants, des chevaux ou des chars appartenant au roi (4); les voleurs pris avec l'objet dérobé et les instruments du vol (5) ; les coupeurs de bourses déjà deux fois punis, de même que ceux qui leur fournissent du feu et de la nourriture, des armes ou un logement et recèlent les objets dérobés (6). L'exécution se fait par les mains d'un Tchan-

femme gardée et la femme non gardée. La coutume de Bordeaux condamnait « à perdre la tête, sans mercy, le serviteur desloyal à son maî- « tre, qui subornait sa femme, fille ou niepce, *baillée en garde* (chap. X, « art. 106). » Voy. aussi l'art. 90 de la coutume de Bergerac.

(1) *Lois de Manou*, VIII, 193.

(2) VIII, 323.

(3) IX, 271.

(4) IX, 280.

(5) IX, 270.

(6) IX, 277, 278. Voy. des dispositions analogues dans les art. 60 et suiv. du code pénal français de 1810.

En dehors des cas que nous venons d'indiquer, le châtiment du voleur consiste dans l'amende, la mutilation, le bannissement ou une peine corporelle à arbitrer par le juge (IX, 270). Toute cette partie de la législation est d'autant plus sévère, que Manou assimile aux voleurs une foule d'individus à qui cette qualification n'est pas donnée dans le droit criminel des peuples modernes; par exemple, ceux qui sont chargés de la garde d'un canton et qui restent neutres pendant une attaque de voleurs (IX, 272) ; les parents qui tentent de s'approprier les biens des veuves et des femmes malades (VIII, 28, 29); celui qui réclame en justice un dépôt qu'il n'a pas fait (VIII, 191); celui qui abuse de la correction domestique (VIII, 299, 300); la fille qui, en se mariant, emporte les

dâla, « le dernier des mortels, » produit impur de l'union du Soudra avec une femme des trois premières classes (1).

La marque et la mutilation présentent au plus haut degré ce caractère *expressif*, ou analogue au crime, qu'on remarque dans la législation des premiers âges de l'Égypte. Pour avoir souillé le lit de son père spirituel (2), le coupable reçoit sur le front une marque représentant les parties sexuelles de la femme ; pour avoir bu des liqueurs spiritueuses, une marque imitant le drapeau d'un distillateur ; pour avoir volé l'or d'un prêtre, le pied d'un chien ; pour le meurtre d'un Brâhmane, la figure d'un homme sans tête (3). On marque au-dessous de la hanche le Soudra qui a l'audace de s'asseoir

parures qu'elle a reçues de son père, de sa mère ou de ses frères (IX, 92); celui qui vend le bien d'autrui (VIII, 198,; le Brâhmane qui reçoit, en connaissance de cause, une chose volée pour prix d'un sacrifice ou de l'enseignement des dogmes sacrés (VIII, 340).

(1) *Lois de Manou*, X, 12, 56. On voit que le mépris du bourreau, qui choquait si vivement le comte de Maistre, ne date pas d'aujourd'hui.

Il n'en était pas de même chez les Juifs. Les témoins et tous les assistants participaient au supplice de la lapidation (*Deutéronome*, XIII, 10; XVII, 7).

(2) Le précepteur qui procure à un élève la connaissance des textes sacrés est considéré comme son père spirituel. (II, 149 et suiv.)

(3) IX, 237. Manou ajoute : « On ne doit ni manger avec ces hommes, « ni sacrifier avec eux, ni s'allier avec eux par le mariage ; qu'ils errent « sur la terre dans un état misérable, exclus de tous les devoirs sociaux « (IX, 238). Ils doivent être abandonnés par leurs parents paternels et « maternels et ne méritent ni compassion ni égards (239). » Les hommes des trois dernières classes subissaient, en outre, la confiscation des biens, et même l'exil ou la mort *si le crime avait été prémédité* (IX, 242).

à côté d'un Brâhmane (1). On coupe la langue à l'homme
de la dernière classe qui insulte gravement les Dwidjas (2), et, s'il les désigne par leurs noms et par leurs
classes d'une manière outrageante, un stylet de fer,
long de dix doigts, lui est enfoncé tout brûlant dans la
bouche (3). Si un Soudra crache sur un Brâhmane, on
lui mutile les deux lèvres ; s'il le prend par les cheveux, par les pieds, par la barbe, par le cou ou par les
bourses, on lui coupe les deux mains « sans balancer (4). » Le Soudra qui entretient un commerce criminel avec une femme non gardée appartenant aux trois
premières classes est privé du membre coupable (5). On
bannit, après avoir puni « de mutilations flétrissantes, »
ceux qui ont l'habitude de séduire les femmes des autres ; car, dit Manou, « c'est de l'adultère que naît dans
« le monde le mélange des classes, et du mélange des
« classes provient la violation des devoirs, destructrice
« de la race humaine, qui cause la perte de l'uni-
« vers (6). » On coupe deux doigts à ceux qui se livrent
à certains attentats à la pudeur sur le corps d'une

(1) *Lois de Manou,* VIII, 281.
(2) Voy. ci-dessus, p. 28.
(3) VIII, 270-271.
(4) VIII, 282-283.
(5) VIII, 374. Voy. ci-dessus p. 40, note 4, la distinction entre les
femmes gardées et les femmes non gardées.
(6) VIII, 352-353. Manou, connaissant le climat voluptueux de l'Inde,
est ici d'autant plus sévère qu'il assimile à l'adultère le cas suivant :
« Celui qui parle à la femme d'un autre dans une place de pèleri-
« nage, dans une forêt ou dans un bois, ou vers le confluent de deux
« rivières, c'est-à-dire dans un endroit écarté, encourt la peine de l'adul-
« tère (VIII, 356). »

fille (1). On inflige un châtiment qui le défigure à celui qui vend de mauvaise graine comme bonne, ou qui place la bonne graine en dessus pour cacher la mauvaise, et à celui qui détruit la marque des limites (2). On coupe la main au voleur qui dérobe de l'or ou de l'argent du poids de plus de cinquante palas. On lui coupe la moitié du pied, s'il vole les vaches d'un Brâhmane; les deux mains, avant le supplice du pal, s'il a volé pendant la nuit après avoir fait une brèche au mur d'une habitation (3). Pour le premier vol, on enlève deux doigts au coupeur de bourses; pour le second, un pied et une main (4). Enfin Manou décide, d'une manière générale, que « de quelque membre « que se serve un homme de basse naissance pour « frapper un supérieur, ce membre doit être mu- « tilé (5). »

Les châtiments corporels indéterminés, c'est-à-dire ceux dont la nature et l'intensité dépendent de l'appréciation du juge, se rencontrent assez fréquemment dans le texte de Manou. Ils constituent la répression de la

(1) ... *Qui puellam digito vitiavit. Lois de Manou*, VIII, 367-370.

(2) IX, 291.

(3) VIII, 322-325 ; IX, 276. Voy. encore VIII, 334.

(4) IX, 277.

(5) VIII, 279. D'autres cas de marque et de mutilation sont prévus dans le code de Yâjnavalkya. Le roi doit faire marquer d'un fer chaud celui qui trompe au jeu ou se sert de dés pipés (II, 202). Il doit faire couper la langue à celui qui prononce des discours désagréables au roi ou divulgue les secrets d'Etat (II, 302). Celui qui fabrique des objets avec de l'or falsifié ou vend de la viande corrompue, doit perdre trois membres et payer l'amende la plus élevée (II, 297). Nous avons vu ci-dessus, p. 39, que, dans le système de Manou, l'orfévre qui commet une fraude doit être coupé par morceaux avec des rasoirs

violence faite à une jeune fille de la même classe que le coupable (1); des vœux qu'un homme de basse origine ose adresser à une demoiselle de haute naissance (2); des coups ayant été suivis d'une vive angoisse (3); du vol de grands animaux, d'armes et de médicaments (4); de l'accusation téméraire (5); de l'établissement d'une maison de jeu (6); de la passion du jeu et des paris (7); de la tromperie sur la nature des choses vendues (8); de la destruction de la marque des limites (9); de l'homme de la basse classe qui se plaît à tourmenter des Brâhmanes (10). Du reste, cette énumération ne présente ici qu'une importance secondaire. Manou pose en règle générale que, dans tous les cas où la loi n'y met pas expressément obstacle, le prince a le droit d'infliger aux coupables des châtiments corporels. « Que « le roi, dit-il, pour réprimer l'homme pervers, emploie

(1) *Lois de Manou*, VIII, 364.

(2) VIII, 366.

(3) VIII, 286.

(4) VIII, 324.

(5) VIII, 58. En Egypte, l'accusateur, convaincu de dénonciation calomnieuse, subissait le supplice qu'il cherchait à faire infliger à son adversaire. C'est peut-être le seul cas où la peine du talion se trouvait comminée dans la législation égyptienne (Diodore de Sicile, l. Ier, c. LXXVII). — La même règle était suivie chez les Hébreux (*Deutéronome*, XIX, 16-24 ; Josèphe, *Antiq. jud.*, l. IV, c. VIII, § 15).

(6) IX, 224.

(7) IX, 224, 228.

(8) IX, 291. Le châtiment corporel doit être tel, qu'il défigure le coupable.

(9) *Ibid.* Le coupable doit recevoir un châtiment qui le défigure. (Voy. ci-dessus, p. 44)

(10) IX, 248. Dans ce dernier cas, le châtiment corporel doit être propre à inspirer la terreur.

« avec persévérance trois moyens : la détention, les
« fers et les diverses peines corporelles (1). »

La détention, ainsi recommandée, est de deux espèces, domestique et publique. La première, exécutée
« sous bonne garde » à l'intérieur de la maison, est
infligée à la fille qui s'attache à un homme d'une classe
inférieure, et à la femme qui, légalement remplacée,
abandonne avec colère la demeure de son mari (2). La
seconde, opérée par des agents du prince dans un bâti-
ment destiné à cette fin, n'a aucun rapport avec les
institutions pénitentiaires issues de l'esprit philanthro-
pique des temps modernes. « Que le roi, dit Manou,
« place toutes les prisons sur la voie publique, afin que
« les criminels, affligés et hideux, soient exposés aux
« regards de tous (3). » Aussi Koullouka, le commentateur indien du texte de Manou, a-t-il eu soin de faire
un triste tableau de la captivité des prisonniers hindous. Il les montre chargés de chaînes, exténués par
la faim et par la soif, les cheveux, la barbe et les on-
gles incultes, inspirant en même temps la terreur et la
pitié à tous ceux qui passent à côté de leurs cachots.
On s'étonne au premier abord que cette peine, si rude-

____

(1) VIII, 310; IX, 308.

(2) VIII, 365; IX, 83. C'est, en effet, de la détention domestique qu'il
s'agit dans ce dernier texte, puisque l'emprisonnement doit être infligé
à l'instant en présence de la famille réunie. Il est probable que cette
peine était infligée par le chef de la famille. En était-il de même dans
l'hypothèse de la st. 365 du liv. VIII, qui ordonne d'enfermer sous bonne
garde, *dans sa maison,* la jeune fille qui s'attache à un homme d'une
classe inférieure? On peut en douter, parce que le texte fait mention du
roi, en disant que celui-ci ne doit pas condamner la fille à l'amende.

(3) IX, 288.

ment caractérisée, ne se rencontre qu'une seule fois dans le texte de Manou, pour le Vâiçya coupable d'adultère avec une femme de la classe des Brâhmanes, gardée par son époux et douée de qualités ordinaires (1); mais le silence du législateur s'explique sans peine, quand on songe que la détention était abandonnée à l'arbitrage du juge; elle formait l'un des trois moyens que le législateur avait spécialement recommandés au roi pour la correction des pervers. A la différence de ce qui a lieu pour l'amende, comme nous le verrons plus loin, on ne trouve ici ni *maximum* ni *minimum*.

Le bannissement atteint celui qui renverse un mur, comble des fossés ou brise des portes, lorsque ces objets sont du domaine public ou royal (2); celui qui ne s'empresse pas d'accourir au secours, lorsqu'un village est pillé par des voleurs, lorsque les digues sont rompues, ou lorsque les brigands se montrent sur le grand chemin (3); celui qui commet des actes de violence ayant pour résultat la fracture d'un os (4); celui qui, ayant fait une convention à laquelle il s'était engagé par serment, manque par avarice à ses promesses (5); le Brâh-

---

(1) Le Vâiçya supportait, en outre, la confiscation des biens, après une détention d'une année (VIII, 375). Si la femme n'était pas gardée par son époux, la peine consistait dans une amende de cinq cents panas (*ibid.*, 376). Voy., pour le cas où la femme se distingue par des qualités extraordinaires, ci-dessus, p. 38. — On aurait tort de voir la peine de l'emprisonnement dans la st. 220 du même livre; ce n'est qu'un moyen de contrainte.

(2) *Lois de Manou*, IX, 289.

(3) IX, 274.

(4) VIII, 284.

(5) VIII, 219.

mane ayant commis un crime, dans le cas où la punition des autres classes serait la mort (1). Quelquefois le
bannissement vient se combiner avec une autre peine.
Il est infligé, en même temps que la confiscation des
biens, d'un côté, à l'homme de basse naissance qui, par
cupidité, se livre aux occupations réservées aux classes
supérieures (2); de l'autre, aux hommes en place qui
soutirent l'argent de ceux qui ont affaire à eux (3). On
condamne à la fois au bannissement et à la mutilation
ceux qui séduisent habituellement les femmes des autres (4). La marque au-dessous de la hanche n'exempte
pas du bannissement le Soudra qui s'est assis à côté d'un
Brâhmane; la marque au front n'en dispense pas davantage ceux qu'on a condamnés pour avoir souillé le
lit de leur père spirituel, bu des liqueurs spiritueuses,
volé l'or d'un prêtre ou tué sans préméditation un membre
de la classe supérieure (5). L'amende est comminée,
avec le bannissement, contre les hommes des trois dernières classes qui donnent un faux témoignage, de
même que contre celui qui, par avarice, laisse inexé-
cutée une convention à laquelle il s'était engagé par
serment (6).

La confiscation des biens est générale ou partielle.

---

(1) *Lois de Manou*, VIII, 380. Il peut recevoir, en outre, une tonsure
ignominieuse. Voy. ci-après, p. 55.

(2) X, 96. Manou avait soigneusement déterminé les occupations de
chaque classe (I, 88-91).

(3) VII, 124.

(4) VIII, 352. Voy. ci-dessus, p. 43.

(5) VIII, 281, et IX, 242. Voy. ci-dessus, p. 42.

(6) VIII, 123 et 219. Voy. ci-après, p. 53.

Celui qui revendique faussement la découverte d'un trésor encourt comme peine la confiscation de la huitième partie de tout ce qu'il possède (1). Quant à la confiscation générale, elle sert de châtiment aux ministres qui, chargés des affaires publiques et enflammés de l'orgueil de leurs richesses, ruinent les affaires de ceux qui les soumettent à leur décision (2). Elle frappe, indépendamment des autres peines qu'ils encourent, ceux qui souillent le lit de leur père spirituel, qui boivent des liqueurs spiritueuses, qui volent l'or d'un prêtre ou tuent un Brâhmane sans préméditation (3). Elle est prononcée, avec la détention, contre le Vâiçya coupable d'adultère avec une Brâhmanî (4). Elle est infligée, en même temps que la mutilation, au Soudra qui entretient un commerce criminel avec une femme appartenant aux trois premières classes (5). Elle atteint le négociant qui, par cupidité, exporte des marchandises dont le commerce est réservé au roi ou dont l'exportation est défendue (6). Mais ici le législateur de l'Inde avait aperçu le danger de la cupidité que les philosophes du dernier siècle, rangés sous la bannière de Beccaria, signalèrent avec tant d'énergie et d'éloquence aux jurisconsultes du dix-huitième siècle. Le roi qui s'approprie les biens du con-

---

(1) *Lois de Manou*, VIII, 36. Suivant Yájnavalkya (I, 76), celui qui abandonne une femme vertueuse dont il a des fils encourt la confiscation du tiers de ses biens.

(2) IX, 231.

(3) IX, 242.

(4) VIII, 375.

(5) VIII, 374.

(6) VIII, 399.

damné se souille du crime que le coupable a commis. Il doit jeter le produit des confiscations dans un fleuve, en guise de sacrifice à Varouna (dieu des eaux et seigneur du châtiment), ou en faire don à un Brâhmane vertueux imbu des saintes écritures (1). Il est même tenu de remettre aux Brâhmanes, dans les derniers jours de sa vie, toutes les richesses acquises à l'aide des amendes proprement dites (2).

Ces amendes sont de trois degrés. L'amende inférieure se compose de deux cent cinquante panas; l'amende moyenne de cinq cents panas; l'amende la plus élevée de mille panas (3). Il faut le dire à l'honneur de Manou, l'amende est le châtiment qui se rencontre le plus fréquemment dans son code; on la trouve pour ainsi dire à toutes les pages des deux livres qu'il a spé-

(1) *Lois de Manou,* IX, 243-247. Au roi qui accomplit ce précepte, Manou promet un peuple nombreux et une terre fertile. (*Ibid*, 246, 247.)

(2) IX, 323.

(3) VIII, 138. Cette disposition n'est cependant pas toujours rigoureusement suivie. Quelquefois le législateur descend au-dessous du taux de l'amende inférieure; par exemple, si un homme reproche à un autre d'être borgne, boiteux, ou d'avoir une infirmité semblable, pourvu qu'il dise la vérité, il ne paye qu'une amende d'un kârchâpana (VIII, 274). Voy. encore : VIII, 224, 225; IX, 84. — Quelquefois le maximum de l'amende la plus élevée est dépassé (VIII, 121.) Pour la valeur des monnaies, voy. VIII, 133-138. — Dans le code de Yâjnavalkya, l'amende la plus élevée est de mille quatre-vingt panas (I, 365. Voy. aussi Kandasvami Pulavar, p. 226, qui s'exprime ainsi à l'égard des amendes déterminées par les législateurs modernes : " L'amende de deux cent cinquante ou de deux cent soixante dix panas se nomme Pradhama-Sahaça " ou amende du premier degré. Celle de cinq cents ou de cinq cent " quarante, Madhyama-Sahaça ou amende du second degré. Celle de " mille ou de mille quatre-vingts, Uttama-Sahaça ou amende du troi-" sième degré. "

cialement consacrés aux lois criminelles, et, très-sou-
souvent, il l'applique à des cas où d'autres législateurs
de l'Asie prononcent des châtiments corporels et même
la peine capitale. Nous nous bornerons à citer, à titre
d'exemple, quelques-unes des infractions auxquelles il
attache cette peine pécuniaire. On remarquera dans
cette liste plus d'un trait caractéristique de la civilisation primitive de l'Orient.

L'amende frappe celui qui réclame faussement comme
sien un objet perdu par autrui (1); celui qui, abusant de
l'influence qu'il possède, va se plaindre au roi des poursuites auxquelles il est en butte de la part de ses créan-
ciers (2); celui qui maudit son père, sa mère, sa femme,
son fils, son frère ou son père spirituel (3); celui qui
fait à autrui des blessures peu graves (4); le Kchâttriya
qui injurie un Brâhmane (5); le Vâiçya coupable d'adultère avec une femme Kchâttriya non gardée. (6); celui
qui n'ensemence pas son champ au temps convenable,
parce que sa négligence prive le roi de la part de mois-
son à laquelle il a droit (7); celui qui donne en mariage
une fille ayant des défauts, sans en prévenir (8); celui
qui, par méchanceté, vient dire : « Cette fille n'est pas

(1) *Lois de Manou*, VIII, 31, 31.
(2) VIII, 176.
(3) VIII, 275. Chez les Hébreux, la malédiction jetée aux ascendants
était punie de mort. (*Exode*, XXI, 17.)
(4) VIII, 284.
(5) VIII, 267.
(6) VIII, 384.
(7) VIII, 243.
(8) VIII, 224.

« vierge (1) ; » le parent qui vend comme sien un immeuble appartenant à un membre de sa famille (2) ; le médecin et le chirurgien qui exercent mal leur métier (3) ; celui qui, subsistant en faisant pour les autres des pratiques pieuses, s'écarte de son devoir particulier (4) ; celui qui nie une dette ou réclame faussement une somme qui ne lui est pas due (5) ; celui qui vole des objets de peu d'importance (6) ; la femme qui, après en avoir reçu la défense, boit, dans une fête, des liqueurs enivrantes, ou fréquente les spectacles et les assemblées (7) ; celui qui abandonne un père, une mère, une épouse ou un fils, à moins qu'ils n'aient commis un grand crime (8) ; celui qui fait des sacrifices dont le but est de faire périr un innocent ; celui qui fait des conjurations magiques ou se livre à des sortiléges dans le

(1) *Lois de Manou*, VIII, 225.

(2) VIII, 197, 198.

(3) IX, 284. D'après la loi de Zoroastre, le médecin, exerçant sa profession après avoir donné des preuves notoires d'incapacité, était coupé par morceaux. (*Vendidad-Sadé*, Fargard, VII, 98-101.) Nous verrons plus loin la décision prise par les législateurs de l'Egypte (L. II, c. 3).

(4) IX, 273.

(5) VIII, 59. L'amende est du double de la somme niée ou réclamée. Yâjnavalkya (II, 11) dit formellement que cette amende était payée au roi.

M. Gibelin fait observer que cette même amende, sous le titre de *Niée*, existait dans les statuts de Provence. Denisart, *Collect.*, t. III, vº *Niée*.)

(6) VIII, 320, 326 et suiv. Nous avons déjà dit (voy. ci-dessus, p. 41, note 6), que la peine du vol varie à l'infini.

(7) IX, 84. A Rome, sous le régime des Douze Tables, l'intempérance des femmes était punie d'une manière beaucoup plus sévère. La femme qui buvait du vin était assimilée à la femme adultère. Pline parle d'une femme condamnée à mort pour s'être emparée des clefs d'une cave. (*Hist. nat.*, l. XIV, c. 14.)

(8) VIII, 389.

même dessein, lorsque ces actes pervers n'ont pas réussi (1); celui qui parle à des femmes étrangères, lorsqu'il en a reçu la défense de ceux dont elles dépendent (2). Très-souvent l'amende est cumulée avec une autre peine, et, parfois aussi, elle diffère, pour le même acte, suivant que celui-ci a été dicté par des motifs plus ou moins répréhensibles. On impose une amende de deux mille cinq cents panas à celui qui fait en justice une fausse déposition par concupiscence; une amende de mille panas, à celui qui la fait par cupidité ou par amitié; une amende de deux cent cinquante panas, à celui qui la fait par égarement d'esprit; une amende de cinq cents panas, à celui qui la fait par crainte (3). En tout cas, celui qui se trouve hors d'état de payer l'amende doit s'en libérer par son travail : il devient *esclave de la peine,* à moins qu'il n'appartienne à la classe des Brâhmanes (4).

(1) *Lois de Manou,* IX, 290. Dans la législation de Moïse, la magie était un crime capital. (*Exode,* XXII, 18; *Deutéronome,* XIII, 1-5; XVIII, 10, 11, 12)

(2) VIII, 361.

(3) VIII, 120, 121. Les faux témoins étaient, en outre, condamnés au bannissement (VIII, 123).

Nous verrons qu'en Egypte le parjure était puni de mort, et qu'en Judée on faisait subir au faux témoin le mal qu'il avait voulu faire subir à l'accusé.

(4) VIII, 415; IX, 229. Yâjnavalkya, II, 43.

Les amendes jouent un rôle considérable dans la législation pénale de l'Inde. Outre celles qui sont indiquées dans les lois de Manou, on en trouve un grand nombre dans les codes des législateurs plus rapprochés de nous. Yâjnavalkya inflige notamment cette peine pécuniaire à ceux qui commettent l'un des actes suivants : Retenir une fille qu'on a promise en mariage; menacer quelqu'un de le priver d'un membre; accuser quelqu'un d'un délit qui entraîne la déchéance de la caste; châtrer le bétail; séduire une fille de la même caste qui est sur le point de se marier; user d'une femme contre nature (II, 164, 208, 210, 236, 287, 293).

Les autres peines qu'on rencontre dans les lois de Manou servent en quelque sorte de complément à celles qui précèdent. Il suffit de les indiquer d'une manière sommaire.

La simple réprimande est recommandée au roi comme le premier degré du châtiment. Elle sert de peine spéciale aux malades, aux vieillards, aux enfants et aux femmes enceintes qui déposent des ordures sur une route royale; tandis que, dans le même cas, les autres délinquants doivent payer une amende de deux karchâpânas (1). — Les coups, infligés à l'aide d'une corde, d'un fouet ou d'une tige de bambou, constituent principalement une correction domestique, prévue et réglée par le législateur (2); mais ils servent aussi de pénalité proprement dite, notamment pour les filles qui se permettent des privautés obscènes avec leurs compagnes (3). Il y a plus : Manou engage le prince à ne pas recourir à un châtiment rigoureux, avant d'avoir préalablement essayé l'effet des coups sur les femmes, les faibles d'esprit, les gens âgés, les infirmes et les pauvres (4). — La tonsure ignominieuse est un sym-

(1) *Lois de Manou*, VIII, 129; IX, 282, 283.

(2) IV, 164; VIII, 299, 300. Une femme, un fils, un domestique, un élève, un frère du même lit, mais plus jeune, peuvent être châtiés, lorsqu'ils commettent quelque faute, avec une corde ou une tige de bambou; mais toujours sur la partie postérieure du corps, et jamais sur les parties nobles. Celui qui frappe d'une autre manière est passible de la même peine qu'un voleur. (Voy. ci-dessus, p. 41, note 6.)

(3) VIII, 369.

(4) IX, 230. — Loiseleur traduit ici : ... *Soit d'être frappés avec un fouet ou une tige de bambou, ou d'être attachés avec des cordes.* M. Stenzler (*Specimen*, p. 11) prétend qu'il s'agit de coups de cordes et

bole de honte, une sorte de provocation au mépris public. Elle est ordonnée pour le Brâhmane adultère, dans le cas où la punition des autres classes serait la mort (1). Jointe à une amende de mille panas, elle est infligée au Kchâttriya qui a souillé le lit d'un Brâhmane ; mais, dans ce cas, aussitôt qu'elle est pratiquée, la tête du coupable doit être arrosée « d'urine « d'âne (2). » Si le magistrat le trouve convenable, il peut, au lieu d'une amende de cinq cents panas, condamner à la tonsure ignominieuse, avec l'accessoire que nous venons de mentionner, le Kchâttriya qui a commis un adultère avec une femme non gardée de sa classe (3). La femme qui attente à la pudeur d'une jeune fille reçoit aussi la tonsure ignominieuse ; mais, de plus, on lui coupe deux doigts et on la promène dans les rues, montée sur un âne (4). — L'expulsion de la cité est prescrite contre les religieux hérétiques et les hommes qui décrient les livres saints (5). — Vient enfin

non de liens de cordes. Cette interprétation se concilie, en effet, beaucoup mieux avec l'ensemble des articles où il est fait mention de la peine des coups. — Voy., pour les fous, la remarque faite ci-dessus, p. 13, note 4.

(1) *Lois de Manou*, VIII, 379.

(2) VIII, 375.

(3) VIII, 384. Ainsi la tonsure ignominieuse, qui forme, en matière d'adultère, la peine la plus grave pour le Brâhmane équivaut à l'amende moyenne !

(4) VIII, 370... *Mulier quae puellam digito vitiavit.*

(5) IX, 225. Quand on songe aux peines terribles que les législations postérieures ont infligées aux hérétiques, on ne peut s'empêcher de trouver ce châtiment bien léger. La race aryenne de l'Inde avait cependant un profond mépris pour l'hérétique : « Il n'y a pas sur la terre de pécheur « plus criminel... Que nul homme ne s'associe, ne converse et ne sé- « journe avec lui... La personne qui mange avec lui, qui s'assied auprès « de lui ou qui dort dans la même maison, devient immédiatement aussi

la dégradation, c'est-à-dire l'exclusion des classes supérieures, pour tomber dans celle des Soudras : peine
terrible dans un pays où toutes les relations religieuses,
politiques, civiles et morales avaient pour point de
départ la distinction des castes. Tel est, entre autres,
le châtiment du Bráhmane qui épouse une Soudra (1) ;
du membre des trois classes supérieures qui se livre à
d'autres occupations que celles qui sont réservées à sa
caste (2) ; du Bráhmane qui s'enivre ou vend de la
viande, de la laque et du sel (3).

Cette énumération aride, mais indispensable, des
peines comminées par le législateur de l'Inde doit être
accompagnée de quelques réflexions portant sur l'ensemble du système.

Nulle part on ne trouve, dans les lois de Manou, la

« coupable... Les hérétiques se sont rendus impurs par l'abandon qu'ils
« ont fait des Védas. Les cérémonies en l'honneur des ancêtres, quoique
« faites avec foi et avec zèle, ne plaisent ni aux dieux ni aux ancêtres,
« si un apostat en est témoin... Les hommes tombent dans l'enfer seu-
« lement pour avoir conversé avec eux. » (*Vichnou — Pourána*, L. III,
c. 17 ; trad. de MM. Pauthier et Brunet.) — Les hérétiques étaient nombreux. Manou en parle souvent (III, 150 ; IV, 30, 61, 163, 209 ; V, 90).
    (1) III, 16.
    (2) X, 97. Voy. la note 3 de la page 39.
    (3) X, 92 ; XI, 97. Si le Bráhmane vend d'autres marchandises inter-
dites, il descend à l'état de Vâiçya (X, 93).
    Un châtiment bizarre atteignait celui qui volait l'or d'un Bráhmane.
Le voleur était obligé de courir vers le roi, les cheveux défaits, et de
déclarer son vol en disant : « J'ai commis telle action, punis-moi. » Il
devait porter sur ses épaules une masse d'armes ou une massue de bois
de khadira, ou une javeline pointue des deux bouts, ou une barre de fer.
« Le voleur, dit Manou, soit qu'il meure sur le coup, étant frappé par le
« roi, soit qu'il soit laissé pour mort et survive, est purgé de son crime ;
« mais si le roi ne le punit pas, la faute du voleur retombe sur lui (VIII,
« 314-316). »

moindre trace de cette pratique rude et primitive du talion, qu'on rencontre, presque partout, au berceau de la législation nationale. Il affectionne les peines expressives ; il fait mutiler le membre qui a servi à l'accomplissement du crime ; il fixe au front du coupable un emblème rappelant la nature du méfait ayant amené le châtiment exemplaire qu'on lui a infligé ; mais, nous le répétons, nulle part on ne découvre une maxime analogue à celle que Moïse a si énergiquement formulée, en disant : « Œil pour œil, dent pour dent, pied pour « pied, brûlure pour brûlure, plaie pour plaie, meur- « trissure pour meurtrissure (1). » L'ordre social était arrivé à ce degré de stabilité, de puissance et de perfection relative, où la vengeance individuelle peut être dépouillée de ses prétendus droits, sans que le législateur ait à redouter une réaction violente des haines et des passions de la foule. Lorsque Manou prescrit la mutilation des pieds, des mains ou d'autres parties du corps, l'intensité de la peine, surtout quand il s'agit d'outrages adressés aux hommes d'une classe supérieure, dépasse considérablement la gravité de l'infraction. La loi qu'il applique est alors bien plus sévère que celle du talion ; tandis que, pour les coups portés et les blessures faites à des hommes du même rang, la peine ordinaire consiste dans le bannissement ou dans l'amende (2).

(1) *Exode*, XXI, 23-25.

(2) *Lois de Manou*, VIII, 284 et suiv. Cependant on a dit bien souvent que le talion figure dans toutes les législations criminelles de l'Orient. Déjà Strabon (XV) affirmait que les Indiens avaient établi la loi du talion en l'aggravant par des mutilations.

Très-souvent, dans le premier âge du droit pénal, certains délits sont frappés d'une peine constamment invariable, quelles que soient les circonstances au sein desquelles l'accusé ait accompli l'infraction. On ne tient compte ni du mobile qui guide le coupable, ni du but qu'il veut atteindre, ni du rôle plus ou moins important qu'il joue dans la perpétration du délit, ni enfin des incidents qui, au moment de l'accomplissement de l'acte, ont exercé sur sa volonté une influence plus ou moins décisive. Sous ce rapport encore, Manou a suivi des principes diamétralement opposés. Pour les délits graves, tels que le vol et l'adultère, les peines varient pour ainsi dire à l'infini, suivant la qualité des personnes, la nature de l'acte et l'importance des intérêts lésés. Pour des faits identiques dans leur essence, mais plus ou moins modifiés par des circonstances extrinsèques, on trouve l'amende, les châtiments corporels, la mutilation, la tonsure ignominieuse, la mort simple, la mort accompagnée de tortures de diverses espèces (1). Le législateur sacré de l'Inde avait, au moins vaguement, entrevu le système des circonstances atténuantes et aggravantes qui occupe aujourd'hui une si large place dans tous les codes des peuples civilisés. Il veut que le juge tienne scrupuleusement compte du temps, du lieu, de la nature du crime, des facultés du cou-

(1) Pour le vol, voy. *Lois de Manou*, VIII, 319-333; IX, 270-280, et ci-dessus la note 6 de la page 41. Pour l'adultère, VIII, 352, 371-385. — Voy. encore, pour la violation de dépôt, VIII, 191 ; pour les attentats à la pudeur, VIII, 368-370; pour le viol, VIII, 359, 364; pour les tromperies dans le commerce, IX, 287 et suiv.

pable et de toutes les circonstances extérieures. Il recommande les châtiments peu graves, quand les intérêts collectifs du corps social n'y mettent pas obstacle.
Il groupe et cumule les peines, quand le délit exige, à
ses yeux, une répression énergique (1). Il prévoit les
circonstances aggravantes d'effraction, de nuit, de préméditation, de récidive, et il y attache, dans plusieurs
cas, une augmentation considérable de peine (2). Il
s'occupe de la complicité et du recel (3). Il admet l'exception de légitime défense (4). Il pose, en matière de
vol, une règle extrêmement remarquable : « L'amende
« d'un Soudra pour un vol quelconque doit être huit
« fois plus considérable que la peine ordinaire ; celle
« d'un Vâiçya, seize fois ; celle d'un Kchâttriya, trente-
« deux fois ; celle d'un Brâhmane, soixante-quatre fois
« ou même cent vingt-huit fois plus considérable, *lors-*
« *que chacun d'eux connaît parfaitement le bien ou le*
« *mal de ses actions.* » Non-seulement la réflexion
devient ici un motif d'aggravation, mais chaque coupable est puni en raison directe des lumières et des
sentiments d'honneur qui sont censés régner dans sa
caste (5). Une telle règle suffirait seule pour prouver

(1) Voy. ci-dessus, p. 48.
(2) Le roi doit juger « après s'être assuré des circonstances aggra-
« vantes, *comme par exemple la récidive...* » (VIII, 126.) Voy. aussi IX,
242, 270, 276, 277.
(3) *Lois de Manou*, IX, 271-278.
(4) VIII, 349-351.
(5) VIII, 337-339. Ce n'est pas le seul cas où le Soudra est puni d'une
amende moins élevée (VIII, 267, 336'. Quand il s'agit, au contraire, de
peines corporelles, il subit toujours un châtiment plus rigoureux que
celui qui atteint les coupables des classes supérieures. Ces distinctions

que, dès ces siècles lointains, les bords du Gange
avaient été le théâtre de longues méditations juridiques ;
mais cette preuve résulte, avec plus d'évidence encore,
de la proclamation du grand principe de la non-rétroactivité de la loi, de la proscription de la vengeance individuelle, de l'intelligence du caractère social du délit,
de l'admission de la mise en liberté provisoire et de
l'absence de toute composition pécuniaire, principes
essentiels dont nous avons déjà signalé l'importance (1).

Malheureusement toutes les institutions sociales de
l'Inde renfermaient un vice qui, dans le domaine du
droit pénal comme ailleurs, devait inévitablement produire une longue série d'injustices ; nous voulons parler
de l'existence de quatre castes composées d'individus
séparés par une inégalité de nature.

« Par son origine, qu'il tire du membre le plus noble
« du maître souverain, le Brâhmane est de droit le maître
« de toute cette création.... C'est par la générosité du
« Brâhmane que les autres hommes jouissent des biens
« de ce monde... Le Soudra, sorti du pied de Brahmâ,
« a été créé pour le service des Brâhmanes par l'Être
« existant par lui-même : *l'état de servitude est son état*

rappellent, à certains égards, un phénomène juridique que Montesquieu
a signalé dans les lois des premiers siècles de la monarchie française.
« C'est bien dans les anciennes lois françaises, dit-il, que l'on trouve l'es-
« prit de la monarchie. Dans le cas où il s'agit de peines pécuniaires,
« les non-nobles sont moins punis que les nobles. C'est tout le contraire
« dans les crimes. Le noble perd l'honneur pendant que le vilain est
« puni dans son corps. » (*Esprit des lois*, l. VI, c. 10.)
  (1) Voy. ci-dessus, pp. 13, 16, 22.

« *naturel* (1). » Le Brâhmane est une *divinité puissante résidant sur la terre ;* tandis que, dans la hiérarchie des créatures, le Soudra, destiné à vivre *dans l'abjection de la dépendance,* vient après l'éléphant et le cheval (2). Telles sont les maximes fondamentales que Manou lui-même proclame dans toutes les parties de son code.

Il est évident que, dans un état social organisé sur ces bases, le législateur sacré, sous peine de renverser toutes ses institutions religieuses et civiles, ne pouvait, même sur le terrain du châtiment, soumettre les quatre classes à un régime absolument identique. Comment eût-il accordé au Soudra, né pour la servitude, une position égale à celle du Brâhmane « qui, par sa seule « naissance, est un objet de vénération pour les « dieux (3)? » Membre d'une caste sacrée, le Brâhmane devait, jusque dans le sanctuaire de la justice, obtenir une place privilégiée, même vis-à-vis du Kchâttriya et du Vâiçya ; car, eux aussi, sortis du bras et de la cuisse du maître souverain, occupaient, dans la hiérarchie religieuse et sociale, un rang bien inférieur à celui de l'homme appartenant à la première classe.

Tel est, en effet, la doctrine qui a prévalu. Dans le système de répression consacré par la « loi révélée, » le Brâhmane est constamment l'objet de la prédilection du législateur, au point que, dans plusieurs cas, le

(1) *Lois de Manou,* I, 91, 93, 98 ; VIII, 413, 414.
(2) IX, 317 ; II, 31, 32 ; XII, 43.
(3) XI, 84.

châtiment qu'on lui inflige est presque dérisoire.

« Que le roi se garde bien, dit Manou, de tuer un « Brâhmane, quand même il aurait commis tous les « crimes possibles ; qu'il le bannisse du royaume en lui « laissant tous ses biens et *sans lui faire le moindre* « *mal* (1). » Le Brâhmane peut être condamné à l'amende, à la tonsure ignominieuse, à l'exil ; mais il échappe à toutes les autres peines. Nous en avons un remarquable exemple dans quatre méfaits que Manou qualifie de crimes du plus haut degré : souiller le lit de son maître spirituel, boire des liqueurs spiritueuses, voler l'or d'un prêtre, tuer un Brâhmane. Le Kchât- triya, le Vâiçya et le Soudra qui commettent l'un de ces crimes sont marqués au front, exilés avec confiscation des biens, et même condamnés à mort, s'ils ont agi avec préméditation ; tandis que le Brâhmane doit sim- plement payer une amende de cinq cents panas, s'il a agi sans préméditation, et, dans le cas contraire, sortir du royaume en prenant avec lui sa femme et ses effets (2)! Nous avons déjà dit que, pour l'adultère autre que celui qui est commis avec la femme du maître spi- rituel, le Brâhmane reçoit une tonsure ignominieuse, là où les coupables des trois dernières classes subis- sent la peine capitale (3). Le même privilége apparaît, à des degrés divers, dans toutes les parties de la légis- lation criminelle, notamment pour le faux témoignage, les injures et les outrages ; bien plus, il se manifeste

(1) *Lois de Manou*, VIII, 380. *Ibid.*, 124.
(2) IX, 237-242 ; XI, 54.
(3) Voy. ci-dessus, p. 55.

jusque dans le payement de l'amende (1). Un Brâhmane
condamné à l'amende la paye petit à petit ; tandis que
les condamnés des autres classes deviennent *esclaves
de la peine* (2). Il est vrai que cette espèce de faveur
dans le châtiment existe aussi, mais dans une moindre
proportion, pour le Kchâttriya et le Vâiçya. Un Kchâttriya qui injurie un Brâhmane paye une amende de
cent panas ; un Vâiçya, une amende de cent cinquante
ou deux cents panas ; un Soudra subit une peine corporelle (3). Le Soudra qui entretient un commerce criminel avec une Brâhmanî non gardée, est puni de la
mutilation et de la confiscation de tous ses biens ; mais
le Kchâttriya, dans le même cas, ne reçoit qu'une
amende de mille panas, et le Vâiçya une amende de
cinq cents (4). C'est encore cette inégalité native, base
de toute l'organisation sociale de l'Inde, qui a déterminé
Manou, comme nous l'avons vu plus d'une fois, à punir
plus sévèrement les outrages adressés aux membres
d'une classe supérieure.

Toutes ces distinctions blessaient assurément l'équité
naturelle ; mais elles n'ont rien qui puisse étonner
celui qui sait avec quel soin jaloux et quelle rigueur
inflexible les législateurs de l'Inde s'attachaient au
maintien de la séparation et de la hiérarchie des
castes.

(1) *Lois de Manou*, VIII, 123, 268, 276.
(2) IX, 229. Voy. ci-dessus, p. 53.
(3) VIII, 267.
(4) VIII, 374, 376. Dans la législation hébraïque, l'adultère était puni
de mort. (*Genèse*, XX, 3 ; XXVI, 11. *Exode*, XX, 14. *Lévitique*, XVIII,
20 ; XX, 10. *Deutéronome*, V, 18 ; XXII, 22.)

En somme, la race aryenne de l'Inde, douce jusqu'à la timidité, pacifique jusqu'à la mollesse, humble jusqu'à la lâcheté, se trouvait soumise à un système de répression d'autant plus rigoureux, que Manou, indépendamment des peines sévères qu'il édicte lui-même, maintient les lois particulières des classes et des provinces, les règlements des compagnies de marchands et jusqu'aux coutumes des familles qui ne sont pas contraires aux préceptes des « livres révélés (1). » Il va même beaucoup plus loin; car, pour chaque infraction tant soit peu grave, il ajoute à la peine proprement dite la menace d'un châtiment redoutable que l'auteur du délit doit subir dans ses existences futures. L'homme qui souille le lit de son père spirituel renaît cent fois à l'état d'herbe, de buisson, de liane, d'oiseau carnivore ou de tigre. Ceux qui commettent des actes de cruauté deviennent des animaux avides de chair sanglante. Les voleurs reparaissent sous la forme d'êtres se dévorant l'un l'autre. Celui qui verse le sang d'un Brâhmane est dévoré, dans l'autre monde, par des animaux carnassiers, pendant autant d'années que le sang, en tombant à terre, a absorbé de grains de poussière; puis il passe dans le corps d'un chien, d'un âne, d'un bouc, d'un Tchandâla. Le Brâhmane qui vole de l'or passe mille fois dans des corps d'araignées, de serpents, d'animaux aquatiques et de vampires malfaisants. Même quand ils reviennent, après toutes ces transmigrations, à l'état d'homme, les coupables portent dans leur orga-

____

(1) *Lois de Manou*, VIII, 41.

nisation les stigmates des désordres auxquels ils se
sont livrés dans leur vie antérieure. Le meurtrier d'un
Brâhmane reparaît avec le germe de la comsomption
pulmonaire. L'homme qui a souillé le lit de son père
spirituel est privé de prépuce. Le voleur de grain est
affligé de dyspepsie. Le voleur de vêtements a la lèpre.
Celui qui se plaît à divulguer de mauvaises actions a
une odeur fétide du nez ; le calomniateur, une haleine
empestée ; le voleur de farine, un membre de moins ; le
faiseur de mélanges, un membre de trop (1). Ces menaces peuvent faire sourire de pitié les générations
émancipées du dix-neuvième siècle ; mais elles étaient
accueillies comme autant de faits avérés par les innombrables adorateurs de Brahmâ, qui voyaient dans
chaque stance des lois de Manou une vérité sortie de
la bouche de « l'Être existant par lui-même. » Pour
tous ces peuples crédules, les menaces prodiguées par
Manou formaient un vaste et redoutable complément
du code criminel. Aussi les coupables se soumet-
taient-ils à de longues et rigoureuses pénitences, pour
s'en affranchir à l'aide de la purification (2).

____

(1) *Lois de Manou*, IV, 168 ; XI, 48 et suiv. ; XII, 55 et suiv.—Le même
système se trouve dans les Pourânas. (Voy. *Vishnou-Pourâna*, l. II, c. 6.)

(2) XI, 53, 71, 85, 107 et suiv., 239. La purification exerçait même de
l'influence sur la peine proprement dite, quand elle était accomplie avant
le jugement. Au l. IX, st. 240, on lit : « Des criminels de toutes les
« classes, qui font l'expiation que prescrit la loi, ne doivent pas être
« marqués au front par ordre du roi ; qu'ils soient seulement condamnés
« à l'amende la plus élevée. » Malheureusement la pénitence était souvent plus rigoureuse que la peine elle-même. Celui qui a souillé l'épouse
de son père doit, en proclamant son crime à haute voix, s'étendre lui-
même sur un lit de fer brûlant et embrasser une image de femme rougie

Montesquieu s'est trompé lorsque, caractérisant à sa manière la civilisation de l'Inde, il s'est écrié : « Heureux climat qui fait naître la candeur des mœurs « et la douceur des lois (1)! » On peut même se demander pourquoi tous ces châtiments présents et futurs étaient nécessaires au milieu de ces peuples énervés, dont la soumission et la résignation étaient devenues les deux traits distinctifs? Le législateur, connaissant l'indolence et la faiblesse de ses coreligionnaires, a-t-il voulu suppléer par la rigueur de la répression à l'absence d'énergie et de force chez les victimes des malfaiteurs? Au sein de ces populations aux mœurs si douces, des crimes atroces venaient-ils, de temps à autre, épouvanter la société? Il nous paraît plus probable que Manou a subi l'influence des théories inexorables qui, chez toutes les nations de l'Orient, se manifestaient en même temps dans le droit de la guerre et dans le droit de punir (2).

au feu (XI, 103). D'autres pénitences très-sévères sont imposées aux meurtriers (XI, 89, 126, 128). Voy. aussi Yâjnavalkya, III, 266 et suiv.

(1) *Esprit des lois*, L. XIV, c. 15.

(2) L'hypothèse que de grands crimes venaient souvent épouvanter la population de l'Inde a été émise par quelques savants, entre autres par M. Laurent (*Hist. du droit des gens*, t. Ier, p. 161). On trouve, en effet, dans les Pourânas quelques détails qui semblent légitimer cette supposition. Dans le *Bhâgavata-Pourâna*, qui renferme la vie mythologique de Khrisna, on lit : « Ceux qui en ce monde sacrifient des victimes « humaines, et les femmes qui dévorent les hommes immolés en sacri- « fice, sont, dans la demeure de *Jama* (aux enfers), tourmentés par « leurs victimes qui, en leur coupant les membres à coups de hache ainsi « que des bouchers, boivent leur sang, puis dansent et chantent pleins « de joie, comme faisaient sur la terre ces cannibales. — Ceux qui, « après avoir entraîné des innocents, par des paroles de confiance, dans

CHAPITRE IV.

RÉFLEXIONS GÉNÉRALES.

———

Quelles sont la valeur morale et la valeur juridique des lois de Manou, dans lesquelles Colebrooke voyait, à bon droit, le type le plus élevé du droit criminel de l'Inde brâhmanique (1)? Méritent-elles l'éloge ou le blâme, l'approbation ou le mépris de la postérité?

Si nous apprécions ces lois selon nos idées modernes, abstraction faite des temps et des lieux, elles laissent immensément à désirer. Disproportion entre la rigueur de la répression et la nature de l'acte incriminé, pouvoir souvent arbitraire du juge, inégalité constante entre les diverses classes de la nation, oubli du grand principe qui réclame des peines réparables, exagération souvent odieuse du caractère exemplaire du châtiment, abus de la mutilation, cruauté dans la détention des condamnés, assimilation d'une foule de délits dis-

« un lieu désert, les empalent pleins de vie sur des pieux, se faisant un
« plaisir de les torturer, sont condamnés après leur mort au pal et aux
« autres supplices de Jama. » (V, 26, 31, 32.)
   (1) *Digest of hindu law*, préf., p. XII.

tincts dans leur essence et dans leur but : tels sont, parmi beaucoup d'autres, les vices qu'il est permis de leur reprocher. Mais de quel droit irions-nous exiger d'un législateur de l'antiquité des connaissances théoriques et pratiques que les criminalistes chrétiens eux-mêmes ne possédaient pas encore dans la première moitié du dix-huitième siècle? Séparés de Manou par vingt-cinq siècles de tâtonnements, de progrès, de luttes, de souffrances, de travaux de toute nature, nous ne pourrions sans injustice lui imputer des erreurs qui, presque toutes, viciaient les lois criminelles de l'Europe jusqu'à la veille de la révolution française. Pour juger le législateur sacré de l'Inde avec cette équité souveraine que le jurisconsulte, plus encore que l'historien, ne doit jamais perdre de vue, il faut placer le Mânava-Dharma-Sâstra au milieu des doctrines et des systèmes qui régnaient parmi les peuples de l'Asie, à l'époque où il fut offert à la vénération des sectateurs de Brahmâ. On doit surtout ne pas l'isoler des croyances religieuses, de l'organisation politique, des idées morales et des besoins sociaux des populations auxquelles il était destiné.

Les anciens peuples de l'Orient ne connaissaient pas cette sollicitude constante dont la société moderne est animée à l'égard de tous ses membres, sans en excepter les délinquants. Implacables et cruels envers les condamnés, comme ils l'étaient envers les vaincus, ils semblaient obéir plutôt à un sentiment impétueux de vengeance qu'à la volonté calme et réfléchie de punir les coupables dans la mesure des intérêts collectifs du corps social. Faire souffrir l'auteur du délit et, par ses souffrances, jeter la terreur dans les âmes des spectateurs, tel était, avant tout, des deux côtés de l'Himalaya, le but qu'on voulait atteindre. Le condamné n'était qu'un instrument d'intimidation, un épouvantail aux mains du bourreau !

Ce système rude et grossier, qu'on pourrait à bon droit appeler la théorie de la terreur, avait alors l'assentiment de tous les peuples de l'Asie. Chez les Assyriens, on jetait les coupables aux bêtes féroces ou dans une fournaise ardente ; on les brûlait à petit feu dans une cuve d'airain ; on leur crevait les yeux ; on faisait périr en même temps et de la même peine la femme et les enfants du condamné, et souvent celui-ci devait assister à leur supplice avant de subir le sien. L'étranglement et la décapitation étaient repoussés comme des mesures insuffisantes (1)! Chez les divers peuples de la Syrie, la peine de mort, prodiguée sous toutes les formes, était exécutée avec des détails qui font frémir. On lapidait les criminels, on les jetait au feu, on les perçait de flèches, on les pendait, on les crucifiait, on leur brûlait les côtes et les entrailles avec des torches, on les écartelait, on les précipitait du haut des rochers, on les sciait en deux, on les plongeait dans la mer ou dans les fleuves, on les faisait écraser sous les pieds des animaux, on les étouffait dans un monceau de cendres, on brisait tous leurs membres sous des cha-

(1) *Daniel*, III, 6, 19-21, 46-48 ; VI, 6-24 ; XIV, 31, 41. *Jérémie*, XXIX, 22, 23 ; XXXIX, 6, 7 ; LII, 10. *Liv. IV des Rois*, XXV, 7. Diodore de Sicile, l. II, c. 6. Layard, *Nineveh and its Remains*, t. II, p. 369.

riots armés de pointes de fer. Et ici encore les femmes
et les enfants étaient immolés avec l'époux et le père !
Qui peut lire, sans que son cœur bondisse d'indignation, le récit des supplices atroces infligés aux Maccabées, en présence de leur mère, sous les yeux mêmes
du roi Antiochus Épiphane (1)? Chez les Perses, indépendamment de toutes les peines usitées en Syrie, on
écrasait la tête des condamnés entre deux pierres ; on
leur versait de l'airain fondu dans les oreilles ; on
les décapitait au moyen d'un rasoir ; on les écorchait
lentement ; on les empalait ; on les enterrait vivants
jusqu'à la tête. Jamais l'imagination, malheureusement
trop féconde, des criminalistes de l'Occident n'inventa
des tortures comparables à l'horrible supplice des
auges (2). Et presque toujours, suivant la coutume générale de cette partie de l'Asie, la femme et les enfants
du patient étaient rendus responsables de son crime (3) !
En réalité, Manou, qui ne prévoit que sept cas de
mort exaspérée, est plutôt resté en deçà qu'il n'est allé

(1) Voy., pour les supplices usités en Syrie, les preuves recueillies
par le marquis de Pastoret. (*Hist. de la législation*, t. Ier, p. 404 et suiv.)

(2) Le corps du coupable était mis entre deux auges superposées ; la
tête, les mains et les pieds sortaient seuls par cinq ouvertures pratiquées
à cette fin. L'infortuné était ainsi exposé au soleil ardent, la figure frot-
tée de miel et de lait, pour attirer les mouches On le nourrissait jusqu'à
ce que, le corps rongé par la vermine, suite inévitable d'une affreuse
malpropreté, il expirât dans des douleurs horribles.

(3) Voy., pour les supplices usités en Perse, Hérodote, I, 86, 128 ; III,
35, 119, 125, 132, 159 ; IV, 43 ; V, 25 ; VI, 30. Plutarque, *Vie d'Artaxerxès*,
18, 20, 25, 44. Ammien Marcellin, XXIII, 6. Justin, X, 2. Diodore de
Sicile, XV, 10. Xénophon, *Anab.*, I, 9. *Liv. d'Esther*, VII, 9 et 10.
Plus les auteurs cités par Pastoret, *Hist. de la législation*, t. IX, p. 412
et suivantes.

au delà du système de répression barbare et cruel qui,
à l'exception de la Judée, formait pour ainsi dire le
droit commun des peuples de l'Asie. Que ne verrions-
nous pas si, au lieu de quelques fragments épars recueillis au hasard par un petit nombre d'historiens de
l'antiquité, nous connaissions toute la législation criminelle des Assyriens, des Syriens et des Perses, comme
nous connaissons celle de Manou? N'oublions pas
d'ailleurs que la nécessité de faire de la terreur la compagne de la peine était encore, il y a moins d'un siècle,
un axiome à peu près incontesté chez les nations les
plus avancées de l'Europe.

Des circonstances non moins atténuantes peuvent
être invoquées en faveur du législateur de l'Inde, par
rapport aux peines arbitraires qui figurent beaucoup
trop fréquemment dans son code. L'histoire a prouvé
que ces peines ne disparaissent que là où les deux
grands principes de la liberté individuelle et de l'égalité de tous devant la loi ont été franchement admis
dans l'organisation politique du pays. Là seulement
le magistrat, tout en conservant une liberté suffisante
pour mettre la peine en harmonie avec le délit, devient
l'organe d'une loi qui limite strictement ses pouvoirs et
à laquelle il ne peut rien ajouter, précisément parce que
le principe de l'égalité de tous les citoyens, dans le
prétoire comme ailleurs, doit être toujours scrupuleusement respecté. En était-il ainsi dans l'Inde ancienne?
Poser la question, c'est la résoudre. L'institution de
quatre castes, distinguées par leur origine, par leurs
travaux, par leurs droits religieux, civils et politiques,

était l'antithèse vivante de l'égalité. L'introduction du despotisme théocratique, avec les mille priviléges de toute nature qui constituent son essence, était, du moins en droit, la négation permanente de la liberté individuelle. Comment la législation criminelle n'eût-elle pas porté l'empreinte des principes fondamentaux de cette organisation religieuse et sociale? Ajoutons qu'il en est souvent des idées comme des découvertes scientifiques : elles n'apparaissent qu'à leur heure. Quelques années avant la grande révolution du dix-huitième siècle, un jurisconsulte français, résumant fidèlement la jurisprudence de sa patrie, divisait encore les peines en trois classes : peines légales, peines fondées sur l'usage des tribunaux, *peines arbitraires :* « Les juges, disait-il, peuvent, dans tous les cas qui « n'ont pas été prévus par la loi, et pour lesquels il n'y « a aucun usage constant, imposer, suivant les diffé-« rentes circonstances et la nature du délit, la peine « qu'ils jugent convenable, soit pécuniaire, soit corpo-« relle, pourvu que cette peine soit du nombre de celles « qui sont en usage dans le royaume. » C'est trait pour trait la doctrine du Mânava-Dharma-Sâstra (1).

Ainsi s'expliquent également, comme nous l'avons déjà dit, les priviléges des castes supérieures en matière de répression. En traitant sur le pied d'une parfaite égalité, d'une part, le Brâhmane et les membres des trois autres classes, de l'autre, le Kchâttriya, le Vâiçya et le Soudrâ, Manou eût méconnu, dans l'une de

____

(1) Voy. Jousse, *Traité de la justice criminelle de France*, etc., t. Ier, p. 37 ; t. II, p. 599.

leurs exigences les plus impérieuses, les dogmes religieux et l'organisation politique qu'il voulait faire régner à jamais parmi les adorateurs de Brahmâ. Un tel oubli de la « loi révélée » n'était pas possible chez un législateur de l'Inde, le pays théologique par excellence. L'égalité devant le juge suppose, en droit et en fait, l'égalité devant la loi politique. A Rome, où la jurisprudence avait brillé d'un si vif éclat, où tant d'esprits supérieurs en avaient fait l'objet de leurs méditations constantes, les empereurs divisèrent les peines en trois catégories : celles qui regardaient les premières personnes de l'État (*sublimiores*); celles destinées aux coupables d'un rang inférieur (*medios*); celles qui étaient destinées aux classes inférieures (*infimos*). L'homme du peuple coupable d'assassinat était livré aux bêtes; l'homme élevé en dignité était simplement déporté dans une île (1). Le criminel de lèse-majesté avait la tête tranchée, s'il était de condition distinguée; il était brûlé vif, s'il appartenait aux classes inférieures (2)! Qui ne connaît les faveurs dont les nobles jouissaient en matière pénale dans tous les États de l'Europe, même en France, jusqu'au jour du grand et irrésistible mouvement de 1789? A partir du seizième siècle, la formule : *Sera puni selon la qualité des personnes*, était de style dans les lois criminelles de toutes les nations européennes (3). Partout les priviléges aristocratiques se retrouvaient jusque devant le bourreau.

(1) L. 3, §5; *Dig.*, l. XLVIII, t. VIII.
(2) Paul, *Sententiac*, l. V, t. XXIX.
(3) Loiseleur, *Les crimes et les peines*, etc., p. 210.

Le jurisconsulte français, déjà cité, adoptant sans scrupule les traditions romaines, écrivait en 1771 : « Il « faut, avant toutes choses, considérer la nature du « crime et les circonstances qui l'accompagnent. Ces « circonstances se tirent, en premier lieu, de la cause « qui a porté à le commettre ; en deuxième lieu, *de la* « *qualité des personnes*... Les gens vils ou de basse con- « dition sont punis plus sévèrement, en général, que « les personnes d'une condition honnête (1). »

Mais si les vices du système pénal de Manou s'expliquent par les préjugés de ses contemporains et, avant tout, par les dogmes religieux et sociaux de l'Inde, il faut reconnaître de plus que, sur bien des points, il a considérablement devancé ses contemporains. Dire que le roi, ou celui qui le remplace « ne doit « jamais s'écarter des règles par lesquelles le souverain « a déterminé ce qui est légal et ce qui est illégal, par « rapport aux choses permises et aux choses défen- « dues, » c'est proclamer deux principes indispensables à la garantie de la liberté individuelle ; c'est déclarer, en d'autres termes, que nul acte ne saurait être incriminé par le juge aussi longtemps qu'il n'est pas incriminé par le législateur ; c'est, en même temps, indiquer la source de la grande et précieuse théorie de la non-rétroactivité des lois criminelles (2). Admettre, en thèse générale, « que toute affaire qui, à une époque quelconque, a été « conduite à son terme et jugée, ne doit pas être re-

(1) Jousse, *Traité de la justice criminelle de France*, t. II, pp. 600 et 602.
(2) *Lois de Manou*, VII, 13.

« commencée, *si la loi a été suivie,* » c'est introduire dans la législation de l'Inde, quatre ou cinq siècles avant l'ère chrétienne, l'un des articles les plus rationnels et les plus importants de notre code d'instruction criminelle (1). Justifier l'homicide commis pour la légitime défense d'autrui, parce que *la fureur aux prises avec la fureur ne saurait être incriminée,* c'est déterminer avec une remarquable netteté l'une des causes de justification admises par tous les jurisconsultes modernes (2). Ne tenir aucun compte du prétendu droit de vengeance individuelle; envisager le délit comme une lésion sociale; faire de toute peine une *peine publique,* c'est atteindre d'un seul coup à une hauteur de vue où les jurisconsultes européens ne sont que très-lentement parvenus (3). Défendre au roi de s'approprier le produit des confiscations, c'est prendre, à l'égard de la cupidité des agents du fisc, une excellente précaution à laquelle bien des criminalistes modernes n'ont jamais songé.

(1) Art. 360 du code d'instruction criminelle.

(2) Voici le texte complet : « Pour sa propre sûreté, dans une guerre « entreprise pour défendre des droits sacrés, et pour protéger une femme « ou un Brâhmane, celui qui tue justement ne se rend pas coupable. Un « homme doit tuer sans balancer quiconque se jette sur lui pour l'assas- « siner, s'il n'a aucun moyen de s'échapper, quand même ce serait son « directeur, ou un enfant, ou un vieillard, ou même un vieillard très- « versé dans la sainte Écriture. Tuer un homme qui fait une tentative « d'assassinat, en public ou en particulier, ne rend aucunement coupa- « ble le meurtrier; c'est la fureur aux prises avec la fureur. (L. VIII, « 349-351.) » Ainsi, quand il ne s'agit pas de la défense de soi-même, d'une femme ou d'un Brâhmane, il faut que l'agresseur soit au moins arrivé à la tentative de meurtre.

(3) Voy. ci-dessus, p. 16. Il est probable que le droit de vengeance a existé dans l'Inde à une époque plus reculée, mais il est certain que Manou n'en tient aucun compte.

Ordonner aux juges de varier la peine suivant la gravité intrinsèque de l'infraction; leur enjoindre de tenir compte des faits qui ont précédé ou accompagné la perpétration du crime, c'est poser la base d'un système rationnel de circonstances aggravantes et atténuantes. Et cependant nous avons vu que toutes ces maximes et toutes ces règles se trouvent nettement formulées dans le texte des lois de Manou! Nous ajouterons que ce texte ne porte aucune trace du système barbare, si commun en Orient, qui enveloppait dans le même châtiment le criminel et sa famille, l'innocent et le coupable; système cruel et souverainement injuste, que les rois de l'Occident, malgré la prohibition formelle du *Deutéronome*, ont eux-mêmes si longtemps pratiqué (1). Nous dirons enfin que le Mânava-Dharma-Sâstra ne renferme pas un seul mot d'où l'on puisse déduire l'emploi de ces tortures atroces auxquelles on soumettait ailleurs les accusés et même les témoins, sous prétexte de leur faire confesser la vérité au milieu des souffrances!

En tenant compte des temps, des lieux et des hommes au milieu desquels il vivait; en faisant la part des dogmes religieux et des institutions sociales qu'il devait et qu'il voulait maintenir, on est forcé d'avouer que le rédacteur des lois criminelles attribuées à Manou a fait preuve d'un génie vaste et puissant, familiarisé de

(1) Voy., pour la punition du crime de lèse-majesté en France, l'arrêt prononcé contre la famille de Damien, le 29 mars 1757, et les remarques de Muyart de Vouglans. (*Lois criminelles de France*, pp. 133-134; édit. in-folio.)

longue main avec les problèmes qui se rattachent à l'art difficile de gouverner les peuples. Tout en partageant, dans une large mesure, les préjugés des nations de l'Orient sur l'efficacité des supplices atroces, il manifeste très-souvent, dans quelques-unes des parties essentielles du droit de punir, des idées justes et lucides qu'on ne rencontre pas toujours chez des jurisconsultes beaucoup plus rapprochés de l'ère moderne.

LIVRE DEUXIÈME.

L'ÉGYPTE.

OBSERVATIONS PRÉLIMINAIRES.

On trouve, dans les traditions primitives de l'Égypte, un mythe analogue à celui que les Brâhmanes ont placé près du berceau de la législation civile et criminelle de l'Inde. Thoth, le Trismégiste des Grecs, l'Hermès céleste, personnification vivante et vigoureuse de l'intelligence divine, avait écrit, comme Manou, par l'ordre du Dieu suprême, les lois destinées à présider au gouvernement des créatures intelligentes. Il apporta ces lois sur la terre et devint ainsi le premier initiateur de l'humanité, jusque-là plongée dans une barbarie abjecte. Mais les hommes, au milieu des malheurs amenés par leurs dissensions, oublièrent bientôt les leçons qu'ils avaient d'abord reçues avec autant d'admiration que de reconnaissance; leurs instincts corrompus se réveillèrent avec une violence sans cesse croissante; un cataclysme renversa les colonnes de granit où le législateur divin avait gravé ses conseils et ses préceptes, et l'espèce humaine retomba rapidement dans son premier état d'ignorance et de dégradation. Alors Isis et Osiris se chargèrent de la noble tâche de ramener la civilisation sur le sol sacré de l'Égypte, et Thoth, reprenant son premier rôle, s'incarna pour devenir le précepteur, le guide et l'associé fidèle de ces divinités bienfaisantes, dans toutes leurs tentatives de régénération. Restaurateur du langage articulé, inventeur de tous les arts utiles, fondateur et régulateur de toutes les institutions religieuses et sociales de la vallée du Nil, il écrivit cette fois quarante-deux livres sacrés qu'il confia à la garde des prêtres et que chacun de ceux-ci devait posséder à fond, en tout ou en partie, selon la nature de ses fonctions et le rang qu'il occupait dans la hiérarchie sacerdotale. Le deuxième de ces livres prescrivait aux rois les règles qu'ils étaient obligés de suivre aussi bien dans leur vie privée que dans l'exercice de l'autorité suprême. Dix autres traitaient de l'ordre sacerdotal, du gouvernement de l'État et de l'administration de la cité; ils renfermaient les règles fondamentales des lois civiles et criminelles, et étaient appelés sacerdotaux par excellence (1).

(1) Souvent aussi on les appelle *Livre des prophètes;* nous en verrons plus loin la raison.

Au milieu des renseignements contradictoires qui nous ont été transmis par les écrivains de l'antiquité, il n'est pas facile de se former une

Par une suite nécessaire de cette origine divine assignée aux lois nationales, les législateurs et les magistrats de l'Égypte se trouvaient, à l'égard des livres d'Hermès, absolument dans la même position que les Brâhmanes des bords du Gange à l'égard des lois de Manou. Les préceptes formulés par Thoth étaient pour eux la règle souveraine de leur conscience, l'ordre inflexible à suivre dans toutes leurs décisions. Plus

opinion sur la part d'influence et d'action qui doit être attribuée à chacun des deux Hermès égyptiens. Jablonski écrivait, au milieu du dernier siècle : *De eo* (Thoth) *fere nihil dici potest, in quo veteres inter se consentiant omnes, adeo omnia sunt incerta* (PANTHEON ÆGYPTIORUM, P. III, p. 156, édit. de 1750). Nous avons été amené à faire la même réflexion au terme de nos recherches. Aujourd'hui encore, on n'est unanime que sur un seul point, l'influence prépondérante attribuée à Thoth dans l'organisation sociale de l'Égypte. On peut consulter, entre autres : Diodore de Sicile, liv. Ier, c. 13, 15, 17 ; Platon, *Philèbe*, t. II, p. 309 ; *Phædre*, t. VI, p. 121, trad. de M. Cousin ; Jamblique, *De mysteriis Ægyptiorum*, sect. Ire, c. 1 et 2 ; Manethon, dans la *Chronographia* de Georges le Syncelle, p. 40, édit. du P. Goar ; Plutarque, *Symposiaques*, liv. IX, quest. 3 ; *Traité d'Isis et d'Osiris*, t. V, p. 320 de la trad. de Ricard, édit. de Paris, 1844 ; Diogène Laerce, *Vitæ phil* , in proem ; Elien, *Var. hist.*, liv. XII, c. 4 ; liv. XIV, c. 34 ; Cicéron, *De nat. deorum*, liv. III, c. 22 ; Pline, *Hist. nat.*, l. VII, c. 56 ; Clément d'Alexandrie, *Stromates*, liv. Ier, c. 21 ; liv. VI, c. 4 ; *Cohortatio ad gentes*, c. 2 ; Arnobe, *Adv. gentes*, liv. IV, c. 14 ; Eusèbe, *Praep. evangelica*, l. Ier, c. 9 ; Lactance, *Div. instit.*, l. Ier, c. 6 ; Tertullien, *Adv. Valentinianos*, c. 15 ; Synesius, *De providentia*, l. Ier, c. II, p. 1234, édit. Migne ; Stobée, *Eclogæ physicæ*, liv. Ier, c. 52 ; t. II, p. 932 et suiv., édit. de Heeren, 1792 ; Champollion, *Lettres écrites d'Égypte et de Nubie*, p. 149, 328, 364 ; Champollion-Figeac, *Égypte ancienne*, p. 134-137 ; Jomard, dans la *Description de l'Égypte*, t. Ier (*Antiq.*), c. 5 ; Creuzer, *Symbolik und Mythologie der alten Völker*, t. II, p. 101 et suiv., 3e édit. Au fond de l'enceinte du temple d'Edfou, Thoth est représenté écrivant sur une colonne d'hiéroglyphes, qui est la quarante-troisième d'une série de colonnes pareilles (Jomard, *loc. cit.*, p. 331). Nous espérons trouver la traduction de ces textes dans la grande publication sur les monuments de l'Égypte à laquelle M. Lepsius travaille depuis plusieurs années.

d'une fois des despotes osèrent fouler aux pieds ces maximes immuables, destinées à brider leurs passions avides ou sanguinaires ; mais ces abus étaient passagers, et les croyances vives et profondes de la nation finissaient toujours par triompher. Organisateur inspiré de la société humaine, le précepteur infaillible d'Isis résumait en lui la science et le droit dans leur expression la plus élevée et la plus complète ; il était l'intelligence divine personnifiée. Sur les murs d'un temple que Ptolémée Évergète II lui avait dédié et que le voyageur du dix-neuvième siècle trouve encore debout au milieu des ruines de Thèbes, il reçoit les titres pompeux de « seigneur des divines paroles, » de « secré- « taire des dieux grands dans la salle de justice et de « vérité (1). » Partout où se réunissaient des juges égyptiens, les dix livres sacerdotaux d'Hermès étaient déposés devant le président du tribunal (2).

Il en résultait une autre analogie avec les phénomènes juridiques qui se sont manifestés dans l'Inde brâhmanique. Quand la divinité fait entendre sa voix, l'homme doit s'incliner en silence et exécuter docilement ses ordres. Les Égyptiens, « les plus religieux « des hommes (3), » n'avaient garde d'oublier cette maxime fondamentale. Altérer le texte des livres sacrés, substituer aux préceptes divins du Trismé-

_____

(1) Champollion le jeune, *Lettres écrites d'Égypte et de Nubie*, p. 149, 328, 364.

(2) Diodore, liv. Ier, chap LXXV. Ce fait cependant peut être révoqué en doute. Nous y reviendrons plus loin.

(3) *Idem*, liv. II, chap, XXXVII.

giste la volonté faillible et essentiellement mobile de l'homme, eût été à leurs yeux commettre un sacrilége irrémissible. Par cela même qu'ils attribuaient à leurs lois fondamentales une origine divine, ils en proclamaient nécessairement l'immutabilité. Quand Diodore de Sicile visita le territoire de Bubaste, l'interprète qui l'accompagnait lui fit admirer une colonne consacrée à Isis, avec cette inscription : « Je suis Isis, reine « de tout le pays. Élevée par Hermès, *j'ai établi des* « *lois que nul ne peut abolir* (1). » C'était la proclamation solennelle du caractère de permanence et de fixité que les croyances nationales imprimaient à la législation primitive du pays. Imitant la vénération superstitieuse que les riverains du Gange professaient pour les lois révélées par Manou, les riverains du Nil, pendant une longue série de siècles, conservèrent avec un soin religieux le texte intégral des lois prétenduement révélées par Hermès. Arrivés de bonne heure à un remarquable degré de civilisation, ils repoussèrent énergiquement l'idée d'un progrès futur, et, pour mieux assurer l'immobilité de leurs institutions, ils firent de tous les principes de leurs codes civils et criminels autant de décrets d'un infaillible oracle (2).

Malheureusement, si nous possédons plus de deux mille stances (*slokas*) des lois de Manou, il ne nous reste

(1) Diodore, liv. Ier, chap. XXVII.
(2) En faisant ces rapprochements entre l'Égypte et l'Inde, nous n'entendons pas nous prononcer ici sur la question, aujourd'hui encore si vivement controversée, des origines de la civilisation des habitants de la vallée du Nil. Ce problème si vaste n'appartient pas à notre sujet.

rien ou presque rien des livres juridiques d'Hermès; car la saine critique ne saurait accorder une valeur quelconque aux fragments dénaturés qu'on a cru reconnaître au milieu des rêveries et des fables consignées dans quelques écrits apocryphes (1). Cette législation puissante et vivace qui, pendant plus de quinze siècles, fit de l'Égypte un objet d'admiration pour tous les peuples de l'antiquité, ne sera jamais complétement livrée à l'appréciation des peuples modernes. Et cependant c'est ici surtout que les Égyptiens pouvaient se croire en règle avec le temps et avec la postérité! Jamblique porte à plus de vingt mille le nombre des livres où les doctrines et les préceptes d'Hermès avaient été commentés et développés par les membres les plus distingués de la classe sacerdotale (2).

Le sort n'a pas été moins implacable pour les législateurs qui, tout en respectant les traditions religieuses du pays, ajoutèrent aux décrets d'Hermès un nombre plus ou moins considérable de prescriptions nouvelles. Nous avons à jamais perdu le texte des lois que Diodore de Sicile attribue à Mnévis (Ménès?), à

---

(1) Nous voulons parler de ces prétendus livres hermétiques, probablement composés par des néo-platoniciens de l'école d'Alexandrie, plus ou moins imbus de gnosticisme.

(2) Manéthon portait leur nombre jusqu'à trente-cinq mille six cent vingt-cinq; voir Jamblique, *De mysteriis Ægyptiorum*, sect. Ire, chap. I et II; sect. VIII, chap. I et IV. Il est certain que les prêtres égyptiens attribuèrent à Hermès une foule de livres, afin de leur donner plus d'autorité. Hermès était la personnification de la caste savante, l'idéal du sacerdoce égyptien. Mais il n'en est pas moins certain que les quarante-deux livres primitifs dont nous avons parlé ci-dessus (p. 80) furent toujours l'objet d'une vénération particulière.

Sasychès (Ascs-kà-w) (1), à Sésostris (Rhamsès II), à Bocchoris (Bokenranf), à Amasis (Ahmès). Ici encore, le malheur et la barbarie ont déjoué toutes les précautions imaginées par le génie d'un peuple qui, plus que tout autre, s'était flatté du noble espoir de léguer de glorieux exemples à l'admiration des races futures (2).

Jusqu'à la fin du dernier siècle, on ne connaissait la législation criminelle de l'Égypte que par les règles éparses, et malheureusement trop peu nombreuses, citées par des écrivains appartenant à tous les âges de la littérature du monde ancien. Depuis lors, d'admirables découvertes ont été faites sous le patronage de plusieurs gouvernements européens; mais, par une regrettable fatalité, c'est précisément dans la sphère de la législation pénale que ces découvertes ont été les plus rares et les moins fructueuses. Les inscriptions qui couvrent les vastes monuments de la haute Égypte, les nombreux papyrus trouvés au fond des sarcophages, nous donnent de précieux renseignements sur la chronologie, l'ethnographie, la mythologie, les cérémonies religieuses, les expéditions guerrières et les usages domestiques de cette époque éloignée; mais des résultats analogues n'ont pas été obtenus pour l'histoire des institutions judiciaires. Pour le catalogue des délits et des peines, pour le rôle de l'accusateur, du témoin, du

---

(1) L'Asychis d'Hérodote et l'Ases-kà-w des monuments. (Voy. Dévéria, *Papyrus judiciaire de Turin, Journal asiatique*, VIᵉ série, t. VIII, p. 183.)

(2) Nous parlerons plus loin de ces recueils de lois égyptiennes.

juge et du bourreau, les inscriptions et les manuscrits sont à peu près muets. Nos connaissances se sont accrues, sans doute ; des perspectives nouvelles se sont ouvertes, et nous possédons même quelques fragments de procédures qui remontent à l'ère des Pharaons ; mais, malgré les investigations ingénieuses de la science contemporaine, le mystère qui entoure cette législation antique est loin d'être dissipé. Les récits incomplets et parfois contradictoires des écrivains de l'antiquité sont, aujourd'hui encore, la source principale où l'historien du droit criminel doit aller puiser.

Un autre inconvénient se présente. Les historiens et les philosophes qui parlent de la législation de l'Egypte n'indiquent pas toujours l'époque précise où les règles qu'ils citent dans leurs écrits ont pris naissance. Ils ne tiennent pas assez compte de l'influence exercée sur les lois nationales par la domination successive des Perses et des Grecs. On se trouve ainsi exposé à confondre les coutumes antiques des Pharaons avec les usages exotiques, introduits, beaucoup plus tard, par des conquérants venus de l'Asie et de l'Europe. Mais heureusement, quand il s'agit de l'Égypte, cette confusion est moins à craindre que partout ailleurs. La persévérance à marcher dans les voies tracées, l'obstination à conserver intactes les coutumes et les mœurs des ancêtres, furent de tout temps les caractères distinctifs de la race égyptienne (1). Ajoutons que la classe sacerdotale

(1) Ils avaient poussé l'amour de l'immobilité au point de fixer, par des lois immuables, la peinture, la sculpture, les chants et même la danse. (Voir Platon, *Lois*, liv. II, p. 82 et 83 ; liv. VII, p. 28 ; trad. de M. Cou-

survécut au despotisme asiatique et fut maintenue,
avec tous ses priviléges essentiels, par la dynastie
européenne des Lagides. Or, cette classe, on le sait,
veilla constamment, avec un soin superstitieux, au
maintien inaltérable des traditions de l'antiquité, à tel
point que, si l'un de ses membres s'en écartait, même
dans les choses d'une faible importance, il était à
l'instant même dégradé et expulsé du sanctuaire (1).
Grâce à ses efforts opiniâtres, le système religieux de
l'Égypte triompha des dominations successives des
Perses, des Grecs et des Romains, et, depuis Memphis
jusqu'aux dernières bourgades du royaume, les anciens
dieux régnaient encore le jour où leurs temples furent
fermés par le christianisme (2). Sous les Ptolémées,
nous trouvons, il est vrai, des tribunaux où la justice
était rendue par des Grecs, qui étaient en même temps
revêtus d'emplois militaires; mais le fait seul du maintien inaltérable du culte national suffit pour prouver
que, jusqu'à l'arrivée des Romains, la législation criminelle, étroitement unie au culte, ne subit aucune
altération profonde. En Égypte, comme chez les Hébreux, la religion était activement mêlée à tous les
incidents de la vie publique et privée; depuis le berceau jusqu'à la tombe, elle réglait tous les actes de

sin.) Ils conservent les coutumes de leurs péres et n'en adoptent pas de
nouvelles, dit Hérodote (liv. II, chap. LXXIX); et un peu plus loin
(chap. XCI) il ajoute : Ils évitent d'user de coutumes grecques et, pour
tout dire, d'aucune de celles des autres hommes.

(1) Porphyre, *De abstinentia*, liv. IV, § 8; édition d'Utrecht, 1765.

(2) Champollion le jeune, *Lettres écrites d'Égypte et de Nubie*, p. 151
et 157.

l'homme avec une autorité absolue. Dès la plus haute antiquité, la jurisprudence y appartint à la catégorie des sciences sacrées, et les prêtres, à peu près seuls chargés des fonctions de juges, étaient ses dépositaires et ses interprètes naturels. Sous un tel régime, la conservation du culte et de la classe sacerdotale devait entraîner, dans une large mesure, la conservation du droit national, dans toutes les parties où il n'était pas incompatible avec les exigences impérieuses de la conquête (1).

Toutes les nations de l'antiquité sont unanimes à vanter la sagesse des hommes qui présidaient aux destinées de l'Égypte. Suivant des traditions communes à ce pays et à la Grèce, Orphée et Homère, Lycurgue et Solon, Pythagore et Thalès, Hésiode et Platon, étaient allés chercher l'inspiration et la science dans les

(1) C'est une grande erreur de croire que, lors de l'avénement des Lagides, qui montrèrent tant de respect pour les coutumes nationales, l'ancienne constitution de l'Égypte avait subi des altérations profondes. M. Letronne a très-bien prouvé que tout s'y était conservé presque sans altération : beaux-arts, langue, écriture, administration, religion, lois, usages et arts industriels. (*Mémoire sur la civilisation égyptienne, depuis l'établissement des Grecs sous Psamméticus jusqu'à la conquête d'Alexandre;* dans les Mémoires de l'Institut, Académie des inscriptions et belles-lettres, t. XVII, 1re partie.)

« Laisser aux vaincus, dit M. Mariette, leur religion, leurs coutumes, « leurs arts, leur écriture, telle fut la règle de conduite qu'au jour « même de la conquête Alexandre s'imposa. » Les Lagides suivirent scrupuleusement le même système. « Loin d'imposer aux vaincus des « usages étrangers qui n'auraient fait qu'entretenir chez eux des germes « de rébellion, les Ptolémées maintinrent les antiques coutumes et, « sans cesser d'être Grecs, se firent Égyptiens en s'honorant de l'être. » (Mariette, *Aperçu de l'histoire ancienne d'Égypte*, p. 54 et 56; Paris, 1867.)

sanctuaires de la vallée mystérieuse du Nil. La critique moderne n'a pas admis tous ces éloges traditionnels, mais nous n'en devons pas moins déplorer notre impuissance à reconstituer le tableau complet et détaillé des institutions pénales qui, depuis les Pharaons jusqu'aux Romains, existèrent, à peu près sans altération, à l'ombre des temples dont nous admirons aujourd'hui les ruines majestueuses. Ce tableau formerait incontestablement l'une des pages les plus intéressantes de l'histoire des évolutions successives de l'esprit humain. Mais cette page ne sera jamais écrite, et, sans nous livrer à des regrets stériles, nous devons nous contenter de recueillir et de coordonner les débris échappés au naufrage. C'est ce que nous allons essayer de faire, en présentant quelques aperçus sur l'organisation judiciaire, les lois pénales et la procédure criminelle de l'Égypte ancienne.

CHAPITRE PREMIER.

Comme toutes les nations primitives, l'Égypte faisait du droit de punir une délégation de la puissance divine. Thoth, l'Hermès Trismégiste, le génie du droit uni au génie de l'éloquence, « le secrétaire des dieux grands « dans la salle de justice et de vérité, » descend sur la terre pour donner aux premiers habitants de la vallée du Nil les règles fondamentales des lois civiles et criminelles. Deux autres divinités, Isis et Osiris, guidées par Thoth, deviennent les modèles immortels des législateurs et des juges. Une quatrième divinité bienfaisante, Thméi, fille du Soleil, à la fois déesse de la justice et déesse de la vérité, vient remplir dans les croyances nationales un rôle analogue à celui de Thémis dans les mythes de la Grèce. Sur tous les monuments où il s'agit de l'exercice de la magistrature, la religion se montre à côté de l'homme investi de la redoutable mission de juger ses semblables (1).

(1) Les traditions populaires disaient qu'Isis elle-même avait envoyé

Deux éléments essentiels entraient dans l'organisation du pouvoir judiciaire de l'Égypte : d'un côté, les priviléges immuables du trône ; de l'autre, les prérogatives traditionnelles de la classe sacerdotale.

On a prétendu que les lois fondamentales du pays plaçaient une barrière infranchissable entre le pouvoir royal et le pouvoir judiciaire. On a dit que les prêtres seuls étaient investis du droit de juger et de punir les coupables (1).

Les témoignages de l'histoire et les nombreuses inscriptions disséminées sur les monuments de la haute Égypte se réunissent pour contredire ces assertions.

« Chaque jour, dit Diodore de Sicile, le roi offrait « un sacrifice aux dieux. Les victimes étant amenées à « l'autel, le grand prêtre se tenait, selon la coutume, près « du roi, et, en présence du peuple égyptien, implorait « les dieux à haute voix de conserver au roi la santé et « tous les autres biens.... En même temps, le grand « prêtre était obligé d'énumérer les vertus du roi, de par- « ler de sa piété envers les dieux et de sa mansuétude « envers les hommes. Il le représentait tempérant, juste,

au roi Bocchoris (Bokenranf) un serpent qui, s'entortillant autour de sa tête lorsqu'il montait sur son tribunal, le couvrait de son ombre, pour l'avertir de ne pas oublier un seul instant les exigences inflexibles de l'équité. (Plutarque, *De la fausse honte*, t. II, p. 561 de la trad. de Ricard. Voir aussi Champollion le jeune, *Précis du système hiéroglyphique des anciens Égyptiens*, t. II, p. 9, et pl. IV, n° 51.)

(1) L'opinion émise, à ce sujet, par De Pauw (*Recherches philosophiques sur les Égyptiens*, sect. IX) est loin d'être complétement abandonnée.

« magnanime, ennemi du mensonge, aimant à faire le
« bien, entièrement maître de ses passions, *infligeant*
« *aux coupables des peines moindres que celles qu'ils*
« *méritaient* (1). »

Ainsi, chaque jour, au pied des autels, l'autorité
judiciaire du prince, loin d'être proscrite par la législation nationale, était solennellement proclamée en
présence des dieux et du peuple.

Diodore nous apprend encore que le souvenir de
l'équitable et ingénieuse sagesse des jugements rendus
par Bocchoris (Bokenranf) avait survécu à la conquête
de l'Égypte par les Romains (2). Il rappelle que le roi
Amasis (Ahmès) se rendit odieux à son peuple, en infligeant à beaucoup d'hommes des peines contre toute
justice (3). Il raconte que l'un des conquérants éthio-
piens, Actisanès, ayant réuni les principaux accusés
du royaume, prit une connaissance exacte de leurs
crimes; qu'il fit couper le nez aux coupables et les relégua, à l'extrémité du royaume, dans une bourgade
qui, en souvenir de cette mutilation, prit le nom de
Rhinocolure (4). Il ajoute que les rois, en prononçant

---

(1) Diodore, liv. Ier, chap. LXX. Cet éloge était obligatoire; mais,
après s'être acquitté de sa tâche, le grand prêtre terminait par une im-
précation contre les fautes commises par ignorance; car, dit Diodore
de Sicile, le roi étant *irresponsable,* on rejetait toutes les fautes sur ses
ministres et ses conseillers, et on appelait sur eux le châtiment mérité.

On voit que la responsabilité ministérielle ne date pas d'hier.

(2) Liv. Ier, chap. XCIV.

(3) *Ibid.*, chap. LX.

(4) De ῥίν, nez, et de κόλουρος, coupé (liv. Ier, chap. LIX). De Pauw
(*Rech. phil.*, sect. IX) conteste cette étymologie, par une raison passa-
blement étrange. Le terme *Rhinocolure* lui paraît avoir été appliqué à

leurs jugements, étaient obligés d'agir conformément aux règles établies par les lois pour chaque cas particulier (1).

Hérodote nous fournit un témoignage analogue. Des prêtres égyptiens, initiés à tous les mystères de leur culte et à tous les secrets de leurs annales, lui racontèrent que Mycérinus (Menkéra), fils de Chéops (Khoufou), s'acquit l'amour de son peuple par la manière équitable et digne dont il rendait la justice (2). Ils lui firent part d'une tradition nationale, suivant laquelle Alexandre, le ravisseur d'Hélène, jeté par les vents sur la côte de l'Égypte, fut jugé par le roi, privé de ses trésors et condamné au bannissement, « à la suite d'une « accusation portée devant les prêtres. » Informé de l'existence de cette procédure, le prince avait fait conduire le coupable à Memphis, afin d'y être interrogé et puni par lui-même. Pour nous servir d'une locution fréquemment employée dans nos lois modernes, il avait évoqué la cause (3).

un enfoncement de la côte, où quelque promontoire s'était *vraisemblablement* éboulé. Les Orientaux, comme les Arabes, dit-il, nomment en géographie *ras* ou *nez* ce que nous appelons, d'après les Italiens, un *cap* (t. II, p. 269, édit. de 1822).

(1) Liv. Ier, chap. LXXI.

(2) Liv. II, chap. CXXIX. Diodore (liv. Ier, chap. LXIV) lui adresse les mêmes éloges. Comme Hérodote, il affirme que Mycérinus poussait l'équité au point de faire des présents aux hommes honnêtes qui avaient été injustement condamnés par les tribunaux. Strabon affirme, de son côté, que Mycérinus rendait lui-même la justice. Il rapporte qu'un aigle laissa tomber l'un des souliers de Rhodope sur les genoux du roi, pendant qu'il remplissait les fonctions de juge (liv. XVII, chap. Ier, § 33, édit. Müllerus ; p. 808 de l'édition de Casaubon).

(3) Liv. II, chap. CXIII-CXV.

Élevé à la cour des Pharaons, instruit à l'école des
prêtres d'Héliopolis, Moïse attribue formellement aux
rois de l'Égypte le droit de juger toutes les classes de
la nation. Nous voyons le Pharaon qui eut Joseph pour
ministre (Apépi) prononcer, au milieu des joies d'un
festin, une sentence capitale contre l'un des premiers
dignitaires du royaume. Joseph lui-même, pour sortir
des fers où l'avait conduit une accusation calomnieuse,
a recours au roi, comme à l'arbitre suprême de la justice nationale (1).

Les découvertes de la science moderne sont venues
confirmer le langage des historiens de l'antiquité. Les
murs du Rhamesséum de Thèbes étalent des bas-reliefs
et des tableaux où les plus grandes divinités de l'Égypte
remettent au roi, avec les insignes du commandement
militaire, la houlette, symbole du gouvernement civil,
et le fouet, emblème de l'exercice de la justice criminelle. Ammon, le roi des dieux, l'être primordial et
suprême, dit à Rhamsès : « Reçois la faux de bataille
« pour contenir les nations étrangères et trancher la tête
« des impurs; prends le fouet et le pédum, pour diriger
« la terre de Kémé (2). » Il est vrai que, ni dans les récits
des historiens, ni dans les inscriptions et les peintures
qui décorent les monuments, on ne rencontre les
maximes religieuses de l'Inde, qui faisaient de la jus-

(1) Genèse, XL, 14, 22; Josèphe, *Antiq. jud.*, liv. II, chap. III.
(2) Champollion-Figeac, *Egypte ancienne*, p. 56. Plutarque dit que les
Égyptiens donnaient à leur pays le nom de *Chemia*, parce que le terrain en est noir comme la prunelle de l'œil. (*Traité d'Isis et d'Osiris,*
t. V, p. 351 de la traduction de Ricard, édit. de 1844.)

tice criminelle le premier et le plus impérieux devoir de la royauté ; mais il n'en résulte pas que les Pharaons et leurs successeurs fussent privés de ce noble attribut de la souveraineté. Ils avaient le droit, mais non pas l'obligation de juger eux-mêmes les coupables.

Quand ils se sentaient poussés par l'amour désordonné de la puissance, les rois de l'Égypte allaient même beaucoup plus loin. Ils condamnaient à l'emprisonnement, à l'exil, aux travaux publics, au dernier supplice, tous ceux qui encouraient leur disgrâce, sans observer aucune des formalités tutélaires dans lesquelles les lois du pays avaient cherché la garantie d'un jugement équitable ; ils se permettaient tous les caprices des despotes asiatiques. Le prédécesseur de Sésostris (Séti Ier) remplit les prisons d'individus soupçonnés d'avoir murmuré contre sa tyrannie (1). Un fils de ce conquérant, appelé Phéron par Hérodote (Merenphtah), fait brûler, avec le village où il les a enfermées, une multitude de femmes que son esprit égaré par la superstition soupçonne d'avoir manqué à la foi conjugale (2). Chéops condamne une partie de son peuple aux travaux publics, parce qu'il veut laisser à la postérité de somptueux témoignages de sa puissance et de ses richesses (3). Apriès (Ouahprahet, l'Ophra de la Bible) fait couper le nez et les oreilles de son mi-

---

(1) Diodore, liv. Ier, chap. LIV.

(2) Hérodote, liv. II, chap. CXI. Hérodote place cet événement dans la ville d'Erythrébole ; Diodore (liv. Ier, chap. LIX) dit, avec plus de probabilité, que le fait eut lieu dans un village.

(3) *Idem*, liv. II, chap. CXXIV.

nistre Patarbémis, parce que celui-ci avait échoué dans une mission dont il l'avait chargé auprès de ses soldats rebelles (1). Amasis (Ahmès), disposant arbitrairement des biens et de la vie de ses sujets, menace sa propre femme de la mort la plus affreuse, parce qu'il la soupçonne d'avoir usé de maléfices (2). Un autre roi ordonne à tous ses sujets de fléchir le genou devant le ministre qu'il a investi de sa confiance : « Que tout le peuple, « lui dit-il, obéisse aux commandements qui tomberont « de tes lèvres ; que nul ne remue le pied ou la main sans « ton assentissement, dans toute la terre d'Égypte (3). » Un autre encore ordonne de mettre à mort tous les enfants mâles d'une tribu nombreuse à laquelle ses prédécesseurs avaient donné des terres et des pâturages (4). Qu'on nie l'authenticité d'une partie de ces monstrueux abus de la force ; qu'on range la plupart de ces actes de tyrannie parmi les fables accueillies par la crédulité populaire : on n'en viendra pas moins forcément aboutir à la même conclusion. Par cela seul que les prêtres de Memphis racontaient aux Grecs les tristes exploits de Phéron, de Chéops, d'Apriès et d'Amasis, ils avouaient que leurs rois pouvaient disposer en maîtres absolus de la liberté, des biens et de l'existence de leurs sujets. Méconnaître la valeur d'un tel aveu, ce serait fouler aux pieds toutes les règles

(1) Hérodote, liv. II, chap. CLXII.
(2) *Idem*, liv. II, chap. CLXXXI ; Diodore, liv. II, chap. LX.
(3) Genèse, XLI, 40 et suiv.
(4) Exode, I, 16 ; Josèphe, *Antiq. jud.*, liv. II, chap. V ; voir encore l'Exode, X, 28.

d'une saine critique historique. Si le pouvoir judiciaire avait été complétement séparé de la puissance royale, les desservants de l'admirable temple de Phtah, les pontifes chargés du sacre et de l'intronisation des rois, les dépositaires de toute la science nationale, n'auraient pas manqué de vanter ce progrès aux barbares qui venaient leur demander les leçons de la sagesse antique.

Il entrait dans le génie de l'Égypte d'assimiler ses rois à ses dieux. Depuis le règne probablement fabuleux de Ménès jusqu'à l'établissement de la domination romaine, les tableaux et les inscriptions qui décorent les monuments sont pour ainsi dire l'apothéose permanente de la royauté. Sur les murs des palais et des temples; sur le granit des obélisques et des colonnes; sur les flancs indestructibles des hypogées destinés à recevoir les dépouilles mortelles des membres de la dynastie régnante; partout, en un mot, où les princes s'adressent à la fois à leurs contemporains et à la postérité, les formules adulatrices inventées par le despotisme théocratique de l'Orient se trouvent considérablement dépassées. Modérateur souverain du monde, grand chef de toutes les parties de l'univers, soleil régulateur de la terre, recteur de l'Occident, vivificateur éternel, seigneur des diadèmes, fils du Soleil, fils d'Isis, fils d'Ammon, divin seigneur de l'Égypte, dieu grand, dieu gracieux, Horus puissant et modéré, Horus resplendissant possesseur des palmes, grand germe des dieux grands, dieu sauveur, dieu seigneur des trois zones de l'univers, image vivante d'Ammon, tels sont les titres que les rois de toutes les dynasties s'attribuent jusque sur les murs des sanctuaires où l'on adorait les premières divinités du pays. Dans une foule d'inscriptions votives, on trouve des noms royaux parmi ceux des dieux invoqués par le peuple. Ailleurs, on voit des Pharaons vivants qui *s'adorent eux-mêmes*, ou sont adorés par d'autres dieux. Les mêmes symboles hiéroglyphiques désignaient la royauté et la divinité. L'assimilation était poussée si loin, l'identification du dieu et du roi était tellement parfaite, que les mêmes règles d'architecture étaient suivies pour les édifices religieux et les habitations royales. Le trône prenait la place du sanctuaire ! « Les Égyptiens, dit Diodore de Sicile, « respectent et adorent leurs rois à l'égal des dieux (1). »

Ces faits seuls suffiraient, au besoin, pour dissiper les doutes et mettre un terme à toutes les controverses.

Comment des rois assimilés aux dieux, identifiés avec les dieux, n'auraient-ils pas revendiqué le droit de

(1) Voir Champollion le jeune, *Lettres écrites d'Égypte et de Nubie*, p. 96, 161, 167, 208, 211, 219, 226, 227, 271, 273, 306, 316, 318, 326-329, 331, 383. — Le texte grec de l'inscription de Rosette (ligne 10) donne à Ptolémée Epiphane le titre de : *Dieu né d'un dieu et d'une déesse*, comme Horus le fils d'Isis et d'Osiris, Θεὸς ἐκ θεοῦ καὶ θεάς, καθάπερ Ὧρος, ὁ τῆς Ἴσιδος καὶ Ὀσιριδος (Champollion le jeune, *Précis du système hiéroglyphique des anciens Égyptiens*, t. Ier, p. 184 et suiv., 2e édition). Dans les ruines de Thèbes existe un bas-relief représentant Ptolémée Philadelphe, costumé en Osiris, assis sur son trône, à côté de sa femme, la reine Arsinoé, coiffée des insignes des déesses Mouth et Hathôr. Placé au pied du trône, Evergéte II lève les mains en signe d'adoration, et adore « le divin père de ses pères, la divine mère de ses mères. » Champollion - Figeac, *Égypte ancienne*, p. 58. — Voir encore Duncker, *Geschichte des Altherthums*, p. 76, édit. de 1852 ; Ampère, *Voyage en Nubie* (*Revue des Deux Mondes*, 1849, I, p. 95 et suivantes). Ed. Lévy, *Études philosophiques sur l'architecture*, p. 20 (*Mém couronnés de l'Académ. roy. de Belgique*, t. IX, coll. in-8o).

juger, dans un pays où l'exercice de la juridiction criminelle était envisagé comme une émanation directe de la divinité? L'histoire ne nous offre pas un seul exemple d'une dynastie royale abdiquant bénévolement, au profit d'une classe nombreuse de ses sujets, l'une des attributions les plus importantes et les plus glorieuses de la couronne. Les rois de l'Égypte n'eurent jamais la pensée de se résigner à ce sacrifice, et, sous ce rapport encore, les monuments confirment les assertions de Moïse, d'Hérodote, de Strabon et de Diodore de Sicile. Sur les murs des temples de Louqsor, de Kournah, de Karnac, sur tous les débris de Thèbes, les souverains du pays revendiquent avec orgueil le rôle supérieur qui leur était assigné dans l'administration de la justice. Ils se nomment *les seigneurs de la justice, les soleils gardiens de la justice, les stabiliteurs de la justice, les seigneurs de la justice et de la vérité* (1). Dans les célèbres Papyrus hiératiques de Berlin, le roi Neb-Ka-Ra figure comme le juge suprême de la haute et de la basse Égypte (2). Dans le texte épique gravé sur les murs majestueux du Rhamesséum de Thèbes, Rhamsès II s'écrie : « A toute plainte qui s'adresse à moi, je rends justice tous les jours ! » Tout ce qui,

---

(1) Champollion le jeune, *Lettres* citées, p. 208, 211, 283; E. de Rougé, *Notice des monuments exposés dans la galerie d'antiquités égyptiennes*, etc., p. 31, 88 (Paris, 1849).

(2) Chabas, *les Papyrus hiératiques de Berlin*, p. 12 et suiv. *Mélanges égyptologiques*. 2e série, p. 248. Dans l'inscription gravée sur une stèle concernant les mines de l'Ethiopie, on donne à Rhamsès II l'éloge suivant : « La balance (de la Justice) est au milieu de tes lèvres. » (Brugsch, *Histoire d'Egypte*, p 151. Leipzig, 1859.)

depuis Bossuet et Montesquieu (1), a été dit des limites que la sagesse antique avait assignées au pouvoir suprême des Pharaons et de leurs successeurs, doit être attribué à une étude superficielle des témoignages qui nous ont été transmis par les historiens et les philosophes de la Grèce. Transporter nos idées modernes dans l'antique vallée du Nil; faire des Pharaons une sorte de monarques constitutionnels acceptant avec déférence la théorie savante de la séparation des grands pouvoirs de l'État, c'est commettre naïvement un anachronisme de plusieurs milliers d'années. Les rois de l'Égypte étaient en meme temps législateurs, juges, commandants suprêmes de l'armée et chefs du culte national. Ils étaient des despotes divinisés (2).

(1) Bossuet, *Disc. sur l'hist. universelle*, part. III, § 3; Montesquieu, *Esprit des lois*, liv. XVIII, chap. VI.

(2) Ici, comme on l'a fait si souvent ailleurs, on a confondu la théorie et la pratique. Tous les instants de la journée des rois étaient minutieusement réglés par des coutumes séculaires, et leur gouvernement fut presque toujours modéré. Élevés par les prêtres, ceux-ci se trouvaient sans cesse à leurs côtés, jusque dans les appartements de leurs palais. Mais ces précautions mêmes, malgré l'admirable sagacité qu'elles révèlent, étaient sans force et sans influence réelle à l'égard des princes que des passions violentes poussaient en dehors des voies ordinaires. L'histoire n'en fournit que trop de preuves.

La science moderne a très-bien prouvé que les Pharaons étaient euxmêmes les chefs du culte national. (Voir Duncker, *Geschichte des Altherthums*, t. Ier, p. 75 et suiv., édit. de 1852; Lepsius, *Denkmahler*, III, 212). Nous connaissons un roi, Amenhotep IV, qui fit fermer les temples et proscrivit les dieux de l'Égypte, pour leur substituer le culte d'un dieu unique *Aten* (le disque rayonnant), que l'on a comparé à l'Adonaï des Sémites. (Mariette, *Aperçu de l'histoire ancienne d'Égypte*, p. 37.) Hérodote attribue également la fermeture des temples à Chéops (Khoufou) et à Chéphren (Schafra) (liv. II, c. 124-128); mais, en ce qui concerne ces deux rois, ses allégations sont démenties par les inscriptions des monuments de leurs règnes.

Il n'était pas même nécessaire que les rois jugeassent eux-mêmes : ils avaient incontestablement le droit de déléguer cette importante prérogative à un ou à plusieurs de leurs sujets, investis de leur confiance. Dans les Papyrus hiératiques de Berlin, on voit le grand intendant Meruitens, « le premier après Sa Majesté, » traîner un vagabond au pied du trône du pharaon Neb-Ka-Ra et dire à ce dernier : « Mon seigneur, j'ai ren- « contré celui-ci qui est un ouvrier rural (accusé d'avoir « délinqué sur mes terres). Fais qu'il vienne à moi pour « être jugé sur cela (1). » Ce sont encore les membres d'une commission royale que nous trouvons en exercice dans le Papyrus Abbott, où il s'agit d'une procédure entamée à la suite d'un vol commis dans les chapelles mortuaires de monarques appartenant à des dynasties antérieures. Les anciens, les sages et les « grands chefs » qui y statuent sur le sort des accusés, n'appartenaient pas à la catégorie des juges permanents (2). C'est enfin une commission royale qui exerce le pouvoir judiciaire dans le célèbre Papyrus de Turin, que M. Devéria vient d'interpréter avec autant de sagacité

(1) Chabas, *Papyrus hiératiques de Berlin*, p. 12 et 13.

(2) Deux fois il est question dans le texte d'une commission nommée par le roi. — Le *Papyrus Abbott* a été traduit par M. Birch (*Revue archéologique de Paris*, 1re série, t. XVI (1859), p. 257 et suiv). On y parle d'une assemblée d'anciens et de sages réunis dans un lieu voisin du temple d'Ammon. A la fin, il est dit que les grands chefs *accordèrent le souffle aux accusés*. C'était une manière d'anéantir les poursuites. Les prisonniers de guerre imploraient la grâce de la vie en demandant aux Pharaons de leur accorder le souffle. Du reste, M. Birch lui-même avoue que tout cela est vague et douteux. Le *Papyrus Abbott* est loin d'avoir reçu une interprétation définitive.

que de science. Rhamsès III y parle aux juges qu'il a
institués, et leur recommande une grande sévérité dans
le jugement des coupables. Bien plus : comme quelques-uns de ces magistrats se montrèrent trop indul-
gents, il les condamna aux travaux forcés, après leur
avoir fait couper le nez et les oreilles (1).

Il n'est donc pas vrai que les rois fussent privés du
droit d'exercer la justice criminelle, soit par eux-
mêmes, soit par leurs délégués immédiats. C'était même
en leur nom et avec leur assentiment, au moins tacite,
que les prêtres et les autres magistrats siégeaient dans
les tribunaux ordinaires.

La composition de ces derniers tribunaux, qui doivent surtout fixer l'attention de l'historien du droit
pénal, ne nous est que très-imparfaitement connue;
mais cependant nous en savons assez pour y découvrir
les traces d'une organisation savante, digne de la réputation traditionnelle de sagesse dont les Égyptiens
jouissaient chez toutes les nations de l'antiquité.

L'Égypte possédait une cour suprême, composée de
trente et un juges. Les trois colléges sacerdotaux de
Memphis, de Thèbes et d'Héliopolis en fournissaient
chacun dix. Les trois cités où la science antique comptait ses plus nobles interprètes jouissaient du privilége
de fournir les représentants les plus élevés de la magistrature nationale (2).

(1) *Journal asiatique,* 6e série, t VI, p. 242, 259 et 350.
(2) Diodore, liv. I er, chap. LXXV. Diodore dit que les Égyptiens choisissaient les trente juges parmi les premiers habitants des trois villes
citées. Il n'est pas possible de prendre ce passage à la lettre Comme, en
thèse générale, les prêtres seuls, ainsi que nous le verrons plus loin,

Selon Diodore de Sicile, les trente membres du tribunal suprême, réunis à Thèbes, choisissaient euxmêmes leur président, et la ville à laquelle il appartenait envoyait aussitôt un autre juge pour le remplacer. Suivant Élien, les honneurs de la présidence étaient toujours conférés au membre le plus âgé. Tous étaient entretenus aux frais du roi, et le président recevait des appointements considérables. Il portait au cou une chaîne d'or, à laquelle était suspendue une statuette en pierre précieuse, représentant la déesse Saté (*la Vérité aux yeux fermés*). Au témoignage d'Élien, il était réputé le plus intègre de tous les hommes. Ses collègues surent, de leur côté, se transmettre de siècle en siècle le noble héritage d'une réputation sans tache, et les Égyptiens, toujours partisans du symbolisme, avaient fait de l'aile de l'autruche le signe hiéroglyphique de l'impartialité de leurs décisions (1). L'historien d'Agyre

remplissaient les fonctions de juges, il faut admettre que les Égyptiens désignés par l'historien étaient les membres des colléges sacerdotaux établis dans les trois capitales du royaume, et non les habitants en général. La supposition d'une intervention directe des habitants de Thèbes, de Memphis et d'Héliopolis se trouve complétement écartée par l'organisation fondamentale de l'Égypte, où la nation était privée de droits politiques, et où, d'autre part, la classe des guerriers et la classe populaire se livraient à des professions qui n'avaient rien de commun avec l'exercice de la magistrature.

(1) *Horapollonis hieroglyphica*, lib. II, cap. CXVIII, édit. Leemans ; Amstelodami, 1835 Horapollon explique ce signe par l'étrange raison que l'autruche est le seul oiseau dont les ailes présentent une égalité parfaite en tous sens. — Le signe hiéroglyphique du juge lui-même était un vêtement royal, placé à côté d'un chien regardant une figure nue. (*Ibid.*, lib. I, cap. XL.) Les juges étant facilement admis auprès du souverain, surtout dans les temps anciens, le peuple disait qu'ils avaient « le droit de voir le roi nu. »

les compare aux membres de l'aréopage d'Athènes et du sénat de Sparte, et les monuments les montraient privés de leurs mains, pour attester qu'ils étaient inaccessibles aux présents. Les statues qui reproduisaient les traits de leur président avaient les yeux baissés, « parce qu'il ne devait regarder que la vérité (1). »

A quel degré le roi intervenait-il dans la composition de ce tribunal, la première et la plus importante de toutes les institutions judiciaires du pays?

Diodore de Sicile dit expressément que les membres de la cour suprême étaient élus par « les Égyptiens; » mais d'autres témoignages échappés aux ravages des siècles tendent à faire croire que, l'élection étant régulièrement accomplie, les élus devaient être institués par le chef de l'État. Plutarque rapporte que le roi, avant l'installation des juges, les faisait jurer de désobéir à ses propres ordres, s'il leur prescrivait quelque

---

(1) Diodore, liv. Ier, chap. XLVIII et LXXV; Elien, *Variæ hist.*, lib. XIV, cap. XXXIV; Plutarque, *Traité d'Isis et d'Osiris*, t. V, p. 328 de la traduction de Ricard. Voy. encore *Description de l'Égypte*, t. II (*Antiquités, — Descriptions*), p. 297-298, 2e édition. — Diodore, liv. Ier chap. XLVIII. — Les érudits ont soulevé, au sujet du tribunal central de Thèbes, un certain nombre de controverses que nous croyons inutile de discuter. Les uns ont dit qu'il y avait trente juges, parce que, à une certaine époque, il y avait trente nomes en Égypte. D'autres, sans fournir aucune preuve à l'appui de leur allégation, ont prétendu que les dix livres sacerdotaux d'Hermès devaient être particulièrement gravés dans la mémoire de trois juges appartenant à chacun des trois colléges qui concouraient à la formation de la cour. D'autres encore ont affirmé que chaque membre était spécialement voué à l'étude d'un seul de ces livres, de manière que le tribunal des trente renfermait trois magistrats tirés de trois colléges différents et possédant à fond le même livre, etc. Voir Pastoret, *Histoire de la législation*, t. II, p. 201 et suiv.)

chose d'injuste. Or, si l'on se rappelle que les souverains de l'Égypte exerçaient un pouvoir despotique, leur droit de repousser l'élu qui se présentait au pied de leur trône ne saurait pas même être discuté. L'admission au serment était une véritable agréation de la part du roi. On avait imaginé sur les bords du Nil un système mixte qu'on retrouve, sous des formes diverses, dans les lois constitutionnelles de plusieurs États de l'Europe moderne : la combinaison de l'autorité royale avec le privilége accordé aux grands corps judiciaires d'intervenir dans le choix de leurs membres. Comment des despotes, qui jugeaient eux-mêmes et qui s'intitulaient les « seigneurs de la justice, » auraient-ils renoncé à toute part d'influence dans le choix des premiers magistrats du royaume (1)?

Les renseignements que l'histoire nous a transmis sur l'organisation des tribunaux inférieurs laissent beaucoup à désirer.

L'Égypte était partagée en un grand nombre de provinces peu étendues, appelées *nomes* ou *préfectures*. Les nomes étaient divisés en sous-préfectures ou toparchies (2), et chacune de celles-ci comprenait un certain nombre de petites circonscriptions administratives que, faute d'une désignation mieux appropriée, nous appel-

---

(1) Voir Plutarque, *Apophthegmes des rois et des capitaines ; Usages des rois d'Égypte*). Plutarque semble parler de tous les juges du pays ; mais il est peu probable que le roi faisait comparaître devant lui les membres des juridictions inférieures.

(2) Ce nom leur est donné par Strabon ($\tau o \pi a \rho \chi i a$), gouvernement d'un lieu).

lerons, comme Champollion, des *communes rurales* (1).

Le chef-lieu de chaque nome était la résidence d'un *nomarque*, dont l'autorité s'étendait sur tout le district, et à qui les inscriptions donnent souvent les titres de « président du pays » et de « seigneur des hommages. » On lui adjoignait, pour l'aider dans l'administration de la justice, un certain nombre de scribes et de *juges royaux*, qualification qui, fréquemment reproduite sur les monuments, atteste que ces magistrats, à la différence de ce qui se pratiquait pour la cour suprême, étaient directement nommés par le roi. De même que les membres du tribunal central de Thèbes, ils appartenaient très-probablement à la classe sacerdotale. La jurisprudence, comme toutes les doctrines morales, faisait partie de la catégorie des sciences sacrées, et celles-ci, soigneusement conservées à l'ombre du sanctuaire, n'étaient cultivées que par les ministres de la religion. Les dix livres d'Hermès qui traitaient de la nature des dieux renfermaient en même temps les lois relatives au gouvernement de l'État et à l'administration de la cité, et ces livres étaient appelés *sacerdotaux*. Les chefs des prêtres, que Clément d'Alexandrie désigne sous le nom

---

(1) Hérodote, liv. II, chap. CLXIV Pline le Naturaliste, liv. V, chap IX, donne aux nomes le nom de préfectures urbaines (*Præfecturæ oppidorum*) — Voir encore Diodore, liv. Ier, chap LIV; Strabon, liv. XVII, chap. Ier; Champollion le jeune, l'*Égypte sous les Pharaons*, t. Ier, p. 72 et suiv. — On n'est pas d'accord sur le nombre des nomes, ou plutôt ce nombre a varié avec les diverses époques. Diodore et Strabon en admettent trente six ; Pline en compte quarante huit.

Les nomes de l'Égypte ont fait l'objet d'une savante étude de M. Jacques de Rougé, publiée par la *Revue archéologique de Paris*, ann 1865 1868,

de *prophètes*, devaient les apprendre par cœur, et l'un
de leurs subordonnés, que le même écrivain appelle
stoliste (στολιστής), portait la coudée, emblème de la justice, dans ces imposantes processions religieuses auxquelles s'adaptait si bien l'ampleur colossale des temples
égyptiens (1). Peu importe que Diodore de Sicile ait
gardé le silence sur un point aussi important que l'union
du sacerdoce et de la magistrature; cette union était
la conséquence directe et presque nécessaire de l'organisation sociale de l'Égypte, où la classe sacerdotale se
livrait seule à l'étude des codes qui renfermaient les
préceptes et les maximes prétenduement révélés par
l'Hermès céleste. Hérodote rapporte que le ravisseur
d'Hélène fut accusé « devant les prêtres (2). » Elien
affirme que, de toute antiquité, les prêtres égyptiens
exercèrent le pouvoir judiciaire, et Diogène Laërce
ajoute que les hommes qui, sur les bords du Nil, cul-
tivaient la philosophie et en faisaient la source des lois,
recevaient les titres de *prêtre* et de *prophète* (3). Con-
servés dans les temples, sous la surveillance sévère des

(1) Clément d'Alexandrie, *Stromates*, liv. VI, chap. IV, p. 254, édit.
Migne. — Comme les livres juridiques d'Hermès étaient surtout confiés
à la garde des *prophètes*, on les désigne souvent, ainsi que nous l'avons
déjà dit, sous la dénomination de *Livres des prophètes*.

Les stolistes, qui portaient la coudée, étaient spécialement chargés
du soin de vêtir les idoles et de veiller à la conservation des coutumes
liturgiques.

(2) Voir ci-dessus, p. 93.

(3) Elien, *Variæ hist.*, liv. XII, chap. IV; et liv. XIV, chap. XXXIV;
Diogène Laërce, *Vit. philosoph.*, *in proem.* — Dans quelques inscriptions, les scribes dont nous venons de parler sont nommés « scribes de
« la justice. »

pontifes, les livres mystérieux, dépositaires du savoir et de la loi, restaient éternellement fermés au peuple. On se contentait de les lui montrer au milieu des pompes sacrées dont nous venons de faire mention. Les ministres de la religion étaient en même temps les ministres de la science (1).

La généralité des termes employés par les historiens et les philosophes de l'antiquité doit nous faire admettre que les tribunaux des nomes, composés de juges et de scribes royaux, possédaient simultanément la juridiction civile et la juridiction pénale. Mais étaient-ils compétents pour statuer sur toutes les infractions en général? N'y avait-il pas une catégorie de crimes sous-

(1) Pastoret, *Histoire de la législation,* t. II, p. 200, fait à ce sujet une réflexion très-fondée. « On pourrait soutenir, dit-il, que Diodore sup « pose assez l'union du sacerdoce à la magistrature, quand il rappelle les « travaux de ceux qui n'appartenaient pas à la caste des prêtres, des mar- « chands, des pasteurs, des artisans, des cultivateurs, des guerriers. Les « Égyptiens pensaient qu'il existe entre les lois civiles et les lois religieuses « une liaison si étroite, qu'elles sont toutes mieux observées quand le « même citoyen en est le dépositaire et l'interprète. » Voir encore Diodore, liv. Ier, chap. LXXXI; Josèphe, *Cont. App.,* liv. II, chap. V. Il importe toutefois de remarquer que, d'après les découvertes de la science contemporaine, les castes étaient loin d'être aussi complétement séparées qu'on l'a cru jusqu'à la seconde moitié du dix-neuvième siècle. Pour le seul règne de Rhamsès XI, Brugsch (*Histoire d'Égypte,* p. 205) donne la liste de six grands prêtres d'Ammon qui portent, en même temps, des titres religieux et des titres militaires. Voir aussi E. de Rougé, *Notice des monuments,* etc. (p. 21 et 51); Chabas, *Mélanges égyptologiques,* II, p. 83, et mes *Considérations sur la théorie du progrès indéfini,* p. 252 (2e édit.). M. Ampère a eu raison de traduire par le mot *corporation* le terme grec auquel on a donné le sens de *caste.* Quant à la population libre qui n'appartenait ni au corps sacerdotal ni au corps militaire, elle était subdivisée en classes dont l'organisation et les attributions ne nous sont pas encore exactement connues. (Voy. Fr. Lenormant, *Hist. anc.,* t. Ier, p. 332.)

traits à leur appréciation et exclusivement réservés au tribunal central de Thèbes? Dans quels cas le législateur avait-il autorisé l'appel de leurs décisions à cette cour suprême? Existait-il, à côté d'eux, du moins dans les centres de population de quelque importance, un tribunal de police pour les délits dépourvus de gravité? Toutes ces questions peuvent donner lieu à des dissertations plus ou moins ingénieuses ; mais, à défaut de documents précis et dignes de foi, c'est à la raison et non à l'histoire qu'il convient d'en demander la solution.

Les précautions extrêmes qu'on avait prises pour la composition du tribunal de Thèbes, la solennité de ses séances, la haute réputation d'intégrité de ses membres, la vénération constante dont il était entouré dans les diverses classes de la nation, tout atteste que, dans les circonstances les plus graves, il servait d'égide à l'innocence persécutée, autant que le permettait la forme despotique du gouvernement du pays. Si son influence avait été purement locale, on n'aurait eu aucune raison de faire concourir à sa formation, dans une mesure strictement égale, les colléges sacerdotaux des chefs-lieux des trois grandes divisions territoriales du royaume. Puisqu'on éprouvait le besoin de faire représenter dans son sein, par le même nombre de délégués, toutes les parties de l'Égypte, il est manifeste qu'on lui avait assigné, indépendamment de ses autres attributions, une large juridiction d'appel. Comment d'ailleurs les Égyptiens, dont la sagesse était proverbiale et qui, au dire de Diodore, avaient apporté un soin extrême à l'organisation du pouvoir judiciaire, n'auraient-ils pas aperçu les avantages qui, du moins dans un grand nombre de cas, résultent de la faculté de déférer la sentence du juge inférieur à l'appréciation du juge supérieur? Comment expliquerait-on l'importance que tous les écrivains de l'antiquité attribuent à la cour de Thèbes, si, d'un côté, sa propre compétence avait été réduite à un petit nombre de crimes, tandis que, d'autre part, les tribunaux des nomes auraient joui du privilége de statuer toujours en dernier ressort? Comment les voyageurs grecs auraient-ils comparé au sénat de Sparte et à l'aréopage d'Athènes un tribunal réduit à de si minces proportions ?

Des motifs de même nature nous portent à admettre, à côté du tribunal du nome, l'existence de tribunaux de police dans toutes les localités d'une importance tant soit peu considérable. Chaque ville avait son corps de magistrature (1), et la police y était faite avec une habileté, une promptitude et un esprit de suite auxquels l'antiquité tout entière s'est plu à rendre hommage. Il n'est pas possible de prétendre que, dans un tel système, les magistrats locaux fussent obligés de recourir sans cesse au tribunal du nome, même pour la répression des simples fautes de discipline. La séparation absolue des fonctions administratives et judiciaires date d'une époque infiniment plus récente. L'antiquité, surtout en Orient, ne connaissait pas les lenteurs calculées de nos codes modernes. Les contraventions

____

(1) Hérodote, liv. III, chap. X.

légères étaient punies, à l'instant même, par le magistrat dont on avait méconnu les ordres.

A notre avis, on peut supposer qu'il y avait en
Égypte trois classes de tribunaux échelonnés dans un
ordre hiérarchique très-bien combiné : dans chaque
commune populeuse, un tribunal composé de magistrats
locaux, pour les contraventions légères ; au chef-lieu
de chaque nome, un tribunal composé de juges royaux,
pour les délits d'un caractère plus dangereux ; dans la
capitale du royaume, une cour suprême statuant sur
les crimes les plus graves et exerçant la juridiction
d'appel à l'égard des sentences rendues par les juges
des nomes. Seulement, le caractère hiérarchique qui
se manifeste constamment dans toutes les institutions
de l'Égypte doit nous faire supposer que les tribunaux
de divers degrés étaient composés de prêtres de divers
ordres (1).

Nous ne croyons pas que l'harmonie de ce vaste plan,
où se manifeste si bien le génie organisateur de l'Égypte,
fût altérée par l'établissement d'une sorte de cour spéciale dans le célèbre labyrinthe du nome arsinoïte.
Strabon rapporte, il est vrai, une vague tradition, suivant laquelle les chefs des préfectures s'y réunissaient
avec les premiers des prêtres, pour offrir des sacrifices
et statuer sur les causes les plus graves (2) ; mais un
passage de Pline le Naturaliste prouve que cette tra-

(1) Nous empruntons cette dernière réflexion à Champollion-Figeac,
Egypte ancienne, p. 46.

(2) Liv. XVII, chap. Iᵉʳ, § 37, édit. Müllerus ; p. 811 de l'édition de
Casaubon.

dition était loin d'être généralement admise. « On ne
« convient pas, dit ce dernier, de la cause qui fit bâtir le
« labyrinthe. Démotélès prétend que c'était le palais de
« Mothérudès ; Lycéas en fait le tombeau du roi Mœris ;
« plusieurs disent que c'est un monument consacré au
« Soleil, opinion qui est la plus généralement reçue (1). »
Hérodote, qui visita l'Égypte dans le cinquième siècle
avant l'ère chrétienne, et qui eut de si nombreux rapports avec les dépositaires des archives nationales, se
borne à dire que le labyrinthe a été érigé, comme un
monument de leur puissance et de leur gloire, par les
douze rois qu'il place à la suite de Séthos (2). Quatre
siècles plus tard, Diodore de Sicile en fait le tombeau
de ces princes, et lui, qui nous a transmis tant de précieux détails sur les institutions de l'Égypte, garde un
silence absolu sur la destination judiciaire de cet admirable édifice (3). Évidemment, ces notions incomplètes
et contradictoires ne permettent pas d'affirmer l'existence d'une haute cour de justice sur les rives du lac
Mœris.

Il est toutefois incontestable que les législateurs de

____

(1) Liv. XXXVI, chap. XIX, trad. de Littré.
(2) Liv. II, chap. CXLVIII.
(3) Liv. Ier, chap. LXVI. — Dans un autre endroit, il attribue cet
édifice à Mendès (liv. Ier, chap. LXI et XCVII). Ailleurs encore, il en fait
l'œuvre de Menas (Ibid., chap. LXXXIX). — Eusèbe (Chron., lib. I,
cap. XX, p 189, édit. Migne) le fait construire par Lamparès, fils de
Sésostris, opinion partagée par Jules Africain (Syncelli chronographia,
p. 60, édit. du P. Goar). Ces divergences d'opinions ont fait croire à
quelques savants qu'il y avait plusieurs labyrinthes. — M. Lepsius a
retrouvé parmi les débris du labyrinthe le nom et le tombeau
d'Amenemhé III.

l'Égypte avaient admis, à côté des tribunaux ordinaires, quelques juridictions investies d'attributions spéciales.

Nous savions par Diodore (1) qu'il existait en Égypte une législation particulière pour l'armée ; mais des découvertes modernes attestent que, du moins sous les Lagides, les soldats jouissaient en outre du privilége d'être jugés par un tribunal exceptionnel, où l'élément militaire figurait en grande majorité. Un papyrus grec du musée de Turin fournit à ce sujet de curieux renseignements. Hermogène, l'un des commandants de la station militaire d'Ombos, cite en justice Horus, fils d'Arsiési, et autres colchytes (2), qu'il accuse de s'être frauduleusement emparés d'une maison qu'il possède à Thèbes. Le tribunal saisi de la contestation est présidé par Héraclide, préfet du nome et l'un des commandants des gardes du corps du roi. Avec lui siégent deux autres commandants des gardes, Polémon et Héraclide ; Apollonius et Hermogène, *des amis du roi* (titre de cour) ; Pancrate, officier de cour du second ordre ; Paniscus, habitant du pays, et plusieurs autres militaires. Le demandeur expose ses griefs et récapitule, en deux colonnes et demie du manuscrit, ses droits de propriété sur la maison contestée. Philoclès et Dinon, avocats des deux parties plaidantes, échangent ensuite les mémoires usités dans la procédure égyptienne. Le président résume les moyens opposés de part et d'autre,

(1) Liv. Ier, chap. CLXXVIII.
(2) Profession sacerdotale d'un degré inférieur, qui avait pour objet une partie de l'embaumement des morts.

et le jugement, daté du mois d'athyr de l'an XXIV du règne de Ptolémée Evergète II, repousse les prétentions du Grec, et donne raison aux colchytes (1).

Si les militaires jouissaient de cette juridiction exceptionnelle dans les matières civiles, même à l'égard d'individus étrangers à leur classe, il faut, à plus forte raison, la leur attribuer dans les matières pénales, où l'honneur, la liberté et la vie même se trouvent directement en cause. L'institution des conseils de guerre n'était pas d'ailleurs aussi étrangère aux peuples de l'antiquité qu'on pourrait être tenté de le croire. Chez les Assyriens, Bélésis, prêtre guerrier, coupable d'avoir dérobé l'or de Sardanapale après la prise de Ninive, fut jugé et condamné à mort par ses compagnons d'armes (2). Chez les Perses, un tribunal composé de chefs militaires infligea la peine capitale à Orontas,

---

(1) *Momorie della reale Academia delle scienze di Torino*, t. XXXI, *Classe di scienze morali*, p. 9-188. J'avoue cependant que, dans l'état actuel de nos connaissances, il est difficile de se prononcer avec certitude sur le caractère réel du tribunal dont il s'agit dans le papyrus traduit par M. Peyron. Était-il la conséquence de ces coutumes antiques que les Ptolémées avaient, en général, respectées avec une grande sollicitude? N'était-il pas, au contraire, l'un des tribunaux d'exception que la dynastie nouvelle avait établis pour statuer sur les différends surgissant entre les Grecs et les indigènes, et dont il est fait mention dans quelques inscriptions? Cette supposition est d'autant plus plausible que, dans le texte du papyrus, il est parlé de *tribunaux populaires*, dans lesquels nous n'hésitons pas à voir, avec M. Peyron (p. 16), les tribunaux égyptiens. Peut-être aussi s'agit-il ici d'une commission spéciale instituée par le roi. En tout cas, le texte du papyrus prouve que, du temps de Ptolémée Evergète II, les avocats plaidaient devant les juges dans les tribunaux d'exception. Nous verrons plus loin qu'il n'en était pas de même du temps des Pharaons.

(2) Diodore de Sicile, liv. II, chap. XXVIII.

coupable de tentative de désertion (1). Il n'y a donc rien d'étonnant à voir le même phénomène juridique se produire au pied des pyramides.

Un autre tribunal d'exception existait à Naucratis, en faveur des Grecs qui venaient faire le commerce dans la vallée du Nil. Après leur avoir assigné cette résidence, qui fut longtemps le seul point du sol égyptien où les étrangers pussent établir leurs comptoirs, Amasis, dont le génie s'élevait au-dessus des préjugés de ses contemporains, leur accorda le droit de bâtir des temples et de se faire juger par des magistrats de leur propre nation (2). Les Ioniens de Chios, de Téos, de Phocée et de Clazomène, les Doriens de Rhodes, de Cnide, d'Halicarnasse et de Phasélis, joints aux Eoliens de Mitylène, y érigèrent un sanctuaire magnifique, l'Hellénion, où des juges, nommés par toutes ces villes, rendaient la justice à leurs nationaux. On a cru, en se basant sur une fausse interprétation du texte d'Hérodote, que ces magistrats ne possédaient qu'une juridiction purement commerciale. Leur rôle était beaucoup plus étendu. Ils statuaient sur toutes les infractions commises par les Grecs résidant sur le territoire de Naucratis, et les prêtres mêmes se trouvaient au nombre de leurs justiciables. Athénée parle d'amendes

____

(1) Xénophon, *Anabase*, liv. Ier, chap. VI.

(2) Selon Hérodote, Naucratis était gouvernée par des magistrats ou *prostates* auxquels l'historien Hermias, cité par Athénée, donne le nom de *timouques*, titre que portaient aussi les premiers magistrats de Marseille, qui tirait, comme Naucratis, son origine de l'Asie Mineure. (Athénée, *Deipnosophist.*, liv. IV, § 32; t. II, p. 85, édit. de Schweighäuser, 1802. Letronne, Mémoire cité, p. 11.)

qu'ils infligèrent à des sacrificateurs qui, dans les fêtes d'Apollon et de Bacchus, avaient irrégulièrement préparé et distribué les portions de la victime réservées aux assistants (1).

Le système se complétait par l'institution de tribunaux domestiques, où le père de famille, par lui-même ou par son délégué, statuait sur les infractions légères commises, sur ses terres ou dans sa maison, par des esclaves ou d'autres individus attachés à son service. Il y a quelques années, on voyait encore, dans les hypogées de Beni-Hassan, une intéressante série de tableaux où cette justice domestique était représentée dans tous ses détails, depuis la plainte jusqu'à l'exécution de la peine, avec une évidence d'expression écartant toute controverse sur la nature des scènes figurées par l'artiste. L'arrestation du prévenu, sa mise en accusation, son interrogatoire, sa défense, son jugement par

(1) Hérodote, liv. II, chap. CLXXVIII; Athénée, *Deipnosophist.*, liv. IV, § 32. — Dans une récente traduction d'Hérodote, M. Giguet, après avoir parlé de l'Hellénion, continue ainsi : « Le temple appartient « à toutes ces villes, et les préposés aux affaires commerciales y sont « institués par elles. » Larcher traduit le passage de la manière suivante : « L'Hellénion appartient à toutes ces villes : *elles ont droit d'y* « *établir des juges.* » Tel est, en effet, le sens réel du texte grec. « Hérodote, dit Larcher, appelle les magistrats de Naucratis προστάται « ἐμπόριου, mais leur vrai nom est celui de *timuques*, ainsi que nous « l'apprend Athénée. *Emporium* signifie une place de commerce. « Προστάτης τοῦ ἐμπόριου indique le juge de cette ville, et non pas « un juge particulier pour le commerce, ce que nous appelons un *con-* « *sul.* » (T. II, p. 516, édit. de 1786.)

Les Grecs n'étaient pas, du reste, le seul peuple qui eût obtenu ce privilége. Josèphe nous apprend que les Juifs d'Alexandrie habitaient un quartier séparé et, au moins depuis l'avénement des Lagides, jugeaient leurs différends selon leurs propres lois. (*Antiq. jud.*, liv. XVI, chap. Ier.)

les intendants de la maison, sa condamnation, puis
l'exécution, en un mot, tous les incidents de la poursuite s'y trouvaient minutieusement exposés. On y
voyait notamment un employé de la maison exhiber
les pièces de conviction et un autre dresser le procès-
verbal de la procédure. Un de ces tableaux, aujourd'hui
malheureusement effacés, attestait que le vol domestique rentrait dans la compétence de cette juridiction
patriarcale. Le chef des bergers dénonçait le gardien
des vaches, qui avait tué un veau. L'accusé se défendait avec énergie ; mais les membres de l'animal étaient
produits, les témoins entendus, et le pasteur infidèle,
confondu par ces preuves, recevait, un peu plus loin,
en présence du maître, la peine de son méfait (1). Il en
était autrement en cas d'adultère. Dans le dramatique
récit de la Genèse, Putiphar (Pétéphra) ne prononce
pas lui-même sur le sort de Joseph (2). Mais où cessait
la juridiction domestique? où commençait celle des
juges royaux? A cet égard encore, les renseignements
nous font complétement défaut. On sait seulement, par

(1) La même procédure était figurée, dans un autre tableau, pour un
esclave qui avait volé du raisin pendant la vendange. Voir Champollion
le jeune, *Lettres écrites d'Egypte et de Nubie* (lettre datée des pyramides
de Gizeh, le 8 octobre 1828). — Peut-être le père de famille possédait-il
le même pouvoir à l'égard de ses fils. La manière dont l'autorité paternelle était comprise en Égypte ne s'oppose pas à cette supposition. C'est
Champollion le jeune qui a le premier découvert ces tribunaux domestiques, qui ont existé chez beaucoup d'autres peuples de l'antiquité, notamment chez les Hindous et les Germains. Voy., pour l'Inde, ci-dessus
p. 20, et pour la Germanie, Tacite, *de Mor. German.*, c. XIX. —
Voy. encore Champollion-Figeac, *Egypte ancienne*, p. 186.
(2) Genèse, XXXIX, 20.

l'inspection des tableaux de Beni-Hassan, que la peine
ne dépassait jamais la bastonnade.

On a prétendu que toutes ces institutions judiciaires
avaient pour couronnement le tribunal sacerdotal des
sépultures.

Quand le corps de l'Égyptien, après avoir subi les
opérations qui devaient le préserver de la corruption,
était prêt à être déposé dans le sépulcre de ses pères,
la vie entière du défunt devenait l'objet d'un jugement
solennel. Tout habitant de l'Égypte pouvait se consti-
tuer son accusateur, tous ses concitoyens étaient appelés à dénoncer les iniquités qu'il avait commises. C'était
un véritable procès fait à la mémoire, dans lequel la
privation de la sépulture servait de sanction pénale.

Quarante prêtres au moins, revêtus de leurs insignes
religieux, se plaçaient au bord d'un lac creusé dans le
territoire du nome auquel appartenait le défunt. Une
barque, dirigée par un pilote de l'ordre sacerdotal,
touchait au rivage, prête à recevoir la momie au premier signal du président. Celui-ci, au milieu d'un
silence religieux, invitait alors tous les assistants à
dénoncer les iniquités que le mort avait commises. Si
l'un d'eux prouvait que le défunt avait « mené une mauvaise vie, » les juges rendaient un arrêt qui privait
son corps de la sépulture religieuse, et, s'il avait occupé
un rang élevé, son nom était effacé de toutes les
inscriptions des édifices publics et privés. Si l'accusation était injuste, son auteur était condamné à de fortes
amendes. Si aucun accusateur ne se présentait, ou si
l'accusation était déclarée calomnieuse, le corps était

admis « à passer le lac de son nome natal. » Les parents quittaient aussitôt le deuil, rappelaient les vertus du mort, et, au milieu des applaudissements de la foule, suppliaient les dieux infernaux de l'admettre dans le séjour réservé aux hommes pieux (1). Les rois mêmes, suivant une tradition populaire, étaient soumis à ce jugement suprême, et l'Égypte nous montre encore des monuments où les noms de quelques Pharaons ont été profondément martelés, tandis que ceux des reines leurs femmes s'y étalent tels qu'ils ont été peints ou sculptés par la main de l'artiste (2).

Sans doute, ces tribunaux des sépultures n'étaient pas des juridictions criminelles proprement dites ; mais cependant, chez un peuple essentiellement religieux, où les honneurs funéraires se trouvaient en rapport intime avec les traditions et les croyances de la nation, ils n'étaient pas complétement étrangers à la justice répressive. Cette épreuve solennelle était, en réalité, l'admission de l'action publique contre les morts, et la honte infligée au cadavre constituait, au fond, une

(1) Diodore, liv. Iᵉʳ, chap. XCII.

(2) Champollion le jeune, *Lettres écrites d'Égypte et de Nubie*, p. 96, 326, 331 ; Diodore, liv. Iᵉʳ, chap. LXXII. Plusieurs auteurs modernes, entre autres M. Fr. Lenormant (*Histoire ancienne*, t. Iᵉʳ, p. 336), rangent ce jugement des rois au nombre des fables accueillies par la crédulité populaire. Il est au moins certain que, pour les rois, hors du cas d'un changement de dynastie, cette formalité était purement illusoire, sous un régime despotique où l'identification du roi et du dieu faisait partie des maximes fondamentales du droit public.

Diodore rapporte que deux prédécesseurs de Mycérinus, redoutant les accusations de la foule, ordonnèrent en mourant à leurs serviteurs de les ensevelir clandestinement et dans un lieu inconnu (liv. Iᵉʳ, chap. LXIV et LXXII).

peine légale. On l'appliquait à ceux qui étaient décédés sans avoir payé leurs dettes, à ceux qui mouraient sous le poids d'une accusation dont ils ne s'étaient pas justifiés, et, en général, à tous ceux qui, suivant les termes généraux employés par Diodore de Sicile, avaient mené une mauvaise vie. Rien n'échappait à cette juridiction solennelle, exercée au bord de la tombe. Les vices que le législateur criminel avait passés sous silence étaient flétris au seuil de l'éternité (1).

Une telle coutume, qui remonte à la plus haute antiquité, et dans laquelle il est facile de reconnaître l'une des sources de la mythologie des Grecs (2), dénote une remarquable intelligence des besoins sociaux de l'époque. L'homme orgueilleux et avide, qui cherchait l'impunité dans sa puissance et dans ses richesses, était averti que, le jour même où il se trouverait dans l'impuissance de nuire, toutes les iniquités de sa carrière seraient impitoyablement dénoncées par ses victimes (3).

(1) Liv. Ier, chap. XCII.

(2) La barque de Caron, le Styx, le tribunal de Minos, d'Éaque et de Rhadamante, etc.

(3) Le tribunal pour les sépultures exerçait, à l'égard des corps, la juridiction suprême que les quarante-deux jurés de Amenthi, l'enfer égyptien, exerçaient à l'égard des âmes, en présence d'Osiris et de Thméi. Il nous semble inutile de rapporter ici les longues controverses auxquelles ces deux tribunaux ont donné naissance parmi les érudits des deux derniers siècles.

CHAPITRE II.

INSTRUCTION CRIMINELLE.

Comment les tribunaux criminels de l'Égypte étaient-ils saisis de la connaissance des délits qui rentraient dans le cercle de leur compétence? Suivant quelles règles étaient-ils tenus de procéder à l'instruction et au jugement des causes qui leur étaient soumises?

Hérodote rapporte que les voleurs, soumis au jugement de l'Oracle (1), étaient amenés dans le temple par ceux qui les accusaient d'avoir dérobé une partie de leurs biens.

Suivait-on la même règle devant les tribunaux ordinaires? Ceux-ci pouvaient-ils être directement saisis par la partie lésée ou par tout autre habitant de l'Égypte? Y avait-il, à côté de chaque juridiction, un magistrat spécialement chargé de la constatation des délits, de la recherche et de la poursuite de leurs auteurs? Les juges et les fonctionnaires publics étaient-ils tous

(1) Nous parlons plus loin de cette espèce de *jugement de Dieu.*

chargés de ce soin? Le retrait de l'accusation suffisait-il pour désarmer la justice répressive?

Dans l'état actuel de nos connaissances, toutes ces questions, si intéressantes au point de vue de l'histoire de la législation criminelle, ne sauraient être résolues avec une certitude entière.

Des découvertes récentes permettent de supposer qu'il existait, en différents lieux, un corps de soldats de police (Magiaï), espèce de gendarmerie, dont les chefs étaient obligés de porter à la connaissance des magistrats les délits qui parvenaient à leur connaissance. Le Papyrus Abbott, dont nous avons déjà parlé, renferme les lignes qui suivent : « Le chef de l'Occi-« dent, le commandant des Magiaï et le grand chef de « l'endroit, envoyèrent par écrit le nom des voleurs « par-devant le magistrat, les chefs et les officiers, « avec ordre d'arrestation et d'examen de ce qui « s'était passé (1). »

Mais il est certain que tout habitant de la vallée du Nil, qu'il fût Égyptien ou étranger, libre ou esclave, avait le droit de prendre le rôle d'accusateur à l'égard

___

(1) Birch, *le Papyrus Abbott* (*Revue archéologique de Paris*, première série, t. XVI, p. 261 et 275). Dans une note ajoutée à la traduction de M. Birch (*ibid.*, p. 280), M. Chabas fait justement observer que les Magiaï remplissaient, à l'époque de Rhamsès IX, les fonctions qui, au temps des Ptolémées, étaient confiées aux Phylacites. Ceux-ci sont mentionnés, comme une espèce de gendarmerie, dans un papyrus grec du Louvre, dont Letronne a donné l'explication.

Le *Papyrus de Turin*, traduit par M. Peyron (voir ci-dessus, p. 113), nous fait connaître que, sous la dynastie des Lagides, certains fonctionnaires, désignés sous le nom de *chrématistes*, avaient à leurs portes un vase fermé destiné à recevoir les plaintes. Le même usage existait à Athènes. (Voir Letronne, *Journal des Savants*, 1828, p. 104.)

des crimes dont il était le témoin ou la victime.

Alexandre, accusé par ses esclaves, étrangers comme lui, d'avoir ravi Hélène, méconnu les devoirs de l'hospitalité et volé les trésors de son hôte, fut conduit à Memphis, où ses accusateurs parurent, en même temps que lui, au tribunal du roi (1). Hérodote, à qui nous devons le récit de cet épisode, ajoute ailleurs qu'un membre de la corporation des embaumeurs porta une accusation contre son compagnon, qu'il avait surpris souillant le corps encore frais d'une jeune femme appartenant à une famille illustre (2). Nous savons par Diodore que ceux qui faisaient des accusations mensongères subissaient la peine qu'ils voulaient faire infliger à l'homme injustement poursuivi (3). Parfois même, l'accusation, toujours facultative, devenait obligatoire. Ceux qui ne révélaient pas aux magistrats les détails d'une conspiration parvenue à leur connaissance étaient frappés d'un châtiment sévère (4). Ceux qui étaient témoins d'un homicide devaient dénoncer les coupables et les traduire devant les tribunaux, sous peine d'être battus de verges et privés de nourriture pendant trois jours (5). Les annales de l'Égypte attestaient que, dès la plus haute antiquité, le principe éminemment civili-

(1) Hérodote, liv. II, chap. CXIII-CXV.

(2) Hérodote, liv. II, chap. LXXXIX.

(3) Diodore, liv. Ier, chap. LXXVII.

(4) *Papyrus hiératique de Turin*, traduit par M. Devéria (*Journal asiatique*, 6e série, t. VI, p. 248-251). Le châtiment n'est pas spécifié dans le papyrus.

(5) Diodore, *ibid.* Nous avons déjà dit ci-dessus, p. 118, que l'accusation publique était toujours admise à l'égard des morts.

sateur de la proscription de la vengeance privée avait été proclamé sur les bords du Nil. Les prêtres de Memphis dirent à Diodore de Sicile qu'Isis avait donné des lois à leurs ancêtres, afin de substituer l'action calme et régulière de la justice aux violences désordonnées de l'injure et de la force (1). La dernière des règles que nous venons de citer était la suite naturelle de cette pensée salutaire. Les citoyens ne devaient pas seulement s'abstenir d'avoir recours à la vengeance individuelle ; autant qu'il dépendait d'eux, ils étaient obligés de l'interdire aux autres. Le législateur de l'Égypte, de même que celui de l'Inde, avait aperçu de bonne heure le caractère social du délit, et, par une conséquence rationnelle, il exigeait que la magistrature, chargée de réprimer les atteintes à l'ordre public, fût seule chargée de la réparation des outrages (2). Aussi n'y trouve-t-on aucune trace de ces compositions pécuniaires, plus tard si communes en Europe, qui désarmaient la justice en plaçant l'intérêt privé au-dessus de l'intérêt général.

La forme de l'instruction suivie devant les tribunaux domestiques se distinguait par son extrême simplicité. On interrogeait le prévenu, on entendait les témoins,

____

(1) Diodore, liv Ier, chap. XIV.

(2) Après tous ces témoignages si concordants, on a de la peine à s'expliquer pourquoi Ptolémée Philadelphe, dans son célèbre édit pour l'affranchissement des Juifs, *autorise* ses sujets à dénoncer tous ceux qui contreviendront à ses ordres. C'est probablement une erreur de copiste. (Voir Josèphe, *Ant. jud.*, liv. XII, chap. II.) On pourrait cependant expliquer le passage en ce sens que, dans l'espèce, la dénonciation n'était pas *obligatoire* comme dans le cas d'homicide.

on exhibait les pièces de conviction; puis le chef de la famille ou son intendant prononçait la sentence, et le châtiment suivait immédiatement la condamnation. C'était, dans toute la force des termes, une justice expéditive et sommaire; mais la peine, comme nous l'avons déjà dit, ne pouvait jamais dépasser la bastonnade (1).

La procédure était plus longue et plus solennelle devant les tribunaux ordinaires.

Redoutant les séductions et les piéges de l'éloquence, les Égyptiens de l'âge pharaonique n'admettaient que l'instruction par écrit, et ce n'est que sous les Lagides qu'on trouve des avocats plaidant devant les juges (2). « Les Egyptiens, dit Diodore, étaient d'opinion que les « avocats ne faisaient qu'obscurcir les causes par leurs « discours, et que l'art de l'orateur, la magie de l'action « et les larmes de l'accusé entraînent souvent le juge à « fermer les yeux sur la loi et la vérité. Il n'est pas rare, « en effet, de voir les magistrats les plus exercés se lais- « ser séduire par la puissance d'une parole trompeuse, « visant à l'effet et cherchant à exciter la compassion. Ils « croyaient mieux juger une cause en la faisant mettre « par écrit et en la dépouillant des charmes de la parole. « De cette manière, les esprits prompts n'ont aucun « avantage sur ceux qui ont l'intelligence plus lente, les « hommes expérimentés ne l'emportent pas sur les igno- « rants, ni les menteurs et les effrontés sur ceux qui « aiment la vérité et qui sont modestes. Tous jouissent « de droits égaux. On accorde un délai suffisant aux plai-

(1) Voir ci-dessus, p, 118.
(2; Voy. ci-dessus, p. 113.

« gnants pour exposer leurs griefs, aux accusés pour se
« défendre, aux juges pour se former une opinion (1). »
Les prêtres de Memphis, qui tenaient ce langage à
l'historien d'Agyre, n'oubliaient que deux choses : d'un
côté, les garanties sérieuses et incontestables de la
publicité même ; de l'autre, ces lumières soudaines qui
jaillissent si souvent d'un débat oral, habilement conduit sous les yeux de magistrats savants et expérimentés.

Le demandeur, ou le citoyen qu'il avait chargé de sa
défense, rédigeait une plainte énumérant toutes les circonstances du fait, exposant toutes les preuves et se
terminant par l'indication du dédommagement qu'il
réclamait de la partie adverse et de la justice répressive. Le défendeur, prenant connaissance de cette
plainte, répondait également par écrit à chaque chef
d'accusation. Il niait le fait, ou, en l'avouant, il s'effor-
çait, soit de lui enlever son caractère criminel, soit de
le dépouiller de la gravité que lui attribuait son adversaire. Le plaignant répondait, le défendeur répliquait
à son tour, et les juges, après avoir ainsi reçu deux
fois l'accusation et la défense écrites, délibéraient et
rendaient un arrêt. Celui-ci était signifié par le président, en imposant l'image de la Vérité sur la tête de
l'une des parties mises en présence. Celle qui recevait
cet attouchement sacré obtenait gain de cause (2).

____

(1) Diodore, liv. Ier, chap. LXXV, traduction de M. Hoefer. C'est à
cette traduction que nous avons eu recours pour tous les passages de
Diodore reproduits dans notre texte.
(2) Diodore, liv. Ier, chap. LXXV. Le musée du Louvre possède de la

Avec un tel système de procédure, l'audience publique ne pouvait avoir d'autre but que la notification solennelle du résultat de la délibération préalable des juges. Il est probable qu'on y procédait, tout au plus, à la lecture des mémoires produits par les parties, et peut-être un officier subalterne était-il chargé de ce rôle (1). Mais il faut avouer que la mise en scène imaginée par le législateur était de nature à produire une impression profonde sur des plaideurs qu'Hérodote proclamait avec raison « les plus religieux de tous les hommes (2). » Trente prêtres, vêtus de robes blanches, assis, les yeux baissés, au pied des images des dieux de l'Égypte ; le président, vieillard vénérable, descendant lentement les marches du tribunal et s'avançant seul, sans proférer une parole, vers le lieu où les parties, leurs conseillers et la foule attendaient, dans un silence religieux, la manifestation de la décision des juges ; l'innocence ou la culpabilité de l'accusé procla-

vérité personnifiée plusieurs figurines en lapis-lazuli admirablement sculptées.

(1) Le contraire semble résulter de la phrase suivante, qu'on rencontre dans le récit de Diodore : « Le président portait autour du cou une « chaîne d'or à laquelle était suspendue une petite figure en pierres pré- « cieuses, représentant la Vérité. Les débats commençaient au moment « où le président se revêtait de cet emblème. » (Liv. Ier, chap. LXXV.) Mais ce passage s'applique, non aux débats de l'audience, mais à ceux qui surgissaient entre les juges après la lecture des documents versés au procès. Toute autre interprétation est incompatible avec les détails circonstanciés que l'historien nous a transmis sur le système d'instruction judiciaire usité en Égypte. Il est toutefois certain que, sous les Ptolémées, il y avait des avocats plaidant en présence des juges. (Voir le papyrus cité ci-dessus, p. 113.)

(2) Liv. II, chap. XXXVII.

mée par la déesse même de la vérité : tel était l'appareil
auguste usité dans l'enceinte de l'aréopage suprême, et
cette scène, on n'en saurait douter, se reproduisait, avec
plus ou moins de solennité, dans tous les tribunaux du
pays. Comme les dieux de l'Égypte, la justice nationale
s'entourait de silence et de mystère, et ses décisions prenaient, à certains égards, la forme de l'oracle. Tout en
présentant des inconvénients de plus d'une espèce, cette
publicité muette avait une incontestable grandeur. Elle
disparaissait d'ailleurs aussitôt que le jugement était
devenu irrévocable. Une expédition authentique de la
sentence était lue devant le peuple (1).

Mais on comprend sans peine que cette marche ra-
pide de la procédure n'était possible que dans les cas,
toujours et partout très-rares, où la vérité se manifestait à l'évidence, soit par les documents annexés à la
plainte, soit par l'aveu du coupable. Quand la question
de l'innocence ou de la culpabilité était enveloppée de
nuages, quand l'accusé repoussait énergiquement les
griefs articulés à sa charge, les juges de l'Égypte, comme
ceux de tous les pays civilisés, devaient recourir à des
investigations complémentaires. Malgré l'incohérence
et la rareté des renseignements qui datent de cette

(1) Telle est du moins la conclusion qu'il est permis de déduire des
premières lignes, malheureusement mutilées, du Papyrus Harris. Voy.
à l'Appendice la note B. Nous y prouvons qu'on a eu tort de prétendre que ce papyrus démontrait la fausseté des renseignements sur
la procédure égyptienne que renferme la *Bibliothèque historique* de
Diodore.

On a vu plus haut que, contrairement à ce qui se passait devant les
tribunaux ordinaires, la procédure était orale et publique devant le tribunal des sépultures.

époque éloignée, il est certain que les magistrats égyptiens connaissaient le serment, les enquêtes, la descente sur les lieux, l'interrogatoire par un magistrat délégué, la torture, la détention préventive et même « les jugements de Dieu (1). »

Les témoins, et aussi les accusés, du moins dans certains cas, prêtaient serment de dire la vérité. On jurait en invoquant les dieux de la nation; on jurait également par la tête ou la vie des rois, par les animaux sacrés, et même par les plantes qui, dans quelques districts, étaient vénérées comme des symboles de l'esprit universel dans la manifestation incessante de sa fécondité (2). Pour les habitants de la Thébaïde, le serment le plus redoutable consistait à jurer sur le tombeau d'Osiris placé dans l'île sainte de Philé. Ordinairement la cérémonie s'accomplissait dans un temple, et celui qui jurait se dévouait lui-même à la mort, s'il trahissait la vérité. Les Égyptiens étaient pénétrés de la sainteté du serment au point de croire que la Divinité se hâtait de frapper elle-même l'auteur du parjure, quand il réussissait à se soustraire à la justice des hommes. Pour eux, comme pour les Hindous, les Juifs et tous les peuples de l'Orient en général, la violation du serment était non-seulement un crime, mais un sa-

(1) Nous trouvons un magistrat délégué, dans le procès de magie publié par M. Chabas et dont il est fait mention dans la note précédente. Une descente sur les lieux, en présence de l'accusé, se trouve mentionnée dans le papyrus Abbott, cité ci-dessus, p. 101.

(2) Dans le papyrus Abbott, on voit l'un des accusés, conduit sur les lieux, prêter le serment en se touchant le nez et l'oreille, en plaçant les mains sur sa tête, et en disant : « Comme mon Seigneur existe ! »

crilége. Aux yeux d'une population aussi profondément religieuse que celle de l'Égypte, cette considération était décisive, et, comme nous le verrons bientôt, les lois nationales n'avaient pas hésité à punir le parjure du dernier supplice (1).

L'emploi de la question préparatoire par les magistrats des bords du Nil ne saurait être un seul instant révoqué en doute. Racontant l'histoire d'un vol sacrilége commis dans le temple d'Anubis, Lucien nous apprend que quelques-uns des voleurs, *torturés sur la roue,* firent des aveux complets (2). Élien, voulant donner une idée fidèle du courage et de la constance inébranlable des Égyptiens, rapporte qu'ils mouraient dans les tourments plutôt que de révéler un secret (3). Ammien-Marcellin raconte qu'il n'y a point de torture

(1) Genèse, chap. XLII, 15 et 16; Diodore, liv. Ier, chap. XXII et LXXVII; Pline, *Hist. nat.*, liv. XIX, chap. XXXII; Isocrate, *Éloge de Busiris.* — La croyance que la Divinité punissait elle-même le parjure existait également en Grèce. — Voir Pindare, *Olympiques*, O. 2 ; Elien, *Var. hist.*, liv. XIV, chap. II ; Euripide, *Médée*, act. I (*Jupiter, gardien des serments*); Sophocle, *les Trachiniennes, in fine.* — La conviction que l'auteur d'un parjure est tôt ou tard frappé dans l'une des parties de son corps, passa de l'Égypte en Italie avec le culte d'Isis. — Voir Ovide, *de Ponto*, lib. I, ep. I, v. 51 et seq. ; Juvénal, XIII, 92 et suiv. — Ce dernier met les paroles suivantes dans la bouche d'un plaideur parjure : « Qu'Isis fasse de mon corps ce qu'elle voudra. Dans sa fureur, « qu'elle frappe mes yeux de son cistre, pourvu qu'au prix même de mes « yeux, je tienne ces écus dont je dénie le dépôt. » (Trad. de M. Coursaud.) — Comp. pour les serments chez les Juifs, I, *Rois*, XVII, 55; XXV, 26; II, *Rois*, XIV, 19 ; XV, 21; *Psaum.*, LXII, 12, CXXXVIII, 20; *Matth.*, XXIII, 16 22. — Chez les Grecs et les Romains, Q. Curce, liv. VI, chap. II ; Dion Cassius, *Hist. rom.*, liv. XLIV.

(2) *Toxaris ou l'Amitié*, § 27.

(3) *Var. hist*, liv. VII, chap. XVIII.

qui, dans la vallée du Nil, puisse arracher à un voleur l'aveu de son méfait (1). Au Rhamesseum majestueux de Thèbes, on voit un tableau militaire, où des soldats égyptiens donnent la bastonnade à deux prisonniers ennemis, afin, porte la légende hiéroglyphique, de leur faire révéler ce que font les Khétas (2). Ce dernier fait pourrait seul, au besoin, fournir une preuve convaincante de l'existence de la question préparatoire sur les rives du Nil, avant l'intronisation de la dynastie macédonienne des Lagides. On ne doit pas être très-versé dans l'histoire de l'antiquité, pour savoir que les peuples primitifs avaient l'habitude de faire subir aux malfaiteurs les traitements auxquels ils soumettaient beaucoup trop souvent leurs prisonniers de guerre (3).

Parfois aussi, quand les autres preuves faisaient défaut, l'accusé était conduit dans un temple, où l'on soumettait le jugement de la cause à la divinité du lieu. Cette espèce d'ordalie égyptienne n'était pas,

---

(1) *Hist.*, liv. XXII, chap. XVI.

(2) Les Héthéens de la Bible. Voy. Champollion le jeune, *Lettres écrites d'Egypte et de Nubie*, p. 265. - Peut être devrait-on interpréter dans un sens identique l'ordre éventuel de Joseph, que l'auteur des *Antiquités judaïques* mentionne au chapitre III, livre II.

(3) Les prisonniers de guerre étaient employés dans les mines, confondus avec les malfaiteurs les plus dangereux du pays. (Diodore, liv. III, chap. XII.) Tel était l'esprit de l'Orient. En Perse, où la mutilation était prodiguée dans les lois criminelles, on mutilait les prisonniers de guerre. (Q. Curce, *Hist. d'Alex.*, liv. III, chap. VIII ; Justin., *Hist.*, liv. XI, chap. XIV ; Diodore, liv. XVII, chap. LXIX.) Nous pourrions citer une foule d'autres exemples. — Au dernier siècle, De Pauw niait l'existence de la question en Egypte avant l'établissement de la monarchie grecque (t. II, p. 282 ; édit. citée). Les découvertes faites au Rhamesseum de Thèbes écartent complétement ses objections.

comme les épreuves usitées dans l'Inde et, plus tard, dans tous les pays civilisés de l'Europe, accompagnée de souffrances et de signes extérieurs. On ne connaissait ni le fer brûlant que le patient devait toucher de sa main, ni l'eau glaciale où il était obligé de se plonger, ni même le combat singulier où Dieu était toujours censé se ranger du côté du plus fort ou du plus habile. Un oracle prononçait entre l'accusé et son adversaire. En réalité, c'était la classe sacerdotale qui fournissait, ici encore, les arbitres du litige et rendait la sentence sous une forme mystérieuse (1).

Les détails sur le mode et les conditions de l'arrestation préventive sont très-rares; mais nous savons cependant que les villes égyptiennes renfermaient de nombreuses prisons où les accusés étaient détenus avant de subir leur jugement (2). On y trouvait même des prisons spéciales pour les prisonniers arrêtés par ordre du roi ou des hauts dignitaires de la couronne. La Genèse nous apprend que Joseph, soupçonné d'avoir voulu séduire la femme de son maître, fut enfermé parmi les prisonniers royaux, par ordre de Puti-

______

(1) Hérodote, liv. II, chap. CLXXIV. — Souvent l'oracle se trompait, et le coupable finissait par mépriser le dieu qui ne savait pas découvrir la vérité. Amasis, grand voleur avant d'arriver au trône, avait été, à diverses reprises, soumis à cette épreuve. Plus d'une fois l'oracle le condamna; mais quelquefois il l'acquitta, quoique coupable. Devenu roi, il ne fit aucune attention aux dieux qui s'étaient trompés, tandis qu'il honorait grandement ceux qui l'avaient fait châtier comme il le méritait. C'étaient, à ses yeux, des divinités qui rendaient des oracles dignes de foi. (Hérodote, *ibid.*) — Pour les épreuves usitées dans l'Inde, voy. ci-dessus, p. 30-33.

(2) Hérodote, liv. II, chap. CXIV et CXV; *Exode*, XII, 29.

phar (Pétéphra). Plus tard, Joseph lui-même, parvenu au faîte des grandeurs et de la puissance, envoie ses frères dans une prison publique, affectant de voir en eux des espions envoyés par les ennemis de l'Égypte (1). Quelquefois, mais par exception, les prisonniers étaient gardés à vue dans une maison particulière (2).

Les prisons étaient souvent placées dans une citadelle, et, sous le rapport des souffrances qu'on faisait endurer aux détenus, leur régime intérieur pouvait rivaliser avec celles de l'Inde. La Bible se borne à mentionner que les prisonniers étaient chargés de chaînes et devaient, comme sur les rives du Gange, laisser croître leurs cheveux et leur barbe (3). Un passage de Josèphe nous permet d'ajouter qu'ils étaient astreints à des travaux généralement pénibles (4). Mais ces détails incomplets trouvent un triste commentaire dans le récit des infortunes d'Antiphile, qui nous a été transmis par Lucien. Ici l'on rencontre des détails qui font frémir l'humanité. « Antiphile, dit Lucien, tomba « malade ; il n'était guère possible qu'il ne le fût pas, « gisant à terre et n'ayant pas la faculté d'étendre, « même la nuit, ses jambes prises dans un cep. Le « jour, il suffisait d'un carcan et de l'une de ses mains « garrottée ; la nuit on l'enchaînait tout entier. De « plus, la puanteur du cachot, la chaleur étouffante

(1) Genèse, XXXIX, 20 ; XLI, 10 ; XLII, 17.
(2) Plutarque, *Agis et Cléomène,* chap. LXVI.
(3) Genèse, XLII, 19 ; XLI, 14.
(4) *Ant. jud.*, liv. II, chap. III. Le récit de Josèphe renferme la phrase suivante : « ... Comme dans les heures où l'on permet aux prisonniers « *de prendre quelque repos...* »

« par le nombre des prisonniers qu'on y avait entas-
« sés, et qui pouvaient à peine respirer, le bruit des
« fers, l'absence de sommeil, tout cela était affreux,
« insupportable à un homme qui n'était ni familiarisé
« avec ces horreurs, ni accoutumé à un genre de vie
« aussi rude (1). » Les uns ont fait de ce triste tableau une œuvre de fantaisie; les autres, admettant
le récit du philosophe grec, ont prétendu que cette
inflexible rigueur, réservée à ceux qui, comme Antiphile, étaient accusés de sacrilége, n'existait pas
pour les accusés ordinaires. Les uns et les autres ont
oublié que ce déplorable système de reclusion formait
en quelque sorte, dans ces âges reculés, le droit commun des nations civilisées (2). Quand même les lamen-
tables aventures d'Antiphile devraient être rangées
parmi les mythes populaires, nous ne serions pas en
droit d'affirmer que Lucien a calomnié l'Égypte dans
la description du régime intérieur de ses maisons de
détention; car, sans excepter l'Europe, on rencontrait
encore, au commencement du dernier siècle, une foule
de prisons qui pouvaient entrer en comparaison avec
celle dont le philosophe de Samosate nous a révélé les
mystères. Il importe cependant d'ajouter que les membres des classes élevées de la société égyptienne
n'étaient pas traités comme les détenus vulgaires. Les
prisonniers d'État se trouvaient soumis à un régime
beaucoup plus tolérable. Ceux-ci pouvaient se faire ser-

(1) *Toxaris ou l'Amitié*, § 29; t. II, p. 25, trad. de Talbot.
(2 Voy. ci-dessus, p. 46, la description des prisons de l'Inde brâhmanique.

vir dans leurs prisons, et la Bible nous apprend que Joseph fut chargé de remplir cet office auprès de l'échanson et du panetier de la cour d'Apophis, auxquels il prédit leur destinée. Mais ces détenus privilégiés formaient nécessairement une faible exception. Joseph lui-même, quoique placé parmi les prisonniers royaux, fut chargé de chaînes et astreint à un rude travail (1).

Ces rigueurs exagérées avaient probablement amené en Égypte une institution qu'on rencontre au moyen âge chez la plupart des peuples chrétiens. Il y avait, sur les bords du Nil, des enceintes inaccessibles aux agents de la puissance publique, de véritables lieux d'asile où les accusés se trouvaient à l'abri de la justice des hommes. Ceux qui se réfugiaient dans le temple de Thoth, placé à l'embouchure canopienne du fleuve, devenaient inviolables, s'ils se donnaient au dieu et recevaient des prêtres l'empreinte des stigmates sacrés (2).

(1) Genèse, XXXIX, 20 ; XL, 4, comb. avec le récit de Josèphe, *Ant. jud.*, liv. II, chap. III. Le marquis de Pastoret, se fondant sur les mots *princeps carceris* du verset 21 du chapitre XXXIX de la Genèse, suppose qu'il y avait en Égypte une sorte de surintendant des prisons. L'ensemble du texte prouve que ce fonctionnaire était tout simplement le geôlier. Une vaste administration des prisons, organisée dans des vues de régularité administrative, n'apparaît que dans les temps modernes. — Dom Calmet, dans la *Dissertation sur les supplices chez les Hébreux* (qui précède son Commentaire du Deutéronome, fait de l'office de « maître des prisons » un emploi considérable chez les Égyptiens. Il attribue cet emploi à Putiphar, le maître de Joseph. Il se trompe comme le marquis de Pastoret. En sa qualité de *princeps militum*, Putiphar avait une prison royale dans l'enceinte de sa résidence, mais cette prison avait un chef particulier. (Genèse, XXXIX, 21.)

(2) Telle est du moins la conclusion qu'on peut légitimement déduire du récit d'Hérodote, liv. II, chap. CXIII.

Plusieurs siècles après, sous la dynastie grecque des Ptolémées, il suffisait qu'on se réfugiât au pied de la statue du roi, pour rendre illusoires toutes les tentatives de ses persécuteurs (1).

Tels sont les renseignements insuffisants que nous possédons sur le système d'instruction criminelle en vigueur dans l'antique vallée du Nil. A défaut de témoignages explicites et complets, le jurisconsulte doit imiter ici le travail de l'archéologue, mis en présence des débris épars des mosaïques somptueuses qui ornaient les palais et les temples de l'Italie romaine. Réunissant pieusement les pierres dispersées, il s'efforce de leur rendre la place qu'elles occupaient dans le plan conçu et exécuté par l'artiste, et là où les pierres mêmes ont disparu, il en appelle à la raison et à l'imagination pour combler les lacunes.

On se trouve malheureusement réduit à la même nécessité pour le catalogue des délits et des peines dont nous allons nous occuper.

(1) Pline, *Hist. nat.*, l. XXII, chap. X.

CHAPITRE III.

LES DÉLITS ET LES PEINES.

Parmi les lois pénales proprement dites, nous voyons figurer en première ligne les dix livres sacrés que Clément d'Alexandrie appelle *sacerdotaux*, mais que la plupart des savants modernes désignent sous la dénomination de *Livres des prophètes*, parce qu'ils étaient spécialement confiés à la garde de ces dignitaires élevés du sacerdoce égyptien. Il est probable que ces livres, indépendamment des principes fondamentaux de la législation civile et criminelle, contenaient un catalogue de délits et de peines; mais, en tout cas, on peut hardiment affirmer que leurs pages, quelque nombreuses qu'on veuille les supposer, ne renfermaient pas toutes les règles que les juges criminels étaient tenus de suivre dans l'exercice de leurs importantes fonctions.

L'histoire nous a conservé les noms de plusieurs législateurs célèbres, dont les décrets, accueillis avec une vénération profonde, demeurèrent obligatoires pendant une longue série de siècles. Mnévis (Ménès?) fit comprendre aux Égyptiens les avantages d'une soumission absolue à des lois écrites qu'il disait avoir reçues des mains d'Hermès. Sasychès (Ases-kà-w) y ajouta de nombreuses prescriptions principalement applicables aux matières religieuses. Sésostris (Rhamsès II?), auteur d'une législation spéciale pour la classe des guerriers, s'occupa des exigences de la guerre, de la marche et des subsistances des armées. Bocchoris (Bokenranf), après avoir établi des lois sur l'exercice de la souveraineté, régla les conditions, la forme et l'exécution des contrats. Amasis fit des ordonnances sur le gouvernement des nomes et l'administration intérieure du pays. Darius, le fils de Xerxès, qui montra toujours une déférence extrême pour les croyances et les mœurs des nations soumises à son sceptre, était lui-même cité parmi les législateurs les plus éclairés et les plus aimés de l'Égypte (1). Ajoutons que les Pharaons et leurs successeurs, investis d'un pouvoir absolu, usaient fréquemment du droit d'ajouter aux textes existants des dispositions nouvelles. Dès l'instant qu'ils prenaient, à l'égard des livres révélés d'Hermès, l'attitude que les despotes de l'Inde brâhmanique devaient conserver à l'égard des livres révélés de Manou ; en d'autres termes, aussi longtemps qu'ils ne s'écartaient pas des bases essentielles du droit national, aucun reproche ne pouvait leur être adressé. Les rares débris

______

(1) Diodore, liv. Ier, chap. XCIV ; Bunsen, *Ægyptens Stelle in der Weltgeschichte*, t. Ier, p. 188 ; t. II, p. 48, 53, 88, 143, 327 ; t. V, p. 366. En admettant qu'une partie de ces noms sont mythiques, on n'en doit pas moins reconnaître l'existence du fait important d'une succession de législateurs dans la vallée du Nil.

des annales égyptiennes qui sont parvenus jusqu'à
nous fournissent de nombreux exemples d'ordonnances
royales promulguées à toutes les époques. Pour ne citer
qu'un fait, à Silsilis une stèle gravée s'exprime ainsi
sur le compte de Rhamsès V : « Il a rempli les temples
« des dieux des travaux de son nom. *Il a satisfait les*
« *dieux par de bonnes lois.* Il a remis dans toutes les
« conditions, comme ils étaient auparavant, les grands
« et les petits, pleins de joie, acclamant son nom (1). »
Sous la domination des Lagides, les lois étaient devenues tellement nombreuses, que Ptolémée Lagus char-
gea Démétrius de Phalère d'un vaste travail de codifi-
cation, ayant probablement plus d'un rapport avec celui
qui, huit siècles plus tard, fut ordonné pour les lois
romaines par l'empereur Justinien (2).

Diodore de Sicile rapporte qu'on plaçait devant les
juges « huit volumes contenant toutes les lois de
« l'Égypte (3). »

L'historien, commettant ici une erreur quant au
nombre, a-t-il voulu parler des dix *Livres des prophètes?*
Mieux informé que nous, savait-il que, parmi ces dix
livres sacrés, il y en avait huit spécialement consacrés
à la législation civile et criminelle? Son intention était-
elle de désigner huit recueils spéciaux renfermant,
outre les préceptes d'Hermès, toutes les ordonnances
subséquentes des législateurs égyptiens? Ces questions,

(1) De Rougé, *Journal asiatique*, 5ᵉ série, t. XII, p. 238 (1858).
(2) Elien, *Var. hist.*, liv. XVII, chap. XVII; Diogène Laërce, *Vit.*
phil., liv. V, segm. 75 et suiv.; édit. Wetztenius.
(3) Liv. Iᵉʳ, chap. LXXV.

d'ailleurs dépourvues d'importance réelle pour les annales du droit, ne seront peut-être jamais complétement résolues ; mais, quelle que soit l'opinion qu'on adopte, il faudrait bien peu connaître l'histoire de l'Égypte, pour ne pas savoir que les faits incriminés étaient excessivement nombreux sur la terre des Pharaons. Quand le législateur érige en système inflexible la prétendue nécessité de régler par la loi tous les actes de la vie publique et de la vie privée des citoyens ; quand il veut sanctionner par des peines sévères les prescriptions minutieuses d'un culte qui ne laisse rien en dehors de son influence, depuis le berceau jusqu'à la tombe de l'homme ; en un mot, quand il se croit obligé de tout prévoir et de tout régler, le catalogue des délits et des peines, là surtout où les masses sont privées de garanties politiques, prend inévitablement de vastes proportions. Or, cette exagération du patronage administratif de l'État, cette crainte excessive des empiétements et des écarts de la liberté individuelle, se manifestent, à la dernière évidence, dans toutes les phases de la civilisation égyptienne. Nous savons par Platon que même la peinture, la sculpture, les chants et les danses étaient réglés par des lois immuables. Celui qui voulait introduire des danses ou des chants nouveaux pouvait être traduit devant les tribunaux comme coupable d'impiété (1) !

Malheureusement, ici encore le temps a largement

(1) Voir la note de la page 86 Il est vrai que les chants usités dans les cérémonies religieuses et civiles étaient attribués à Isis. (Platon, *Lois*, liv. II, p. 83, trad. de M. Cousin.)

exercé ses ravages ; tous les recueils de lois égyptiennes ont disparu, et, malgré les investigations souvent fructueuses des savants modernes, on doit, presque toujours, comme nous l'avons déjà dit, se contenter de l'examen d'un certain nombre de faits épars et de règles parfois divergentes, disséminés dans les écrits d'historiens et de philosophes appartenant à divers âges littéraires de l'antiquité. Le peuple dont tous les efforts tendaient à éterniser le souvenir de ses exploits, en même temps que le tableau majestueux de sa vie religieuse et politique, est précisément celui dont les institutions et les lois donnent lieu aux controverses les plus nombreuses et les plus difficiles à résoudre.

De même que chez toutes les nations de l'antiquité, on trouvait, dans l'échelle pénale admise en Égypte, la distinction de la mort simple et de la mort rendue plus ou moins affreuse par le mode de son exécution. La première consistait dans la pendaison et la décollation (1). Parmi les exemples de la seconde, nous rencontrons le bûcher, la mise en croix et le supplice asiatique des cendres. Il est même probable que les rois et

---

(1) Le chapitre XL de la Genèse nous montre le grand panetier de la cour d'Apophis suspendu à une potence et son cadavre abandonné aux oiseaux. — On verra plus loin des exemples de la décollation.

Beaucoup d'interprètes de la Bible (Genèse, XL, 19) prétendent que le panetier fut décapité avant d'être suspendu au gibet. Dans sa *Dissertation sur les supplices dont il est parlé dans l'Ecriture* (p. 40 et suiv., éd. de 1709), Dom Calmet a prouvé que cette interprétation n'est rien moins qu'exacte et rationnelle. Il est vrai cependant qu'on suspendait quelquefois les cadavres. Une inscription du temple d'Amada raconte qu'Aménophis (Amenhotep) II fit pendre sous les murs de Thèbes les corps inanimés de six rois qu'il avait vaincus au pays d'Assur.

les juges avaient l'habitude d'infliger au condamné toutes les souffrances accessoires qu'ils croyaient requises par la nature du crime ou les exigences de l'opinion publique. Contrarié dans ses passions brutales et soupçonnant la reine d'avoir eu recours à des maléfices, Amasis dit à Laodice : « Femme, tu as usé avec moi « de sortiléges, et il n'existe aucun moyen de te sous- « traire *à la mort la plus affreuse que jamais femme ait* « *subie* (1). » Ce n'est pas à ces siècles lointains qu'il faut demander la proscription absolue des peines arbitraires (2).

Le supplice du feu existait pour le parricide. On commençait par faire subir une peine *expressive* aux membres qui avaient spécialement servi à l'accomplissement du crime. Le bourreau pratiquait avec des joncs aigus plusieurs incisions aux mains du coupable, et son sang, répandu au pied du bûcher, constituait une première expiation. On lui liait ensuite les bras et les jambes, et on le brûlait vif sur un feu d'épines. Ce bois, qui perçait sa chair, en même temps qu'elle était atteinte par les flammes, renfermait un autre symbolisme. Il désignait la malveillance et la dureté du cœur de l'homme assez dénaturé pour porter la main sur les auteurs de ses jours (3). Un système tout différent était

---

(1) Hérodote, liv. II, chap. CLXXXI.

(2) Dans le papyrus hiératique de Turin, il est question d'une espèce où les juges disposent des accusés *à leur main, à leur bras.* Peut-être cette expression désigne-t-elle une peine arbitraire ; mais le sens même des mots ainsi traduits est encore douteux. (Voir Devéria, *Journal asiatique*, 1866, p. 188.)

(3) Diodore, liv. I⁰ʳ, chap. LXXVII. Terrasson, dans sa traduction,

suivi à l'égard des parents qui versaient le sang de leurs fils. Au lieu de leur infliger la peine capitale, on les forçait de tenir embrassés, pendant trois jours et trois nuits, le corps de leurs enfants, et une garde nombreuse ne leur permettait pas de se soustraire, un seul instant, à cette horrible étreinte. « Il ne semblait « pas juste, dit Diodore, d'ôter la vie à ceux qui « l'avaient donnée à leurs descendants, et on croyait « leur causer par ce châtiment assez de chagrin et de « repentir pour les détourner de semblables crimes (1). » Il serait difficile, en effet, d'imaginer un châtiment à la fois plus terrible et plus exemplaire. Liés aux cadavres de leurs victimes, chargés des outrages et des imprécations de la foule, bourrelés de remords et de honte, flétris à jamais par cette épouvantable exposition, les coupables, sous le climat brûlant de l'Égypte, voyaient rapidement apparaître, sur les traits de leurs fils assassinés, les affreux ravages d'une mort qui était leur œuvre !

Le supplice de la croix, peut-être introduit sous la domination des Perses, était surtout infligé aux traîtres et aux rebelles. Inaros, l'un des descendants des rois

dit à tort qu'on faisait des incisions aux doigts du parricide. Miot se trompe à son tour en traduisant : « On leur coupait un morceau de « chair de la longueur d'un doigt. » Nous préférons suivre la version de M. Ferdinand Hoefer.

(1) Diodore, liv. Iᵉʳ, chap. LXXVII. Les Égyptiens n'admettaient pas cette honteuse tolérance de l'infanticide, qui souillait la législation de plusieurs peuples de l'antiquité. « Les parents, dit Diodore, sont obli- « gés de nourrir tous leurs enfants, afin d'augmenter la population, qui « est regardée comme contribuant le plus à la prospérité de l'État. » (Liv. Iᵉʳ, chap. LXXX.)

nationaux de l'Égypte, fut attaché à trois croix, par ordre d'Artaxerxès (1). La mort même ne faisait pas échapper le coupable à l'infamie de cette peine. Cléomène, roi de Sparte, réfugié à Alexandrie, étant tombé les armes à la main, dans une émeute dirigée contre Ptolémée Philopator, celui-ci ordonna que le cadavre de son hôte fût mis en croix et que sa famille entière pérît par le glaive (2). Après le décès prématuré du prince égyptien que nous venons de citer, on mit en croix sa maîtresse Agathoclie et la mère de celle-ci, Œnanthe (3).

Nous ne pouvons pas invoquer un texte formel à l'appui de l'existence en Égypte du supplice asiatique des cendres ; mais plusieurs expressions employées par Hérodote nous permettent de supposer que ce genre de peine n'y était pas inconnu. Après avoir dit que la reine Nitocris (Neith-Aker) commit un grand nombre de crimes pour venger l'assassinat de son frère, Hérodote ajoute : « Les prêtres m'ont raconté « qu'elle se jeta dans une chambre pleine de cendres. » Cette chambre n'était-elle pas le lieu destiné à l'exécution des individus condamnés à cette étrange pénalité (4) ?

(1) Fragment de Ctésias reproduit dans la *Bibliotheca* de Photius, p. 122, édit. d'Etienne, 1612. Comp. Thucydide, *Guerre du Péloponèse*, liv. Ier, chap. CX. — L'origine persane du supplice infligé à Inaros est manifeste. Plutarque (*Artaxerxès*, chap. XIX) rapporte que Parysatis fit étendre le corps de Mésabate en travers sur trois croix.

(2) Plutarque, *Agis et Cléomène*, chap. LXX.

(3) Justin, *Histoire univ.*, liv. Ier, chap. II. C'est du moins dans ce sens que Juste Lipse (*De cruce*, liv. Ier, chap. II) entend ces mots de Justin : *Mulieres patibulis suffiguntur*.

(4) Hérodote, liv. II, chap. C. Giguet traduit ainsi : « Elle se jeta dans

La peine de mort, sans autre désignation, se trouve
mentionnée pour le sacrilége, la magie, la non-révéla-
tion des complots dirigés contre le chef de l'État, la
désobéissance aux ordres du roi, le meurtre, la violation des lois sur l'art de guérir, le parjure, la dénonciation calomnieuse, le rapt, et même, dans certains
cas, pour le mensonge.

Chez un peuple aussi religieux que les Égyptiens,
le sacrilége ne pouvait manquer d'être rangé au nombre
des crimes capitaux. Le dernier supplice était infligé à
celui qui tuait volontairement un animal consacré à
l'une des divinités du pays, ou, même involontairement, un ibis, un chat ou un épervier. Dans ce dernier cas, l'horreur inspirée par le crime était telle que
le peuple n'attendait pas toujours la condamnation du
coupable; il se précipitait sur lui pour le mettre en
pièces (1). La peine de mort atteignait également le

« une chambre pleine de cendres, afin d'échapper au châtiment. »
Larcher, à notre avis, rend mieux la pensée de l'historien grec en disant .
« Elle se jeta dans une chambre remplie de cendres, afin d'échapper à
« la vengeance du peuple. » Évidemment Nitocris redoutait un traitement plus affreux que celui auquel elle se condamnait elle-même.

Mais si le supplice des cendres existait déjà en Égypte sous le règne
de Nitocris, il faut renoncer à attribuer son invention à Darius II
(Nothos). — Nous avons déjà parlé du supplice des cendres (voy. ci-dessus,
p. 69). M. Bunsen fait de Nitocris le dernier personnage de la sixième
dynastie. (*Ægyptens Stelle in der Weltgeschichte*, t. III, p. 242, éd.
de 1845.) D'autres en font une reine mythique. Son véritable nom était
Neith-aker, « Minerve victorieuse. »

(1) Hérodote, liv. II, chap LXV ; Diodore, liv. Ier, chap. LXXXIII ;
Cicéron, *Tusculanes,* liv. V, chap. XXVII. Parmi les animaux dont le
meurtre involontaire entraînait la peine de mort, Hérodote cite l'ibis et
l'épervier; Diodore, l'ibis et le chat; Cicéron, l'ibis, l'aspic, le chat, le
chien et le crocodile. — Le marquis de Pastoret (*Hist. de la législation,*

prêtre qui se nourrissait de mets interdits (1), l'indiscret qui révélait le lieu de la sépulture du bœuf Apis (2), l'impie qui osait dire que Sérapis avait été un homme (3), l'imprudent qui offrait en sacrifice soit des vaches ou des génisses, soit, parmi les autres animaux, ceux que les prêtres n'avaient pas marqués de l'empreinte du sceau sacré (4). On peut même affirmer sans crainte que tous ces cas étaient simplement énonciatifs, et que le sacrilége, quelle que fût sa nature, avait toujours pour expiation la perte de la vie de son auteur. Là où les habitants de deux districts populeux se firent une guerre terrible pour la mort d'un chien (5); où, même sous la dynastie européenne des Lagides et malgré la formidable puissance de Rome, les supplications d'un roi ne purent arracher des mains de la populace un légionnaire coupable d'avoir, peut-être invo-

t. II, p. 270) se trompe en disant que la loi punissait de mort celui qui tuait, de dessein prémédité, un animal quel qu'il pût être. Les textes cités prouvent, à la dernière évidence, qu'il ne s'agit ici que des animaux réputés sacrés.

(1) Porphyre, *De abstin.*, lib. II, cap. III.

(2) Arnobe, *Contra gentes*, lib. VI, cap VI, p. 1176, édit. Migne.

(3) Augustinus, *De civ. Dei,* lib. XVIII, cap. V.

(4) Hérodote, l. II, chap. XXXVIII et XLI. Suivant Castor, ce sceau représentait un homme à genoux, les mains liées derriere le dos, avec une épée dont la pointe était dirigée sur sa gorge. (Plutarque, *Traité d'Isis et d'Osiris*, t. V, p. 349, de la traduction de Ricard.) — Hérodote motive la prohibition de sacrifier les génisses et les vaches, en disant que ces animaux étaient consacrés à Isis. Pastoret (*Histoire de la législation,* t. II, p. 263) et De Pauw (*Recherches sur les Egyptiens,* etc., 1re partie, sect. III) prouvent que la défense avait pour origine les intérêts de l'agriculture. C'était déjà l'opinion de Porphyre. (*De abstin.*, lib. II, cap. XI.)

(5) Plutarque, *Traité d'Isis et d'Osiris*, t. V, p. 390, de la traduction de Ricard.

lontairement, tué un chat (1) ; là où les prescriptions de la loi religieuse présidaient souverainement à tous les actes de la vie publique et de la vie privée, une peine autre que la mort devait paraître insuffisante pour réparer les atteintes portées à la majesté du culte national. L'accusation de sacrilége était redoutée au point que l'homme qui rencontrait le cadavre d'un animal sacré se tenait à distance, en poussant de grandes lamentations et en protestant de son innocence (2).

C'était encore pour venger la majesté méconnue des dieux, pour maintenir le peuple dans les voies tracées par le culte de la nation, que la peine capitale était attachée à la pratique des arts occultes. Les papyrus Hartwell et Rollin nous montrent un intendant de troupeaux, Haï, condamné au dernier supplice, comme coupable d'avoir, à l'aide de formules magiques volées dans le palais du roi, fabriqué des philtres d'amour et paralysé les membres de plusieurs individus, « grands « crimes qui sont l'horreur de tout dieu et de toute « déesse (3). »

(1) Diodore, liv. Ier, chap. LXXXIII. L'historien avait été le témoin oculaire du fait.

(2) Diodore, *ibid.* D'après les croyances populaires, les dieux mêmes frappaient le sacrilége quand il échappait à la vindicte des lois humaines. (Hérodote, liv. II, chap. CXI.)

(3) Voy à l'Appendice (litt. B) le fragment intitulé : *Un procès de magie sous le règne de Rhamsès III.* Il est probable que la magie était toujours un crime capital, quand elle était pratiquée par des particuliers. Toutefois, ce fait ne ressort pas clairement des papyrus que nous venons de citer. Haï fut condamné comme auteur d'opérations magiques *accompagnées de maléfices.* — Voir, pour la punition de la magie chez les Juifs, *Exode,* XXII, 18 ; *Lévitique,* XIX ; 31, XX, 27 ; *Deutéronome,* XVIII, 10-12.

Mais, à côté de la vénération aussi profonde que superstitieuse qu'ils nourrissaient à l'égard de leurs divinités, les Égyptiens montrèrent toujours un grand respect pour la vie de leurs concitoyens. Les cadavres mêmes étaient protégés par un sentiment élevé de la dignité de l'homme. Quand le parachiste (1), au début des opérations de l'embaumement, avait ouvert le flanc gauche du mort, il se sauvait en toute hâte, poursuivi par les assistants, qui lui lançaient des pierres et proféraient des imprécations, comme pour attirer sur lui la vengeance de ce *crime;* « car, dit Diodore, les « Égyptiens avaient en horreur celui qui violait le « corps d'un des leurs, en le blessant ou en exerçant « quelque autre violence (2). »

De tels sentiments suffisaient pour indiquer au législateur l'attitude qu'il avait à prendre à l'égard des meurtriers. Tout homicide volontaire était puni de mort, et même, dans cet ordre d'idées, les Égyptiens devancèrent considérablement leurs contemporains. On ne faisait aucune distinction entre le citoyen et l'étranger, entre l'homme libre et l'esclave. Non-seulement le complice subissait, dans tous les cas, la même peine que l'auteur principal, mais on regardait comme tel celui qui, voyant un homme aux prises avec un assassin, ne le secourait pas quand il en avait le pouvoir. S'il se trouvait dans l'impossibilité absolue de venir en aide à la victime, il devait au moins dénoncer l'agres-

---

(1) Παραχίστης, inciseur.
(2) Diodore, liv. Ier, cap. XCI.

seur et le traduire devant les tribunaux. S'il ne le faisait pas, il était condamné à recevoir un nombre déterminé de coups de verges, outre la privation de toute nourriture pendant trois jours (1). La vie humaine se trouvait protégée autant que le permettait l'action de la justice criminelle. Les citoyens, pour nous servir d'une expression employée par Bossuet, étaient à la garde les uns des autres, et tout le corps de l'État était uni contre les méchants (2). Aussi, frappé de ce spectacle si rare dans l'antiquité, Diodore fait cette réflexion profonde : « En Égypte, les lois « punissent, non d'après les différences de fortune, « mais d'après l'intention du malfaiteur; en même « temps, par les ménagements dont on use envers les « esclaves, on les engage à ne jamais porter la main « sur un homme libre. » En effet, par le respect qu'on professait pour sa propre vie, on apprenait à l'esclave, mieux que par tout autre moyen, à respecter celle de ses maîtres.

Peut-être devait-on à la même sollicitude l'admission de la peine capitale pour la violation des lois sur l'art de guérir. Toujours poussés par cet amour extrême de la réglementation qu'ils manifestaient dans tous les détails de la vie sociale, les maîtres de l'Égypte n'avaient eu garde d'abandonner l'exercice de la médecine aux efforts, aux expérimentations et aux convoitises de l'intérêt privé. Les médecins étaient des fonctionnaires publics entretenus aux frais du corps social,

(1) Diodore, liv. Ier, chap. LXXVII.
(2) *Discours sur l'histoire universelle*, 3e part., art. 3.

et chacun d'eux ne pouvait s'occuper que d'une seule espèce d'infirmités (1). Ils devaient traiter leurs malades d'après des préceptes écrits, rédigés par d'anciens médecins célèbres et que les prêtres avaient consignés dans quelques-uns de ces recueils mystérieux attribués à Hermès. Si, en suivant ces préceptes, ils ne parvenaient pas à sauver le malade, ils étaient déclarés exempts de tout reproche ; si, au contraire, ils avaient agi contrairement aux indications des livres sacrés, ils pouvaient, en cas d'insuccès, être accusés et condamnés à mort. Toujours partisan de l'immobilité, le législateur avait cru que peu de gens trouveraient une méthode curative meilleure que celle qui, pendant une longue série d'années, avait obtenu les suffrages des praticiens les plus distingués (2). N'oublions pas, d'ailleurs, que la médecine appartenait à la classe des sciences religieuses, et qu'Isis elle-même était censée avoir contribué à la rédaction des six livres du Trismégiste consacrés à l'art de guérir. Le dédain ou l'oubli des remèdes traditionnels participait ainsi, à certains égards, de la nature du sacrilége (3). Au surplus,

(1) Hérodote dit : « Les médecins foisonnent : les uns pour les yeux, « d'autres pour la tête, d'autres pour les dents, d'autres pour le ventre, « d'autres pour les maux internes. » (Liv. II, chap. LXXXIV.) Les accouchements étaient faits par des femmes. (*Exode*, I, 15 et suiv.)

(2) Diodore, liv. Ier, chap. LXXXII. — Dans l'Inde brâhmanique, le médecin qui exerçait mal son métier était puni d'amende (voy. ci-dessus p. 52) ; mais, d'après la loi de Zoroastre, il devait être coupé par morceaux. (*Vendidad-Sadé*, Fargard, VII, 98-101.)

(3) Diodore, liv. Ier, chap. XXV. Clément d'Alexandrie, *Stromates*, l. VI, chap. IV. Les livres d'Hermès consacrés à la médecine étaient au nombre de six, divisés de la manière suivante : la structure du corps

la règle indiquée par Diodore ne doit pas être exagérée. Le médecin n'était pas absolument privé du droit de suivre ses inspirations personnelles; seulement, en procédant de la sorte, il agissait à ses risques et périls et, si le résultat ne répondait pas à son attente, l'initiative courageuse qu'il avait prise se transformait en crime. D'un autre côté, les termes employés par l'historien permettent de supposer que la peine capitale n'était encourue que dans la seule hypothèse où le malade avait succombé. Aristote nous apprend que la loi, c'est-à-dire les livres d'Hermès, défendait aux médecins égyptiens de purger leurs malades avant le quatrième jour du traitement. Si la violation de cette règle avait été punie de la perte de la vie, le philosophe de Stagyre, toujours si exact et si complet dans ses allégations, n'eût certainement pas manqué d'en faire la remarque (1).

Dans une autre catégorie d'infractions, le parjure était puni de mort, parce qu'on y voyait la réunion de deux crimes énormes, l'un contre les dieux, l'autre contre les hommes. Le coupable manquait de piété envers les dieux dont il osait invoquer et braver le témoignage; il portait atteinte à la bonne foi, qui doit servir de fondement aux relations sociales. Ici encore, la législation de l'Égypte se trouvait en parfaite

humain, les maladies en général, les instruments, les remèdes, les maladies des yeux, les maladies des femmes. (Clément d'Alexandrie, *ibid*.)

(1) Aristote, *Politique*, liv. III, chap. X, § 4, p. 180, de la traduction de Barthélemy Saint-Hilaire. A cette occasion, Aristote fait observer que c'est déraisonner que de vouloir soumettre une science, quelle qu'elle soit, à l'empire d'une lettre morte.

harmonie avec les tendances de l'opinion publique. Nous avons vu que les croyances populaires faisaient apparaître la divinité elle-même, quand l'auteur du parjure réussissait à se soustraire à la justice de son pays (1).

Celui qui intentait une accusation calomnieuse était également puni de mort, si cette peine frappait le crime qu'il imputait à son adversaire (2). Le même supplice atteignait l'Égyptien qui gagnait sa vie par des moyens illicites, et celui qui commettait un mensonge dans la déclaration de ses moyens d'existence, que tous les habitants, au commencement de l'année, étaient obligés de déposer entre les mains des magistrats de leur domicile (3). On procédait de la même manière à l'égard

(1) Diodore, liv. Ier, chap. LXXVII, et ci-dessus, p. 129.

(2) Diodore, *ibid.* C'est le seul cas où l'on trouve l'application du système du talion dans les fragments de législation égyptienne qui sont parvenus jusqu'à nous. Comp. *Deutéronome,* XIX, 18-21 ; Digeste, liv. XLVIII, t. VIII, l. I, § Ier.

(3) Diodore, *ibid.;* Hérodote, liv. I, chap. LXXVII. Diodore dit que cette déclaration devait être faite par écrit entre les mains des magistrats. Hérodote, plus positif, affirme qu'elle devait être remise au monarque lui-même.

Cette obligation, si peu compatible avec la dignité et la liberté du citoyen, avait pour but la proscription du vagabondage et de la paresse ; elle était d'ailleurs nécessaire dès l'instant que l'on transformait en crime capital le fait de vivre de gains illicites. — Hérodote dit que cette loi fut apportée à Athènes par Solon ; mais d'autres écrivains de l'antiquité l'attribuent à Dracon, et affirment que Solon transforma la peine de mort en déclaration d'infamie contre ceux qui y contrevenaient trois fois. Une première contravention n'était punie que d'une amende de cent drachmes. Voir Harpocration, aux mots Ἀργίας δίκη; Plutarque, *Vie de Solon;* Larcher, *Traduction d'Hérodote,* notes, t. II, p. 515. En tous cas, si Solon a eu connaissance de la loi égyptienne, il est impossible d'attribuer celle-ci à Amasis, successeur d'Apriès, comme le font Hérode l'auteur d'un rapt. Le roi dont le nom traduit en grec correspondait, au dire d'Hérodote, à celui de Protée, dit au ravisseur d'Hélène : « Parce que je crois qu'il « importe beaucoup *de ne mettre à mort* aucun étran- « ger, tu vivras; mais je ne te permettrai d'emmener « ni cette femme, ni ses trésors. Pour toi et tes com- « pagnons, je vous ordonne d'aller, sous trois jours, « de ce pays en n'importe quel autre, sinon vous serez « traités en ennemis (1). » Un Égyptien, dans la posi- tion d'Alexandre, eût donc été condamné à mort.

A ces diverses espèces, nous pouvons ajouter la dés- obéissance aux ordres émanés du trône et la non-révé- lation des complots dirigés contre la majesté royale. Les rois d'Égypte, possédant un pouvoir absolu, fai- saient parfois de la mort la sanction des édits qu'ils adressaient à leur peuple. Le pharaon qui avait projeté l'anéantissement des Juifs établis sur son territoire, ordonna aux parents, sous peine de perte de la vie, de déclarer la naissance de tous leurs enfants mâles. Il dit à Moïse : « Retirez-vous, et ne vous représentez « jamais devant moi. La première fois que vous repa- « raîtrez devant moi, vous mourrez (2). » A plus forte

dote et Diodore. Amasis régna de 569 à 526 avant Jésus-Christ, et Solon naquit en 638. Il faudrait alors remonter jusqu'à Amasis ou Amôsis, le vainqueur des Hycsos et le chef de la dix-huitième dynastie. Cette loi daterait donc du dix-septième siècle avant l'ère chrétienne.

(1) Hérodote, liv. II, chap. CXV, trad. de Giguet. C'est à cette traduc- tion que nous avons emprunté tous les fragments d'Hérodote que nous avons reproduits. — D'après Bunsen, *Ægyptens Stelle*, etc., t. IV, p. 257, Protée était l'un des Rhamsès de la vingtième dynastie.

(2) Josèphe, *Antiq. jud.*, liv. II, chap. V ; *Exode*, X, 28. Il n'en était pas toujours ainsi. Dans le célèbre édit rendu pour l'affranchissement

raison, le dernier supplice était-il encouru par celui qui ne s'empressait pas de révéler les projets séditieux parvenus à sa connaissance (1).

Ici doivent se placer deux remarquables fragments de la *Bibliothèque historique* de Diodore de Sicile. Parlant du règne du conquérant éthiopien Actisanès, l'historien s'exprime ainsi : « Actisanès se conduisit humai- « nement dans la prospérité, il traita ses sujets avec « bonté. Il se comporta d'une manière singulière à « l'égard des brigands ; il ne condamna pas les coupa- « bles à mort, mais il ne les laissa pas non plus impu- « nis. Réunissant tous les accusés du royaume, il prit « une exacte connaissance de leurs crimes ; il fit cou- « per le nez aux coupables, les renvoya à l'extrémité « du désert, et les établit dans une ville qui, en sou- « venir de cette mutilation, a pris le nom de *Rhino-* « *colure* (2). » Quelques pages plus loin, s'occupant du règne de Sabacon (Schabaka, le Sua de la Bible), il ajoute : « On peut citer, comme une preuve de l'huma- « nité de ce prince, l'abolition de la plus grande des « peines, la peine de mort. En remplacement de la « mort, il força les condamnés à travailler, *tout en-* « *chaînés*, aux ouvrages publics. C'est par ce moyen « qu'il fit construire de nombreuses digues et creuser

des Juifs, Ptolémée se borne à comminer la confiscation des biens à charge des contrevenants. (Josèphe, *ibid.*, l. XII, c. 2.)

(1) Dans le Papyrus hiératique de Turin (voy. ci-dessus, p. 101), plusieurs condamnations capitales sont prononcées contre des fonctionnaires qui avaient gardé le silence sur une conspiration de harem dont ils connaissaient l'existence.

(2) Liv. Ier, chap. LX, et ci-dessus, p. 92.

« beaucoup de canaux utiles. Il réalisait ainsi l'idée
« de diminuer, à l'égard des coupables, la sévérité de
« la justice, et de faire tourner une peine inutile au
« profit de la société (1). » Si Actisanès, en reléguant
les coupables dans un lieu désert, parvint à fonder une
ville nouvelle; si Sabacon, en employant aux travaux
publics les seuls condamnés à mort, réussit à faire construire de nombreuses digues et creuser beaucoup de
canaux utiles, il en résulte évidemment que les condamnations capitales étaient très-fréquentes en Égypte.
Peu importe que ces deux traditions nationales soient
ou non dépourvues d'authenticité; par cela seul que
l'historien les accueille, il avoue que les crimes capitaux mentionnés dans son récit ne sont qu'un petit
nombre d'espèces détachées d'une liste infiniment plus
longue. Il constate en outre que, même sous la domination lointaine des Pharaons, on trouvait déjà des
esprits généreux qui doutaient de l'efficacité de la peine
de mort. A la vérité, le large système de commutation
introduit par Sabacon (2) ne fut pas maintenu par ses
successeurs, et les exécutions restèrent fréquentes en
Égypte sous toutes les dynasties, jusqu'à l'apparition
des aigles romaines : fait d'autant plus remarquable
que, suivant des documents authentiques de l'époque
de Rhamsès III, les complices d'un crime capital, autre

---

(1) Liv. Ier, chap. LXV. Ce dernier passage trouve sa confirmation
dans un récit d'Hérodote (liv. II, chap. CXXXVII). On n'y remarque
qu'une seule différence. Hérodote affirme que Sabacon faisait travailler
les condamnés à l'exhaussement du sol de leurs villes natales, entreprise
éminemment utile dans un pays sujet à des inondations périodiques.

(2) C'était, en effet, bien plutôt une commutation de peine que la suppression définitive de la peine de mort.

que le meurtre, n'étaient pas toujours condamnés à perdre la vie (1).

Quelques faits rapportés par l'Écriture sainte, par Josèphe, par Plutarque et par Diodore, nous autorisent à croire que les exécutions étaient publiques. Le grand panetier de la cour d'Apophis (Apépi) fut suspendu à une potence et son cadavre livré aux oiseaux (2). Les femmes de la famille et de la suite de Cléomène, condamnées à périr par ordre de Ptolémée Philopator, furent conduites par des soldats au *lieu de l'exécution* (3). Ceux qui avaient tué leurs enfants étaient *publiquement* gardés pendant les trois jours qu'ils devaient rester liés aux cadavres de leurs victimes (4). Mais qui était chargé de l'exécution de la peine capitale? Avait-on recours, comme dans l'Inde brâhmanique, aux membres d'une classe dégradée (5)? Confiait-on cette triste tâche, comme chez les Juifs, aux témoins à charge ou à des soldats désignés par leurs supérieurs? Existait-il en Égypte un corps militaire, spécialement chargé des exécutions judiciaires (6)? Ici de nouveau le champ est

(1) Les complices de Haï (voir ci-dessus, p. 147) furent punis par l'ablation du nez et des oreilles. (Voir Chabas, *Mélanges égyptologiques*, t. II, p. 182.) Comp. Ezéchiel, XXIII, 25.

(2) Voir ci dessus, p. 411, en note.

(3) Voir ci-dessus, p. 47, et Plutarque, *Agis et Cléomène*, chap. LXX.

(4) Diodore, liv. 1er, chap. LXXVII.

(5) Les Égyptiens avaient des classes de cette espèce (voir nos *Considérations sur la théorie du progrès indéfini*, 2e éd., p. 253). — Michaelis (*Mosaïsches Recht*, § 232) prétend, mais sans donner de preuves, que le *princeps militum* du verset 3 du chap. XL de la Genèse était le *præfectus carnificum*.

(6) Dans le papyrus hiératique de Turin, Rhamsés III ordonne aux juges de condamner les coupables et de les livrer à *ceux qui donnent la*

ouvert aux conjectures des jurisconsultes et des érudits. Nous savons seulement que la loi égyptienne, proclamant un principe qui fut plus tard admis par tous les peuples civilisés, exigeait que la femme enceinte, condamnée à mort, ne subît sa peine qu'après l'accouchement (1). Nous savons aussi qu'on administrait une boisson enivrante aux condamnés qui allaient subir leur supplice : mesure incontestablement dictée par un sentiment louable d'humanité, mais qu'on est étonné de trouver à une époque où la terreur inspirée par le supplice était à peu près le seul but de la législation criminelle (2).

Au-dessous de la peine de mort se trouvait celle des travaux publics, et les condamnés de cette catégorie étaient, eux aussi, très-nombreux en Égypte. Les uns, *tout enchaînés*, comme ceux dont Sabacon (Schabaka) avait commué les peines, construisaient des digues ou creusaient des canaux d'irrigation (3); les autres, comme ceux qu'on employait à l'extraction de l'or sur les frontières de l'Éthiopie, étaient conduits dans les mines. Le sort de ces derniers était d'autant plus déplo-

mort de leur main à leurs membres (des condamnés). **M.** Devéria suppose qu'il existait un corps militaire, les Aouâï, spécialement chargé des exécutions judiciaires. (*Journal asiatique*, 6e sér., t. VI, p. 242, 350, 361; t. VIII, p. 187.)

(1) Diodore, liv. Ier, chap. LXXVII.

(2) Un usage analogue existait chez les Juifs. C'était ce breuvage, composé de vin et de myrrhe, qu'un soldat romain offrit à Jésus, qui refusa de le boire. — De Pauw (*Recherches sur les Égyptiens*, etc., t. II, p. 336, édition de Paris, 1822) prétend qu'on se bornait en Égypte à faire avaler au condamné quelques grains d'encens.

(3) Voir ci-dessus, p. 154.

rable que, par un absurde préjugé de la solidarité du sang, leur famille entière était quelquefois condamnée à partager leur captivité (1). Diodore a tracé un tableau saisissant de la triste condition à laquelle ils étaient réduits. C'est une page que nous devons transcrire, ne fût-ce que pour prouver que, si une pensée de commisération se manifestait au moment de l'exécution des condamnés à mort, les sentiments d'humanité étaient cependant très-loin d'avoir pénétré dans toutes les parties de la législation criminelle des bords du Nil.

« A l'extrémité de l'Égypte, dit-il, se trouve un endroit
« riche en mines d'or, d'où l'on tire ce métal à force
« de bras, par un travail pénible et à grands frais...
« Ceux qui dirigent les travaux de ces mines emploient
« un très-grand nombre d'ouvriers, qui sont tous des
« criminels condamnés.... Ces malheureux, tout en-
« chaînés, travaillent jour et nuit sans relâche, privés
« de tout espoir de fuir, sous la surveillance de soldats
« étrangers parlant des langues différentes de l'idiome
« du pays, afin qu'ils ne puissent être gagnés ni par
« des promesses ni par des prières. La roche qui ren-
« ferme l'or étant très-compacte, on la rend cassante
« à l'aide d'un grand feu, et on la travaille ensuite des
« mains ; lorsque le minerai, devenu ainsi friable, est
« susceptible de céder à un effort modéré, *des milliers*
« *de misérables* le brisent avec des outils de fer qui
« servent à tailler les pierres. Celui qui reconnaît la
« veine d'or se place à la tête des ouvriers et leur dé-

(1) Nous avons déjà constaté cette solidarité dans la plupart des pays asiatiques. Voy. ci-dessus, p. 69 et 70.

« signe l'endroit à fouiller. Les plus robustes des
« malheureux condamnés sont occupés à briser le
« silex avec des coins de fer, en employant pour ce
« travail, non les moyens de l'art, mais la force de
« leurs bras... Ils travaillent ainsi sans relâche, sous
« les yeux d'un surveillant cruel qui les accable de
« coups. Des enfants encore impubères pénètrent, par
« les galeries souterraines, jusque dans les cavités des
« rochers, ramassent péniblement les fragments de mi-
« nerai détachés et les portent au dehors, à l'entrée
« de la galerie. D'autres ouvriers, âgés de plus de
« trente ans, prennent une certaine mesure de ces
« fragments et les broient dans des mortiers de pierre
« avec des pilons de fer, de manière à les réduire à la
« grosseur d'une orobe (1). Le minerai ainsi pilé est
« pris par des femmes et des vieillards qui le mettent
« dans une rangée de meules, et, se plaçant deux ou
« trois à chaque manivelle, ils réduisent par la mou-
« ture chaque mesure de minerai pilé en une poudre
« aussi fine que la farine. Tout le monde est saisi de
« commisération à l'aspect de ces malheureux, qui se
« livrent à ces travaux pénibles, sans avoir autour du
« corps la moindre étoffe qui cache leur nudité. On ne
« fait grâce ni à l'infirme, ni à l'estropié, ni au vieil-
« lard débile, ni à la femme malade. On les force tous
« au travail à coups redoublés, jusqu'à ce que, épuisés
« de fatigues, ils expirent à la peine. C'est pourquoi
« ces infortunés, ployant sous les maux du présent,

(1) Fruit semblable à une lentille.

« sans espérance de l'avenir, attendent avec joie la
« mort, qui leur est préférable à la vie (1). » Ces dernières lignes surtout doivent fixer l'attention, parce
qu'elles prouvent que la peine était en général perpétuelle.

A la suite des travaux forcés à temps ou à perpétuité,
existait probablement une longue série de peines
expressives, qui étaient le résultat d'une double pensée :
faire périr l'instrument de l'infraction et empêcher le
coupable de commettre désormais le même crime. Les
faux monnayeurs, ceux qui altéraient les poids et les
mesures ou contrefaisaient les sceaux, ceux qui altéraient les actes publics ou rédigeaient de fausses écritures, étaient condamnés à avoir les deux mains coupées (2). Le viol commis sur la personne d'une femme
libre avait pour peine la perte des parties génitales,
parce que ce crime renfermait en lui-même trois maux
très-grands : l'insulte, la corruption des mœurs et la

(1) Liv. III, chap. XII et XIII, trad. de M. Ferd. Hoefer.

(2) Champollion-Figeac critique vivement le passage où Diodore
place au nombre des anciennes lois de l'Égypte celle qui punissait par
la mutilation des deux mains la fabrication de la fausse monnaie. Il se
prévaut de ce que, suivant Hérodote, Darius, fils d'Hystaspe, fut le premier prince qui fit battre de la monnaie de l'or le plus pur. (*Egypte
ancienne,* p. 39.) Cette critique est mal fondée. D'abord, Hérodote n'affirme pas que Darius fût le premier qui fit frapper de la monnaie d'or ; il
dit simplement que Darius fit frapper de la monnaie d'or (liv. II, chapitre CLXVI) ; ensuite, quand même on admettrait ce fait, on n'aurait pas
encore le droit de reprocher ici une erreur à Diodore. Champollion lui-
même dit que les Égyptiens, avant l'époque de Darius, se servaient, à
l'intérieur, d'une monnaie de convention, et, au dehors, d'anneaux d'or
ou d'argent d'un poids déterminé ou vérifié. Est-ce que l'altération ou la
contrefaçon de cette monnaie de convention, de ces *anneaux vérifiés,*
n'était pas, en réalité, un acte de faux monnayeur?

confusion des enfants (1). On coupait le nez de la femme adultère, tandis que son complice recevait mille coups de verges (2). On arrachait la langue à l'espion qui avait révélé les secrets de l'État. « Chacun, dit Dio- « dore, par la punition de la partie du corps avec « laquelle le crime avait été commis, portait, jusqu'à « la mort, une marque indélébile qui, par l'avertisse- « ment de ce châtiment, devait empêcher les autres « d'agir contre la loi (3). » Tel était évidemment le but du législateur ; mais ce passage, rapproché de l'ensem- ble du texte auquel il appartient, prouve aussi, comme nous l'avons déjà dit, que les cas indiqués par l'histo- rien sont simplement énonciatifs. Les annales du droit criminel attestent d'ailleurs que, partout où la mutila- tion se glisse dans l'échelle pénale, elle se trouve bientôt appliquée à une foule d'infractions diverses. Diodore lui-même raconte qu'Actisanès fit couper le nez et les oreilles aux brigands qui infestaient la haute Égypte, et Hérodote nous a transmis une tradition suivant laquelle on priva de leurs mains les femmes du palais qui avaient aidé Mycérinus à satisfaire sa passion in- cestueuse pour sa fille (4).

(1) Diodore, liv. Ier, chap. LXXVIII.

(2) Il est très-remarquable que, chez les sauvages de l'Amérique du Nord, la mutilation du nez était également la peine infligée à la femme infidèle. (Voir Chateaubriand, *Œuvres*, t. IV, p. 109, édit. Furne, 1840.) Nous verrons plus loin que, dans la législation hébraïque, l'adultère était un crime capital.

(3) Diodore, liv. Ier, chap. LXXVIII.

(4) Liv. II, chap. CXXXI. Nous ne voulons pas discuter sérieusement cette assertion du père de l'histoire ; mais il convient cependant de remarquer que, dans l'Inde brâhmanique, on mutilait les mains des

Les Égyptiens connaissaient en outre la servitude pénale, le fouet, le jeûne forcé, la relégation, l'exil, l'emprisonnement et la déclaration d'infamie.

Sous le Pharaon qui eut Joseph pour ministre, la servitude pénale pouvait devenir la conséquence du vol (1). Mille coups de fouet étaient la peine de l'homme coupable d'adultère (2). Celui qui ne poursuivait pas devant les tribunaux l'auteur d'un homicide dont il avait été le témoin impuissant, était battu de verges et privé de toute nourriture pendant trois jours (3). Actisanès relégua dans une contrée déserte les brigands

femmes qui commettaient des attentats à la pudeur sur des personnes de leur sexe. (*Lois de Manou*, liv. VIII, st. 370.) — Dans le papyrus hiératique de Turin, traduit par M. Devéria, des coupables dont le crime n'est pas clairement déterminé sont condamnés à la mutilation du nez et des oreilles. (*Journal asiatique*, 1865, p. 259; 1866, p. 189.) — A Alexandrie, on faisait plus tard subir ce traitement barbare aux premiers chrétiens. (Eusèbe, *Histoire de l'Eglise*, liv. VIII, chap. XII.)

(1) Nous suivons ici l'opinion émise par le marquis de Pastoret (*Histoire de la législation*, t. II, p. 249), tout en avouant qu'elle peut donner lieu à des objections sérieuses. Il invoque l'épisode de l'arrestation de Benjamin (Genèse, XLIII et XLIV). Après la découverte de la coupe, tous les fils de Jacob dirent à Joseph : *Nous sommes vos esclaves.* Mahomet interprète la Genèse de la même manière (Koran, Sourate XII, 73-75). Cependant, si cette manière de raisonner était à l'abri de la critique, il faudrait dire plutôt que le vol était alors puni de mort; car, avant la découverte de la coupe, les frères de Joseph avaient dit : « Que « celui de vos serviteurs qui aura commis le vol soit mis à mort. » (Genèse, XLVIII, 9.)

(2) Diodore, liv. Ier, chap. LXXVIII.—Philon nous fait connaître cette étrange particularité, que la manière d'appliquer la peine du fouet n'était pas la même pour les Égyptiens et pour les Grecs qui habitaient Alexandrie. « Les Alexandrins, dit-il, étaient battus de verges longues « et déliées par les spathéphores de la ville. » (Philo, *In Flaccum;* Opera, p. 976, Francfort, 1691.)

(3) Diodore, liv. Ier, chap. LXXVII.

auxquels il avait fait grâce de la vie (1). Le roi Protée condamna à l'exil Alexandre et tous ceux qui avaient contribué au rapt d'Hélène (2). L'exil était encore le châtiment attaché à l'homicide involontaire (3). L'emprisonnement est plusieurs fois mentionné par les historiens, et nous avons déjà vu que le régime des maisons de détention laissait beaucoup à désirer. La déclaration d'infamie était prononcée contre le soldat qui avait déserté les rangs de l'armée ou qui n'avait point exécuté l'ordre de ses chefs. Cette peine n'était pas perpétuelle. Si, plus tard, le militaire effaçait sa honte par des actes de bravoure, il était rétabli dans son état primitif. « Ainsi, dit l'historien qui nous a transmis ces « détails, le législateur égyptien faisait du déshonneur « une punition plus terrible que la mort, pour habituer « les guerriers à considérer l'infamie comme le plus « grand de tous les malheurs ; en même temps, ceux « qui étaient punis de cette façon pouvaient rendre de « grands services pour recouvrer la confiance pre- « mière, tandis que, s'ils avaient été condamnés à « mort, ils n'auraient plus été d'aucune utilité pour « l'État (4). » C'était, en effet, une pensée aussi belle

---

(1) Diodore, liv. Ier, chap. LX. Le lieu était digne de sa destination. Une terre couverte de sel ; une eau rare et corrompue ; une contrée déserte et dépourvue des choses les plus nécessaires à la vie, où la chasse était à peu près le seul moyen de subsistance. Peut-être ce lieu de relégation est-il désigné dans le papyrus hiératique de Turin, où l'on parle d'hommes et de femmes condamnés à faire un « séjour de tourments. » (Voy. Devéria, *Journal asiatique*, 1865, p. 259, 360.)

(2) Voy. ci-dessus, p. 123.

(3) Philostrate, *Vie d'Apollonius de Tyane*, liv. VI, chap. V.

(4) Diodore, liv. Ier, chap. LXXVIII.

que salutaire de remplacer, pour la classe des guerriers, les châtiments corporels par une espèce de dégradation morale, en laissant au soldat flétri le moyen
de se réhabiliter par la valeur et la gloire (1).

A cette liste déjà longue, il faut ajouter deux peines
pécuniaires, l'amende et la confiscation des biens.

Une amende fixée par les prêtres était infligée à
celui qui tuait involontairement un animal sacré, autre
que l'ibis, le chat et l'épervier (2). Une autre amende
frappait celui qui déposait des cadavres dans le voisi-
nage des temples (3). Une forte amende était comminée
contre l'artisan qui prenait part aux affaires publiques
ou exerçait une profession autre que le métier qui lui
était assigné par les lois et transmis par ses parents;
circonstance qui prouve, parmi beaucoup d'autres, que
la séparation des diverses classes de la nation était
maintenue beaucoup plus rigoureusement que ne le
croient quelques savants de notre époque (4). De
« fortes amendes » étaient également infligées à ceux
qui portaient une fausse accusation au tribunal des

(1) Hérodote, liv. II, chap. XXXVI, nous apprend que la loi égyptienne déclarait également infâmes ceux qui se nourrissaient de froment
et d'orge. Il est difficile de découvrir la raison de cette prohibition. —
Isocrate, dans l'*Eloge de Busiris*, rappelle assez inutilement que les
guerriers égyptiens ne pouvaient s'absenter sans la permission de leur
chef. Il aurait mieux fait d'indiquer la peine qui frappait l'absence autre
que la désertion.

(2) Hérodote, liv. II, chap. LXV. Celui qui tuait, même involontairement, un ibis, un épervier ou un chat, était puni de mort. (Voir ci-dessus, p. 145.)

(3) Papyrus grec de Turin, traduit par M. Peyron, p. 35. (Voir ci-
dessus, p. 114, en note.)

(4) Diodore, liv. Ier, chap. LXXIV.

sépultures (1). Quant à la confiscation générale, elle existait si bien en Égypte, que les historiens accusent Amasis d'en avoir abusé pour s'approprier les richesses de ses sujets (2). Elle figure, du reste, en termes formels, dans le célèbre édit par lequel Ptolémée Philadelphe ordonna l'affranchissement des Juifs. Ce prince l'employa comme sanction de ses ordres (3).

Enfin, au-dessus de ce vaste système de répression, dont nous entrevoyons à peine les lignes principales, planait en quelque sorte, comme un dernier avertissement et une garantie suprême, le refus de la sépulture religieuse. Nous avons déjà dit que, pour être condamné à cette peine flétrissante, il ne fallait ni avoir commis un crime prévu par les lois nationales, ni même avoir été mis régulièrement en accusation avant la mort; il suffisait de mener « une mauvaise vie (4). » C'était une dernière et solennelle proclamation de l'iniquité du vice et de l'excellence de la vertu, et cette haute portée de la juridiction du tribunal des sépultures n'avait pas échappé aux Grecs qui venaient admirer les merveilles de la vallée du Nil. « Les Grecs, dit « Diodore, ont voulu, à l'aide de quelques fictions dé-« criées, faire croire à la récompense des bons et à la « punition des méchants. Mais ces fictions, loin d'en-

----

(1) Diodore, liv. Ier, chap. XCII. — Les cas que nous venons d'indiquer prouvent combien De Pauw se trompait dans ses *Recherches* (t. II, p. 271, édit. citée), en disant que les Égyptiens n'admettaient l'amende que pour le seul cas où l'on tuait involontairement des animaux sacrés.

(2) Diodore, liv. Ier, chap. LX.

(3) Voir ci-dessus, p. 124, en note.

(4) Voir ci-dessus, p. 118.

« courager les hommes au bien, ont été tournées en
« dérision par les méchants et grandement discréditées.
« Chez les Égyptiens, au contraire, le châtiment du
« vice et l'honneur rendu à la vertu ne sont pas une
« fable, mais des faits visibles qui rappellent journel-
« lement à chacun ses devoirs et deviennent ainsi la
« plus puissante sauvegarde des mœurs (1). »

Mais est-il vrai que, parmi toutes les peines que
nous avons énumérées, il n'en existât aucune qui fût
destinée à la répression du vol? Devons-nous admettre
qu'un acte flétri par toutes les législations anciennes et
modernes fût déclaré licite en Égypte? Diodore de
Sicile et quelques autres écrivains de l'antiquité se permettent cette singulière affirmation (2). Diodore raconte
gravement que tous ceux qui voulaient se livrer à
l'*industrie du vol* étaient obligés de se faire inscrire chez
le chef des voleurs et de lui rapporter immédiatement
le produit de leurs larcins. Les victimes du vol devaient,
à leur tour, se faire inscrire chez le même chef, en lui
fournissant l'indication exacte des choses dérobées, du
jour, de l'heure et du lieu de la soustraction. Les
objets volés étaient aussitôt recherchés et rendus à
leur propriétaire, à condition de payer le quart de leur
valeur pour les reprendre. Non-seulement Diodore
croit à l'existence de cet étrange système, mais il
s'efforce de le justifier. A son avis, le législateur, ne
pouvant empêcher « tout le monde de voler, » avait
sagement imaginé le moyen de faire restituer, pour

(1) Diodore, liv. Iᵉʳ, chap. XCIII.
(2) Voir Aulu-Gelle, *Noctes atticæ*, liv. XI, chap. XVIII.

une modique rançon, tout ce qui était dérobé aux Égyptiens (1).

Il est évident que l'historien a mal saisi le langage de l'interprète qui le guidait dans ses courses à travers un pays dont les lois et les mœurs s'éloignaient si considérablement des coutumes de sa patrie. Son récit n'est pas seulement en contradiction avec les exigences de là raison et les traditions de la morale universelle : il se trouve formellement repoussé par des témoignages explicites dont l'incontestable valeur ne saurait être mise en discussion. Dans le récit d'un vol important qu'ils firent à Hérodote, les prêtres d'Héliopolis mirent les paroles suivantes sur les lèvres d'un voleur pris au piége tendu par ordre du roi : « Frère, coupe-moi la « tête; car si je suis vu et reconnu, *je te perds en même* « *temps que moi* (2). » Les mêmes prêtres lui dirent qu'Amasis, avant de monter au trône, avait été plusieurs fois puni comme voleur (3), et nous avons déjà rappelé que, suivant la Genèse, le vol, à l'époque où vivait Joseph, était réprimé par la servitude pénale (4). On pourrait objecter, il est vrai, que ces peines ne frappaient que les voleurs non autorisés et ceux qui, s'étant fait inscrire, ne rendaient pas un compte fidèle de leurs rapines. Mais, en tenant ce langage, on s'écar-

(1) Liv. Ier, chap. LXXX.

(2) Hérodote, liv. II, chap. CXXI. Nous admettons que cette histoire n'est qu'un mythe, mais elle n'en conserve pas moins toute sa valeur au point de vue de la question qui nous occupe : la punition du vol en Égypte.

(3) Hérodote, liv. II, chap. CLXXIV.

(4) Genèse, XLIII, 18 ; XLIV, 9, 16. Voy. ci-dessus, p. 162, note 1.

terait complétement de tout ce que nous savons du caractère religieux et social de la civilisation égyptienne. Comment admettre la tolérance du vol, dans un pays où chaque chef de famille devait faire connaître ses moyens d'existence; où les lois prononçaient la peine de mort contre celui qui vivait de « gains illi-« cites; » où la simple altération d'un poids ou d'une mesure était punie de la perte des deux mains?

Quand les prêtres chargés de l'embaumement avaient mis les intestins et les principaux viscères dans les vases destinés à les recevoir, l'un d'eux prononçait, au nom du mort, cette prière solennelle : « Soleil, et vous « tous, dieux éternels, vous qui donnez l'existence à « l'homme, recevez-moi dans les demeures éternelles « que vous habitez! J'ai suivi religieusement le culte « de mes pères; j'ai constamment honoré mes parents; « je n'ai jamais souillé mes mains du sang de mes sem-« blables; je n'ai jamais été un dépositaire infidèle; je « n'ai pas fait le mal, et me suis soigneusement abstenu « de *toute injustice*. Si j'ai commis quelques excès en « mangeant ou en buvant, ce n'est pas à moi, mais à « ceux-ci que vous devez les imputer (1). » En prononçant ces dernières paroles, le prêtre prenait les vases et les jetait dans le Nil.

Le sens et la portée de cette cérémonie religieuse, répétée chaque jour sur tous les points du territoire, fournissent ici un argument décisif. N'est-il pas évident que, si l'injustice suffisait pour interdire à son auteur l'accès des demeures éternelles, le vol, qui est l'injus-

---

(1) Voir Porphyre, *De abstin.*, liv. IV, chap. X.

tice par essence, ne pouvait être rangé au nombre des gains licites? Le fait offre d'autant plus d'importance qu'il est loin d'être isolé. Dans ces rituels funéraires qu'on déposait sur la poitrine des momies et dont tous les musées de l'Europe possèdent de nombreux fragments, l'âme du mort, paraissant devant le juge infernal, fait la confession suivante : « Je n'ai pas blas- « phémé. Je n'ai pas trompé. *Je n'ai pas volé.* Je n'ai « pas divisé les hommes par mes machinations. » On sait que les législateurs de l'Égypte n'avaient pas l'habitude de tolérer les actes prohibés par le culte national.

Le savant De Pauw propose une explication ingénieuse, qui pourrait très-bien être conforme à la réalité des faits. Il croit qu'on a pris pour une loi égyptienne une espèce de traité ou de concordat avec les Arabes nomades, qui, malgré toutes les précautions qu'on avait prises pour arrêter leurs brigandages, dépouillaient les caravanes et venaient parfois faire des excursions dans les cantons voisins des frontières. On sait, en effet, que, dans les temps modernes, des traités de ce genre ont été conclus avec les Bédouins de la Syrie, et cet exemple, connu de tous, fournit un argument on ne peut plus sérieux en faveur de l'hypothèse émise par le célèbre philologue hollandais. L'inscription du nom des voleurs, les déclarations imposées à leurs victimes, l'impôt prélevé sur les choses soustraites, en un mot, toutes les formalités rapportées par Diodore, se réduiraient de la sorte à l'intervention officieuse et intéressée d'un chef de bande du désert (1). En Europe même,

(1) *Recherches philosophiques sur les Egyptiens,* etc., t. II, p. 226,

Walter Scott a poétisé le *denier noir* payé aux brigands de l'Écosse.

En dernier résultat, nos recherches nous ont prouvé que les Égyptiens connaissaient les peines suivantes : la mort exaspérée, la mort simple, les travaux forcés à temps et à perpétuité, la mutilation des oreilles et du nez, la mutilation des deux mains, la mutilation des parties génitales, la servitude, le fouet, le jeûne forcé, la relégation, l'exil, l'emprisonnement, la déclaration d'infamie, la confiscation des biens et l'amende.

Ces peines étaient fréquemment appliquées, et rien n'atteste que les rois du pays se plaisaient à gracier les condamnés. Princes absolus, chefs de la magistrature nationale, despotes divinisés, ils possédaient incontestablement le droit de grâce et même celui d'accorder des lettres d'abolition; mais les annales de l'Égypte ne mentionnent qu'un très-petit nombre de ces actes de clémence. Dans un récit, probablement mythique, rapporté par Hérodote, on voit Rhampsinite exempter de toute poursuite et choisir pour gendre un voleur adroit qui avait fait de larges brèches au trésor royal (1). Rhamsès II « renvoya absous » tous les prisonniers d'État, que la tyrannie soupçonneuse de son prédécesseur avait entassés dans les prisons (2). Ces deux exemples sont à peu près les seuls faits de ce genre dont l'histoire nous ait conservé le souvenir.

édit. citée. — La même opinion a été émise par V. Hennequin, *Introduction à l'étude de la législation française*, t. Ier, p. 367.

(1) Hérodote, liv. II, chap. CXXI.
(2) Diodore, liv. II, chap. LIV.

CHAPITRE IV.

Les savants modernes qui ont scruté les annales de l'Égypte se partagent en deux écoles nettement tranchées.

Les uns ne voient qu'un engouement irréfléchi dans la réputation traditionnelle de sagesse dont les Égyptiens jouissaient chez tous les peuples civilisés du monde ancien. Les autres, prenant au sérieux les éloges que tant d'historiens et de philosophes ont prodigués aux riverains du Nil, soutiennent qu'une science pure et profonde fut constamment cultivée dans les temples de cette terre privilégiée.

Les fragments de la législation criminelle de l'Égypte parvenus jusqu'à nous ne sont pas de nature à mettre un terme à cette controverse séculaire. Les partisans des deux opinions y peuvent chercher et trouver des arguments à l'appui de leurs thèses contradictoires.

Complétement désintéressé dans la querelle, et écartant toute digression étrangère à notre sujet, nous nous contenterons d'émettre quelques aperçus sur le caractère réel des institutions répressives qui, pendant plusieurs siècles, se maintinrent, à peu près sans altération, dans la vallée du Nil, sous la double égide du sacerdoce et du trône.

Les détails que nous possédons sur l'organisation judiciaire de l'empire des Pharaons dénotent une étude attentive des besoins et des intérêts du corps social. Des tribunaux établis sur des bases uniformes, classés dans un ordre hiérarchique, disséminés dans toutes les parties du pays et se mouvant, pour ainsi dire, autour d'un tribunal suprême siégeant dans la capitale religieuse du royaume ; le concours du pouvoir royal et du pouvoir judiciaire dans la nomination des chefs de la magistrature nationale ; le droit de saisir la justice répressive, accordé aux citoyens et même aux esclaves ; l'obligation imposée à tous les habitants d'aider les juges, autant qu'il dépendait d'eux, dans la répression des écarts de la vengeance individuelle ; les droits de la société maintenus dans toute leur intégrité, malgré les transactions intervenues entre le délinquant et ses victimes ; la création de tribunaux particuliers pour les militaires et pour les commerçants étrangers ; l'admission d'une justice domestique pour les délits légers en eux-mêmes, ou envisagés comme tels par le législateur ; l'institution d'un tribunal des sépultures, investi du redoutable pouvoir de se prononcer sans recours sur la vie tout entière de ceux que leurs fonctions ou leurs richesses avaient mis momentanément à l'abri de la vindicte des lois ; l'idée d'une divinité vengeresse, toujours présente à l'esprit des magistrats et des plaideurs : toutes ces remarquables conceptions, qu'on ne s'attend pas à rencontrer à l'origine des temps historiques, sont évidemment le produit d'une rare sagacité, jointe à une longue et fructueuse expérience des affaires judiciaires. Si ce tableau, comparé à celui que présentent les institutions des temps modernes, contient des lacunes et des ombres, son ensemble est, sans contredit, de nature à confirmer la réputation de haute sagesse dont les Égyptiens jouissaient dans tous les pays du monde ancien. Sous ce rapport, Diodore de Sicile n'a point exagéré en disant que les Égyptiens avaient mis un grand soin à organiser convenablement l'ordre judiciaire (1).

Malheureusement la scène change complétement d'aspect lorsque, laissant de côté l'organisation des tribunaux, on se demande quelles furent, pour le bien-être et la dignité des habitants de l'Égypte, les conséquences des lois pénales proprement dites.

En se plaçant à ce point de vue, on s'aperçoit bientôt que le législateur criminel, peu soucieux de la recherche d'une théorie savante, moins soucieux encore des exigences de l'équité, avait obéi à des considérations exclusivement politiques.

Actisanès, en faisant mutiler les auteurs de crimes capitaux qui encombraient les prisons au début de son règne, parvint à fonder une ville nouvelle aux limites du désert. Sabacon, remplaçant la peine de mort par

____

(1) Diodore, liv 1er, chap. LXXV.

celle des travaux forcés, obtint assez d'ouvriers pour « construire de nouvelles digues et creuser beaucoup « de canaux utiles. » D'autres récits, empruntés à l'Ecriture sainte, à Hérodote, à Lucien, à Josèphe, à Diodore de Sicile, nous montrent les maisons de détention constamment remplies d'une multitude de prisonniers appartenant à toutes les classes (1).

Il est évident que les crimes dont nous avons dressé la liste ne pouvaient pas seuls produire ces effrayantes agglomérations de coupables; car, indépendamment des malheureux qui remplissaient les prisons, creusaient les canaux, raffermissaient les digues, ou étalaient sous les yeux de la foule le hideux tableau de leurs mutilations, des *milliers de condamnés* (2), hommes, femmes, vieillards, enfants, travaillaient sans relâche au fond des vastes souterrains dont l'historien d'Agyre nous a laissé l'effrayante description (3). Dans un pays de l'étendue de l'Égypte, l'existence de cette multitude de condamnés était manifestement le produit d'une législation impitoyable, pénétrant jusque dans les derniers détails de la vie, courbant toutes les têtes et maintenant, à tous les degrés de l'échelle sociale, une sujétion incompatible avec la nature intelligente, libre et spontanée de l'homme. La race égyptienne ne se

---

(1) Il importe de remarquer que Diodore, en parlant des mesures qu'il attribue à Actisanès et à Sabacon, ne manifeste aucun étonnement du nombre considérable de condamnés dont les peines furent commuées; il raconte les faits comme des événements qui, au point de vue de la moralité du pays, ne présentaient rien d'extraordinaire.

(2) C'est l'expression employée par Diodore. (Voir ci-dessus, p. 158.)

(3) Voir *ibid.*

distinguait guère par la turbulence de son humeur ou la violence désordonnée de ses passions. Humble et résignée, aveuglément soumise à ses rois et à ses prêtres, on l'avait de longue main façonnée à subir sans murmure toutes les exigences d'un despotisme à la fois religieux et politique. Chez un tel peuple, le nombre excessif des infractions ne s'explique que par une interminable série d'actes incriminés par la loi pénale. « Cette bonne police de l'Égypte, » tant vantée par Bossuet dans son *Discours sur l'histoire universelle*, n'était autre chose que la substitution, aussi complète que possible, de la volonté despotique du législateur à l'initiative individuelle des citoyens de toutes les classes. L'illustre évêque de Meaux a commis la même erreur que les voyageurs de l'antiquité, qui parcouraient rapidement les nomes les plus riches et les plus peuplés. Voyant partout régner l'abondance et l'ordre, assistant dans toutes les villes à des fêtes religieuses et nationales, rencontrant à chaque pas des monuments empreints d'une incontestable grandeur, ils admiraient la puissance des lois de l'Égypte, et, à leur retour, cette admiration était bientôt partagée par leurs compatriotes. Ils ne disaient pas que l'asservissement impitoyable de toutes les intelligences et de toutes les volontés servait de base à cette civilisation si pleine de merveilles.

Ici donc le blâme doit remplacer l'éloge. Au lieu de poursuivre, comme on l'a dit tant de fois, la réalisation d'un idéal élevé, fourni par une science profonde et pure conservée à l'ombre du sanctuaire, les maîtres de l'Egypte n'avaient d'autre but que de perpétuer leur domination à l'aide d'une multitude de prescriptions minutieuses, sanctionnées par des peines terribles. L'idéal de la législation criminelle était pour eux un catalogue largement exagéré de délits et de peines. Dans un système de répression étroitement uni au culte, ils cherchaient le moyen d'imprimer aux coutumes nationales ce caractère de permanence et d'immobilité qui fut toujours l'objet de leurs efforts les plus énergiques. La sécurité, la liberté, la dignité du peuple n'arrivaient qu'en seconde ligne. Que pouvait être la dignité de l'homme, dans un pays où les pères de famille devaient, sous peine de mort, au début de chaque année, remettre aux chefs des nomes l'indication détaillée de leurs moyens d'existence; où de « fortes » amendes venaient ruiner l'artisan qui avait l'audace de s'occuper des affaires publiques? Que devenaient la liberté et la sécurité du citoyen, sous le régime d'une législation qui permettait aux prêtres de condamner au dernier supplice tous ceux qui, à leurs yeux, faisaient des gains illicites? Autant que l'état incomplet de nos connaissances permet de porter un jugement équitable sur les institutions de l'Égypte, nous pouvons affirmer que les idées généreuses qui se révèlent dans l'organisation judiciaire ne se retrouvaient pas dans la détermination des délits et la distribution des peines.

Il en résultait que le législateur, toujours préoccupé d'un but politique, commettait à chaque pas de déplorables inconséquences dans l'application des principes.

En voyant frapper de la même peine le meurtre du

citoyen et le meurtre de l'esclave, on s'imagine que le grand principe de l'égalité de tous devant la loi pénale était solennellement proclamé sur les bords du Nil; tandis que, quelques pages plus loin, quand il s'agit de la répression des attentats à la pudeur, on est tout surpris de voir apparaître le principe opposé de l'inégalité des droits, suivant l'inégalité des conditions. Celui qui était convaincu d'avoir violé une femme libre devait avoir les parties génitales coupées, parce que ce crime, suivant l'expression employée par Diodore de Sicile, comprenait en lui-même trois maux très-grands, l'insulte, la corruption et la confusion des enfants (1). Il s'en fallait de beaucoup que la même protection fût accordée à la femme esclave. Le silence de l'historien permet de supposer que toutes les conséquences du fait se réduisaient à une action civile accordée au propriétaire de l'esclave outragée; mais, en tout cas, la peine était différente, puisque Diodore a soin de faire remarquer qu'il ne parle que de la femme libre. C'est que le législateur égyptien, en punissant de la même manière l'assassin de l'esclave et l'assassin du citoyen, n'était nullement guidé par la pensée de rendre un éclatant hommage à la communauté d'origine de l'espèce humaine; il voulait simplement donner à tous une haute idée de l'inviolabilité de la vie, et protéger ainsi indirectement les maîtres eux-mêmes contre les conséquences éventuelles des haines de leurs subordonnés (2).

(1) Voir ci-dessus, p. 160.
(2) Diodore le dit en termes formels (liv. Ier, chap. LXXVII). Voir ci-dessus, p. 149.

Il n'avait pas cru que les intérêts des classes libres
exigeassent les mêmes précautions à l'égard des attentats à la pudeur : voilà tout! On se trompe en disant
que la vie de l'esclave jouissait de la protection commune, parce que le genre humain, plus rapproché de
son origine, se souvenait encore de son berceau commun (1). C'est attribuer aux Égyptiens des idées et des
sentiments complétement étrangers à leur redoutable
système de répression. Si nous possédions la liste entière des délits et des peines, l'inégalité signalée par
Diodore ne serait certainement pas la seule que nous y
découvririons. L'instinct de l'égalité n'existait pas dans
un pays où les classes populaires, elles-mêmes asser-
vies, voyaient au-dessous d'elles de nombreux troupeaux d'esclaves, lesquels, à leur tour, faisaient envie
à la caste abjecte et dégradée des gardiens de pour-
ceaux, dont la présence seule imprimait une souillure (2).

Un autre exemple, plus remarquable encore, nous
est fourni par l'attitude que le législateur criminel avait
prise à l'égard de la famille des condamnés.

Une femme enceinte, condamnée à mort, ne subissait sa peine qu'après être accouchée. Au témoignage
de Diodore de Sicile, les magistrats de l'Égypte auraient
trouvé souverainement injuste d'étendre à un être innocent la peine méritée par une mère coupable, et de faire

(1) Opinion émise par M. A. Du Boys, *Histoire du droit criminel des
peuples anciens*, p. 22.

(2) Voir nos *Considérations sur la théorie du progrès indéfini*, 2e édition, p. 253.

ainsi expier par la vie de deux personnes le crime commis par une seule. Or, dès l'instant qu'il s'agissait d'un crime politique, ce principe de justice élémentaire, si bien compris et si bien expliqué, se trouvait complétement écarté, parce qu'on croyait utile de frapper de terreur tous ceux qui pourraient être tentés d'introduire des changements dans la constitution du royaume. La mère, les sœurs, les enfants, la famille entière du conspirateur était livrée au bourreau (1). Le même système d'implacable rigueur était souvent suivi quand le père était condamné aux travaux forcés à perpétuité. Dans les mines qui se trouvaient aux confins de l'Éthiopie, on voyait des enfants impubères, partageant le sort affreux de leurs parents coupables, ramasser péniblement et traîner jusqu'à l'entrée des galeries souterraines les fragments de minerai détachés des voûtes. Leur travail pouvait servir à l'alimentation du trésor royal (2)!

Sans doute, les sentiments d'humanité n'étaient pas complétement bannis de la législation criminelle de l'Égypte. On n'y découvre pas, dans l'exécution de la peine de mort, ces raffinements de cruauté froide et barbare dont les annales judiciaires des peuples de l'Orient fournissent de si nombreux exemples. Le délai accordé aux femmes enceintes condamnées à la peine capitale, la boisson enivrante administrée aux malheureux qu'on conduisait au supplice, la pratique rude et

(1) Plutarque. *Vie d'Agis et de Cléomène*, chap. LXX.
(2) Diodore, liv. III, chap. XIII.

primitive du talion réduite au seul cas de la dénonciation calomnieuse, le meurtre de l'esclave puni à l'égal de celui de l'homme libre, toutes ces dispositions, quel que fût leur motif, sont assurément très-remarquables pour l'époque où nous les voyons apparaître dans le droit égyptien. Mais ici, comme chez tous les peuples de ces âges reculés, il ne faut pas chercher les idées philanthropiques et les tendances réformatrices de nos lois modernes. Ainsi que nous l'avons déjà dit, le législateur des bords du Nil voyait dans le catalogue des délits et des peines l'un des moyens les plus efficaces de maintenir, dans toute leur force et dans toute leur intégrité, les institutions sociales qu'il voulait perpétuer sur le sol de l'Égypte. Tel était le but qu'il cherchait à atteindre, la mission qu'il se croyait obligé de remplir, dans le domaine de la justice répressive comme dans toutes les autres sphères de la vie sociale. Quand il s'agissait de garantir l'immutabilité de la constitution religieuse, politique et civile du pays, toute autre considération disparaissait devant les exigences de cet intérêt suprême. C'est à cette conséquence qu'on vient inévitablement aboutir lorsque, tenant compte de tous les faits et pesant tous les témoignages, on recherche, sans esprit de système, les causes du nombre immense de délinquants que les voyageurs de l'antiquité rencontraient sur la terre sacrée de Kémé.

Bien d'autres questions se présentent. Quel était le caractère des peines temporaires? Étaient-elles fixes et invariables? Laissait-on, quant à leur durée, une certaine liberté d'appréciation au tribunal chargé de les appliquer? Dans quelle mesure le juge pouvait-il avoir recours au cumul des peines (1)? Quelle était la punition du vol, aux diverses époques de la monarchie égyptienne? Dans quelle mesure s'occupait-on des infractions commises en pays étranger (2)? Quels étaient les crimes qui entraînaient la condamnation aux travaux forcés à temps ou à perpétuité? Connaissait-on la prescription dans les matières criminelles (3)? Quelle décision avait-on prise à l'égard de la tentative et de la récidive? Pour toutes ces demandes, et, en général, pour tous les détails de la législation pénale, les éléments d'une réponse satisfaisante font complétement défaut. Nous devons le répéter ici : la nation qui, plus que toutes les autres, se montra constamment préoccupée du jugement des générations futures, est précisément celle dont les institutions et les lois donnent lieu aux controverses les plus épineuses. C'est bien le cas de s'écrier avec le poëte :

Cuncta trahit secum vertitque volubile tempus :
Nec patitur certa currere quemque via !

(1) Nous connaissons un exemple de ce cumul. Celui qui ne dénonçait pas les assassins était battu de verges et privé de toute nourriture pendant trois jours. (Hérodote, liv. Ier, chap. LXXVII.)

(2) Si l'on devait accepter comme historique le récit du bannissement d'Alexandre (voir ci-dessus, p. 123), il en résulterait que les Égyptiens se croyaient obligés de s'occuper même des infractions commises en pays étranger par des étrangers.

(3) Ils connaissaient, au moins sous les Ptolémées, la prescription en matière civile.

LIVRE TROISIÈME.

LA JUDÉE.

OBSERVATIONS PRÉLIMINAIRES.

Il n'est pas nécessaire de faire ressortir les incontestables avantages que présente l'étude de la législation pénale des Hébreux. Par leur antiquité, leur source vénérable, leur valeur intrinsèque et, plus encore, par l'influence décisive qu'ils ont exercée sur l'esprit des législateurs de l'Europe, les textes du Pentateuque relatifs aux délits et aux peines occuperont toujours l'une des premières places dans les annales du redoutable droit de punir. Le flot de la civilisation chrétienne est parti de la Judée; les traditions et les lois des Juifs ont joué un rôle immense dans le développement des institutions politiques et judiciaires de l'Occident. En matière de magie, de sortilége, d'inceste, d'attentat aux mœurs, d'usure et de blasphème, le Lévitique et le Deutéronome ont longtemps servi de base à la jurisprudence de tous les tribunaux de la chrétienté. C'est en invoquant un fragment des lois de Moïse que, dans la première moitié du dix-huitième siècle, on condamnait encore au bûcher le libertin qui avait eu des relations immorales avec la mère et la fille. La connaissance des lois criminelles des Hébreux est indispensable à tous ceux qui veulent se livrer à un examen approfondi des nombreux systèmes de répression successivement admis chez les peuples chrétiens.

Malheureusement cette étude présente des difficultés nombreuses et parfois inextricables. A côté de textes obscurs, de mœurs inexpliquées, de coutumes séculaires dont les tendances et le but final nous échappent, il existe de regrettables lacunes que la science moderne, malgré ses merveilleux progrès, est impuissante à combler. L'examen des institutions mosaïques a fait surgir des dissidences d'autant plus vives que les problèmes religieux viennent souvent se mêler aux problèmes juridiques. On n'est pas même d'accord sur l'indication et la valeur des sources où l'historien et le jurisconsulte doivent aller puiser. Les uns accueillent avec une confiance entière, les autres repoussent avec un dédain superbe le vaste et imposant dépôt des traditions rabbiniques.

Cette dernière controverse doit nécessairement faire l'objet d'un examen préliminaire.

Suivant le témoignage à peu près unanime des rabbins, Juda le Saint (ha-kâdôsch), qui vivait sous le règne d'Antonin le Pieux, recueillit et fixa par l'écriture les traditions juridiques que tous les docteurs d'Israël, depuis Moïse et Aaron, s'étaient transmises de génération en génération. Il en composa le texte de la Mischnah (*Seconde loi*, Δευτέρωσις), l'un des monuments les plus anciens et les plus vénérés du judaïsme. Commentée par les docteurs, interprétée par les légistes, enseignée dans les écoles, cette seconde loi constitue aujourd'hui la base et le thème de l'immense compilation connue sous le nom de Talmud ; et l'on ne commet aucune exagération en attribuant surtout à l'étude de l'œuvre de Juda le Saint cette unité de doctrine et cette persistance opiniâtre qui, depuis la dispersion définitive des Hébreux, sont les traits distinctifs des descendants de Jacob qui ont conservé la foi de leurs pères (1).

Il s'agit de savoir quelle place on doit assigner à ce vaste recueil, dans le classement des sources historiques des législations de l'Orient. Faut-il, avec Salvador et le marquis de Pastoret, admettre sans examen les affirmations de Juda le Saint, en disant que nul ne

(1) Surenhusius a publié une traduction latine de la Mischnah, accompagnée de notes et de commentaires (Amstel. *Borstius*, 1698-1703 ; 6 vol. in-fol.). C'est à cette édition que nous renvoyons dans les notes.

Nous nous occupons surtout de la Mischnah, parce qu'elle est incontestablement la partie la plus importante du Talmud. La *Ghemara* (τελείωσις, *complementum*), qui y fut ajoutée à Jérusalem au IIIe et à Babylone au Ve siècle de notre ère, fourmille d'assertions vagues, de contes chimériques, d'affirmations hasardées et contradictoires. Nous l'avons cependant souvent citée, comme on le verra plus loin, mais en lui assignant toujours une valeur inférieure à celle de la Mischnah.

peut mieux connaître les usages des Juifs que les Juifs eux-mêmes (1)? Faut-il, au contraire, avec Michaëlis et un grand nombre de commentateurs chrétiens de la Bible, dédaigner et rejeter la Mischnah, comme un informe amas de fictions audacieuses, commentées et successivement embellies par les rabbins, pour ennoblir à leur manière les croyances et les mœurs d'une race injustement méprisée (2)?

Ni l'une ni l'autre de ces opinions absolues ne peut être admise. La Mischnah renferme incontestablement des erreurs de plus d'un genre. Bien des pages portent l'empreinte des distinctions subtiles, des interprétations forcées, des subterfuges habiles, qui furent de tout temps les caractères particuliers de la secte pharisienne. Les textes les plus lucides du Pentateuque y sont parfois accompagnés de tant de restrictions et de tempéraments, qu'ils perdent toute valeur au point de vue de la vie pratique (3). L'application des peines les plus graves s'y trouve fréquemment subordonnée à des

(1) Pastoret, *Histoire de la législation*, t. IV, p. 118 ; Salvador, *Histoire des institutions de Moïse*, liv. IV, c. 2, p. 77 (édit. belge de 1829). Selden aussi se montre à ce sujet d'une crédulité excessive dans son célèbre et remarquable ouvrage de *Synedriis Ebræorum*.

(2) Michaëlis (*Mosaïsches Recht*) aime à donner à la Mischnah la qualification de « conte rabbinique. » Voy. notamment le t. V, § 234, où il s'occupe des peines capitales. — L'opinion la plus répandue parmi les commentateurs chrétiens de la Bible se trouve très-bien développée dans la *Dissertation sur les supplices*, que Dom Calmet a placée en tête de son *Commentaire littéral* du Deutéronome.

(3) Nous citerons comme exemples les textes du Deutéronome qui ordonnent la lapidation du fils rebelle et l'extermination des habitants d'une ville israélite abandonnant le culte de Jéhovah (XIII, 12-15 ; XXI, 18-21).

conditions incompatibles avec les principes fondamentaux de la législation mosaïque (1). On y rencontre, sur la destinée finale de l'homme, des opinions manifestement inconciliables avec les vérités essentielles qui servent à la fois de base au judaïsme et au christianisme (2). La spéculation y prend très-souvent la place de l'histoire, et celle-ci est parfois dénaturée avec une hardiesse qui étonne le lecteur tant soit peu versé dans l'étude des antiquités hébraïques (3). On y remarque des incohérences et des contradictions que l'exégèse la plus subtile et la plus patiente ne parvient pas à concilier. Mais il n'en est pas moins vrai que la Mischnah, malgré tous ses défauts, contient une foule d'indications précieuses pour l'intelligence des lois de Moïse et la connaissance des institutions plus récentes des Hébreux. On ne tarde pas à en acquérir des preuves nombreuses et irrécusables, quand on se livre à la recherche de l'organisation judiciaire, de la procédure criminelle

(1) Quand, par exemple, Juda insinue clairement que l'Israélite ne pouvait être condamné à mort si, avant la perpétration du fait, il n'avait pas été averti de l'énormité du crime qu'il allait commettre. (Mischnah, *Sanhédrin*, V, 1, avec la *Ghemara*, 40 et suiv. — Comp. *Maccôth*, 6 a.)

(2) Telle est notamment l'opinion que, dans quelques cas, la peine du retranchement et même certains péchés amenaient la mort de l'âme du coupable. (Mischnah, *Sanhédrin*, XI, 1.)

(3) Par exemple, lorsque le rédacteur de la Mischnah dit que la vie pastorale, qui fut si longtemps celle des patriarches, est en abomination aux yeux des Hébreux (Mischnah, *Qidduschin*, IV, 14) ; lorsqu'il affirme, contrairement au texte de l'Écriture et aux traditions de tous les peuples de l'Orient, que les rois n'avaient pas le droit de participer à l'exercice du pouvoir judiciaire. (*Sanhédrin*, II, 2.)

On sait que Jésus-Christ lui-même reprochait aux Pharisiens d'avoir mêlé de fausses traditions aux commandements de Dieu. (Voy. Matth., XV, 3 ; XXIII, 15, 16. Marc, VII, 8, 9.)

et des lois pénales de la Palestine. Au milieu des erreurs, des sophismes et des exagérations, la critique sérieuse et saine finit, presque toujours, par découvrir la vérité.

La date reculée que les rabbins les plus célèbres assignent à la composition de la Mischnah n'est pas le produit de leur imagination (1). Saint Épiphane, né en Palestine, moins d'un siècle après la mort de Juda le Saint, affirme que les Juifs de son temps possédaient un immense recueil de traditions écrites, auxquelles ils donnaient le nom de Répétitions, Δευτέρωσεις (2). Saint Jérôme avertit les chrétiens de se mettre en garde contre les erreurs et les fables entassées dans les traditions pharisiennes que les Israélites désignent sous le titre de Δευτέρωσις (3). Saint Augustin répète à son tour que les Juifs, tout en conservant avec respect les livres inspirés de l'Ancien Testament, accordent une valeur exagérée à des traditions orales, transmises de bouche en bouche et connues sous la dénomination de *Seconde loi* (4). Enfin l'empereur Justinien,

(1) Ils placent la rédaction définitive de la Mischnah entre les années 190 et 220 de l'ère chrétienne. — Basnage (*Histoire des Juifs*, liv. III, c. 3, §§ 5-11) prétend que Juda le Saint mit la dernière main à son œuvre en 180. Né à Tsippur, en 136, Juda avait alors atteint sa quarante-quatrième année.

(2) *Hæreses*, XIII, XV, XXXIII; édit. Migne, t. Iᵉʳ, pp. 238, 247, 559.

(3) *Quantæ traditiones Pharisæorum sint, quas hodie vocant* δευτέρωσεις *et quam aniles fabulæ, evolvere nequeo : neque enim libri patitur magnitudo, et pleraque tam turpia sunt ut erubescam dicere.* (*Quæst.* X *in Epistolam ad Algasiam;* édit. Migne, t. Iᵉʳ, p. 1033.)

(4) *Contra adversarium legis et prophetarum,* l. II, c. 1. Il s'exprime ainsi : ... *Nescit habere, præter scripturas legitimas et propheticas,*

dans l'une de ses *Novelles*, interdit sévèrement la lecture du livre appelé *Seconde loi*, « livre qui n'est pas « venu du ciel par l'organe des prophètes, mais qui a « été forgé par des hommes dépourvus de toute assis- « tance divine (1). » Qu'importe que les Pères de l'Église, en parlant des croyances traditionnelles des Juifs, aient commis quelques erreurs de détail? Aujourd'hui même, que la découverte de l'imprimerie a si prodigieusement multiplié les sources de l'instruction, il n'est pas rare de rencontrer chez les savants chrétiens des notions très-erronées sur l'arrangement et le contenu du Talmud. En réalité, sauf quelques dissidences portant sur des points secondaires, les annales de l'Église et celles de la Synagogue sont d'accord pour assigner à la composition de la Mischnah une date voisine de la destruction du dernier Temple (2).

D'ailleurs, quand même nous ne posséderions que les seuls témoignages des rabbins, la connaissance des

Judæos quasdam traditiones suas, quas non scriptas habent, sed memoriter tenent et alter in alterum loquendo transfundit, quas δευτέρωσιν vocant (édit. Migne, t. VIII, p. 637). Ce passage renferme une erreur. A l'époque où vivait saint Augustin, les traditions orales des Juifs étaient depuis longtemps consignées par écrit; mais le fragment que nous avons transcrit n'en atteste pas moins l'existence même d'une *seconde loi.*

(1) ... *Eam vero quæ ab eis dicitur secunda editio interdicimus omnimodo, utpote sacris non conjunctam libris, neque desuper traditam de prophetis, sed inventionem constitutam virorum ex sola loquentium terra, et divinum in ipsis habentium nihil.* (Novella CXLVI, c. 1.)

(2) Voy. Th. Beelen, *Chrestomathia rabbinica et chaldaïca,* etc., vol. II, pars post., p. 151. Le style généralement pur de la Mischnah suffirait seul pour rendre inadmissible l'opinion de ceux qui placent la composition de ce recueil vers la fin du v⁰ siècle.

mœurs et des habitudes invétérées des Juifs suffirait pour faire admettre l'existence d'un recueil de traditions nationales, formé dans les premiers siècles de l'ère chrétienne.

Pour les descendants de Jacob, l'étude approfondie, la méditation incessante de la loi était la grande préoccupation de la vie. Jéhovah lui-même avait dit à son peuple, par la bouche de Moïse : « Vous graverez mes « préceptes dans vos cœurs, vous les ferez pénétrer « dans l'âme de vos enfants. Assis dans vos demeures, « marchant le long des chemins, le soir en donnant le « repos à vos membres fatigués, le matin quand vos « yeux reverront la lumière, partout et toujours vous « méditerez mes commandements. Vous porterez ma « loi comme un sceau sur votre main.... Vous écri- « rez son texte sur les seuils et sur les portes de vos « maisons (1). » Pas plus que les autres nations de l'Orient primitif, les Hébreux ne connaissaient la triple distinction de l'ordre religieux, de l'ordre politique et de l'ordre civil. Culte, État, famille, vie publique, vie privée, rapports domestiques, relations internationales, tous les actes et tous les intérêts de l'Israélite avaient leur règle et trouvaient leur sanction dans l'unité majestueuse de la loi divine. Dans les conférences du temple, dans l'enseignement des écoles, dans les débats agités de la synagogue, dans les paisibles entretiens du foyer domestique, l'explication littérale ou morale du Pentateuque était l'inépuisable thème du

______

(1) Deutéronome, VI, 7-9; XI, 18-20; XXXI, 10 13.

prêtre, du docteur, du maître et du père de famille (1).

Loin d'éteindre ou d'affaiblir ce zèle pieux, les effroyables malheurs amenés par la domination romaine lui imprimèrent une énergie nouvelle. Groupés autour des ruines de Jérusalem, esclaves sur une terre qui fut si longtemps le théâtre des merveilles de Jéhovah, les Juifs croyaient qu'une observance plus sévère et plus pure de la loi leur rendrait plus tard, avec le retour de la faveur divine, l'indépendance, la gloire et la liberté de la patrie. Pendant que « l'abomination de la » désolation » régnait sur la colline sacrée de David, ils cherchaient en même temps le courage et l'espérance dans la pratique minutieuse de leurs coutumes nationales. Mais pouvaient-ils se contenter encore d'un enseignement oral, transmis du prêtre au lévite, du père au fils, du maître au disciple? Quand le désordre, la misère et l'esclavage poussaient les masses vers une inévitable dégradation, ne devaient-ils pas donner une forme stable et définitive à des traditions séculaires, qui ne trouvaient plus la garantie de leur intégrité dans la vigilance d'une hiérarchie sacerdotale puissamment organisée? Les rabbins nous apprennent que ces questions vitales furent promptement résolues, et rien ne

(1) Voy. Josèphe, *Ant. jud.*, l. IV, c. 8. Dans sa réponse à Appion (l. II, c. 6), le même auteur a écrit : « Pour nous rendre inexcusables, si « nous manquions à observer ces saintes lois, Moïse ne s'est pas con- « tenté de nous obliger à les entendre lire une fois, deux fois ou diverses « fois ; mais il nous a ordonné de nous abstenir un jour par semaine de « toutes sortes d'ouvrages pour nous appliquer sans distraction à les « entendre et même à les apprendre, ce que nul autre législateur n'a « jamais fait. »

nous autorise à révoquer ici leur témoignage en doute. Quand le Temple n'était plus qu'un amas de décombres. et que chaque jour de nombreuses phalanges d'Israélites prenaient le chemin de l'exil, la pensée de grouper en un seul corps de doctrine les traditions du sanctuaire et les enseignements des sages, en d'autres termes, le complément et l'exégèse des prescriptions mosaïques, devait naturellement surgir dans l'âme de ceux qui s'en étaient constitués les dépositaires. Aux Israélites que la misère conduisait à l'émigration, comme à ceux qui persistaient à vivre et à souffrir sur le sol natal, il fallait donner, d'une part, une barrière solide et durable contre les périls de l'esprit d'innovation; de l'autre, un guide autorisé et toujours prêt à répondre aux scrupules de leur conscience. Juda le Saint leur rendit ce service indispensable. « Il prit, dit « Maïmonide, la résolution d'écrire la Mischnah, parce « que le nombre des disciples diminuait sans cesse et « que le *Royaume d'iniquité* (le christianisme) prenait « une extension de plus en plus redoutable (1). » Pendant que la dispersion d'Israël s'accomplissait et que les écoles de la Palestine se fermaient les unes à la suite des autres, cette œuvre était non-seulement utile, mais nécessaire.

Il est évident qu'un recueil conçu et exécuté dans ces conditions ne saurait être dédaigné par le jurisconsulte impartial. Qu'on adresse à la Mischnah tous les reproches qu'on peut adresser à la secte même des

____

(1) Préface de l'Ordre *Seraïm.*

Pharisiens; qu'on dise que son auteur, accueillant aveuglément toutes les doctrines traditionnelles des Juifs du deuxième siècle, n'a pas toujours procédé avec le discernement et la sévérité nécessaires ; qu'on signale dans son œuvre des erreurs, des imperfections et des lacunes, comme nous venons de le faire nous-même : une telle appréciation, quoique sévère, ne dépassera pas les limites de l'équité. Mais aussi qu'on n'aille pas prétendre que tout est préjugé, exagération, sophisme et perfidie, dans un code composé sous les yeux des Juifs de la Palestine, accepté par les docteurs, expliqué dans les écoles, commenté dans les synagogues et que tant de milliers de proscrits, plus éclairés qu'on ne pense, se sont pieusement transmis de main en main pendant une longue série de siècles. Une telle prétention serait d'autant plus déraisonnable que, depuis Alexandre jusqu'à la clôture du Talmud, l'enseignement traditionnel des Juifs eut constamment des chaires et des interprètes célèbres (1). Quand le langage de la Mischnah n'est pas en contradiction avec les enseignements de l'Écriture, les exigences de la morale, les témoignages de l'histoire et les lois de la raison, il peut et doit être admis. Alors, mais seulement alors, la critique historique exige qu'on rejette le système trop radical de Michaëlis et qu'on répète, avec le marquis

---

(1) Chiarini, *le Talmud de Babylone*, prolégomènes, p. 97 et suiv., fournit la preuve de ce fait considérable. — A l'heure solennelle où le maître allait quitter la terre, il nommait son successeur, et la chaîne de cette tradition vivante ne fut pas brisée. Les écoles fermées en Palestine étaient remplacées par d'autres ouvertes dans l'Assyrie.

de Pastoret : « Nul ne peut mieux connaître les usages « des Juifs que les Juifs eux-mêmes. » Il importe surtout d'agir ainsi, quand on se borne à rechercher quelle était l'interprétation que les textes juridiques du Pentateuque recevaient dans l'enseignement et dans la jurisprudence des Hébreux.

En procédant de la sorte, on n'est nullement forcé d'adopter l'opinion audacieuse des rabbins, qui, à côté de la loi écrite déposée dans le sanctuaire, admettent l'existence d'une loi orale, également révélée sur le Sinaï, confiée à la mémoire de Moïse et parvenue à la connaissance de la postérité par l'intermédiaire des juges, des prophètes, des docteurs, des pontifes et des chefs des Sanhédrins (1).

Nous assignons à la Mischnah une origine et des proportions infiniment plus modestes.

Comme Moïse n'avait promulgué que les préceptes destinés à régler les rapports essentiels de la vie publique et privée, il n'est pas possible de nier qu'il existait en Judée un riche dépôt de décisions administratives et judiciaires, de doctrines, de sentences et d'usages qui, placés à côté de la loi divine et trouvant en elle

---

(1) C'est dans ce sens que l'*Aruch* (Dictionnaire talmudique) dit de la Mischnah : « Pourquoi porte-t elle le nom de Mischnah ? Parce qu'elle « est la seconde (*schenyya*) des deux loïs (écrite et orale). Car la loi que « tout le peuple d'Israël entendit sur le mont Sinaï est la loi écrite. Mais « Moïse entendit la Mischnah de la bouche de Dieu une seconde fois, et « ce fut la loi orale. Il est évident qu'elle est la seconde, relativement à « la première. » Voy., pour l'origine et la force obligatoire que les talmudistes assignent à la loi traditionnelle, Chiarini, ouvr. cité, prolégomènes, pp. 4, 72, 79 et suiv., et Basnage, *Histoire des Juifs*, l. III, c. 3, 5 et 6.

à la fois leur source et leur sanction, étaient devenus
le droit traditionnel du peuple. Quoique la plupart des
rabbins mettent au premier rang des maximes anciennes la défense d'écrire la tradition, il est incontestable que, bien avant Juda le Saint, des recueils plus
ou moins incomplets de ces coutumes séculaires avaient
été formés par les magistrats, les scribes, les docteurs,
les paraphrastes et les chefs des écoles (1). Ce sont les
parties essentielles de tous ces répertoires sommaires
que nous retrouvons dans la Mischnah; c'est à cette
source abondante et éminemment historique que son
auteur est allé puiser. A défaut d'autres indices, les
différences qu'on remarque dans une foule de fragments, sous le double rapport de la pureté de la langue
et de l'élévation des idées, nous en fourniraient une
preuve irréfutable. Maïmonide, tout en partageant les
préjugés de ses coreligionnaires sur l'origine divine de
la *Seconde loi,* enseigne avec raison que Juda fut plutôt
le compilateur que le rédacteur de son livre. « Depuis
« Moïse, notre docteur, dit-il, jusqu'à notre Rabbi le
« Saint, personne n'avait réuni dans un seul corps de
« doctrine ce que l'on enseignait publiquement de la
« loi orale; mais, dans chaque génération, le prince
« du Consistoire ou le prophète de ce temps-là notait

----

(1) Un de ces recueils renfermait les traditions relatives à l'exécution
de la peine capitale. Le commentateur de la vieille chronique de la
Megillat Ta'anit dit : « Les Saducéens possédaient par écrit un livre
« de décisions renfermant les titres suivants : *Ceux-ci doivent être lapi-*
« *dés, ceux-là brûlés, exécutés par le glaive ou par la strangulation.* »
(Derenbourg, *Essai sur l'histoire et la géographie de la Palestine,*
p. 126.)

« par écrit, pour son propre usage et pour aider sa
« mémoire, les traditions qu'il avait reçues de ses pré-
« cepteurs ; mais il ne les enseignait que de vive voix
« en public. De la même manière, chacun transcrivait
« la partie des commentaires et des expositions de la
« loi qu'il avait entendue et qui lui convenait le mieux.
« Quant aux choses qui, dans chaque génération, souf-
« fraient quelque changement, par rapport aux formes
« judiciaires, et dérivaient plutôt du raisonnement que
« de la tradition, elles dépendaient de l'autorité du
« Grand Consistoire. Tel fut le mode de procéder jus-
« qu'à notre Rabbi le Saint, qui recueillit le premier
« toutes les relations, tous les jugements, les sen-
« tences, les expositions de la loi entendues de Moïse,
« notre maître, et enseignées dans chaque génération.
« C'est de tous ces matériaux qu'il composa le livre de
« la Mischnah, et il le lut publiquement pour le faire
« connaître à tous les enfants d'Israël. Alors tout le
« monde s'empressa de le transcrire et de l'expliquer
« partout, afin d'empêcher qu'on n'oubliât la tradition
« orale (1). » On peut admettre que Juda le Saint a
largement modifié le style et complété le texte des
fragments qu'il a groupés dans son recueil ; mais il a
trouvé ces fragments mêmes dans les archives des
écoles et des synagogues (2).

(1) Préface de son traité intitulé *Mainforte* (*Jad hachasakah*). Fragment traduit par Chiarini, Ouv. cité, p. 13.

(2) Saint Epiphane atteste que, de son temps, on citait les noms des
vrais auteurs des principales parties de la Mischnah. (*Hœresis*, XV ;
édit. Migne, t. Ier, p. 247.) Selden, si profondément versé dans les traditions rabbiniques, prétend que, déjà avant la naissance de Jésus-

Nous en avons dit assez pour faire ressortir les motifs qui, dans la recherche du droit criminel des Hébreux, nous ont conduit à l'examen attentif des traditions judaïques recueillies et coordonnées par Juda le Saint. Malgré les incontestables défauts de son œuvre, celle-ci est, à nos yeux, un résumé sommaire, parfois inexact, mais souvent fidèle, d'une jurisprudence de plusieurs siècles. Nous y voyons un monument historique où se manifestent à grands traits le génie, le caractère et les tendances juridiques d'un peuple qui, plus que tout autre, a su conserver son empreinte primitive à travers vingt-cinq siècles de bouleversements et de transformations incessantes.

D'ailleurs, quel que soit le mérite intrinsèque de la Mischnah, l'histoire générale du droit criminel, qui manque encore à la science, ne pourra pas se dispenser de tenir compte des pages que Juda le Saint a consacrées à l'organisation judiciaire et au système de répression en vigueur dans sa patrie. La haute valeur des lois de Moïse étant universellement reconnue, on ne pourra jamais se dispenser d'examiner quelle était l'interprétation que les Juifs eux-mêmes donnaient à ces lois, dans les deux siècles qui précédèrent l'anéantissement définitif de leur nationalité sous les ruines de Bettar.

Il est vrai que, de nos jours, les lois de Moïse elles-

Christ, le célèbre Hillel avait composé une espèce de précis des six Ordres de la Mischnah. (*Uxor ebraica*, proleg., p. 17. Francf., 1673.) Voy. aussi la *Bibliothèque hébraïque* de Wolff, p. 2, l. IV, *de Talmud*, c. I.

mêmes ont été sapées dans leur base. Répudiant la tradition unanime d'une longue série de siècles, on a dénié à l'illustre frère d'Aaron la paternité de l'œuvre dont l'univers lui a si longtemps attribué la gloire. On a fait du Pentateuque un assemblage de fragments plus ou moins hétérogènes, réunis, coordonnés et habilement complétés par Ezra. Nous ne devons pas plus examiner ce problème que celui de la date historique de la promulgation du code de Manou. Quand même les lois qui portent le nom de Moïse seraient l'œuvre d'un ou de plusieurs autres législateurs de l'Orient, elles n'en renfermeraient pas moins le dépôt le plus ancien et le plus complet de la législation primitive des Hébreux. Au point de vue de la science, qui doit seule ici nous préoccuper, elles n'en seraient pas moins dignes des méditations du philosophe, de l'historien et du jurisconsulte. Mais, nous nous hâtons de le dire, ces conséquences extrêmes de la critique allemande ne sauraient être admises. Après avoir lu et examiné toutes les objections, nous n'hésitons pas à attribuer au grand et vénérable législateur d'Israël la promulgation des lois placées sous le glorieux patronage de son nom.

CHAPITRE PREMIER.

§ 1er. *Notions générales*.

Chez les Hébreux, comme chez les peuples de l'Inde
brâhmanique, l'exercice du droit de punir était, dans
toute la force des termes, une délégation de la puissance divine. L'Orient primitif plaçait la source de la
justice sociale dans une région plus haute et plus pure
que la terre étroite où s'agitent les passions et les
convoitises des hommes. Sœur et compagne inséparable
de la religion, la justice était, comme celle-ci, descen-
due des cieux.

Sur les sommets brûlants du Sinaï, comme dans les
plaines arides du Désert, Jéhovah, le chef suprême et
invisible du peuple élu, dicte à Moïse les lois immuables destinées à régir la vie publique et la vie privée
des descendants de Jacob. Dieu lui-même, parlant au
plus aimé des prophètes, formule les préceptes, définit
les délits et détermine les peines (1). Les juges qui châ-

(1) Deutéronome, XXXIV, 10-12. L'expression : *l'Éternel dit à*

tient les coupables sont les délégués, les représentants de l'Éternel ; ils « exercent le jugement de Dieu (1). » Quand ils montent sur leurs siéges, ils entrent pour ainsi dire dans une sphère supérieure ; ils s'élèvent au-dessus de l'humanité, ils deviennent des hommes divins, des *dieux* (*Elohim*) (2). Comparaître en justice, c'est « se présenter devant le Seigneur (3). »

Cependant, à la différence de ce que nous voyons chez les Égyptiens et les Hindous, le pouvoir judiciaire n'est pas chez les Juifs un attribut du sacerdoce, un privilége des classes supérieures. Les juges sont pris dans tout le peuple (*miccol ha-'am*) (4). Il suffit que par leur piété, leurs vertus, leurs lumières et leur désintéressement, ils méritent la confiance de leurs concitoyens (5). Tous, quels que soient leur tribu, leur famille ou le rang qu'ils occupent dans la hiérarchie sociale, ont un droit égal au respect de la nation, parce que tous « exercent

Moïse, se trouve constamment répétée dans toutes les parties du Pentateuque. (Voy. notamment Exode, XIV, XX, XXIV, XXXIV. Lévitique, IV, XI, XIV, XVIII. Nombres, VI, XV, XXVIII, XXXV. Deutéronome, VI, X, XXIX.

(1) Deutéronome, I, 17. 2 Paralipomènes, XIX, 6.

(2) Exode, XXI, 6 ; XXII, 28.

(3) Deutéronome, XIX, 17. En Judée, l'alliance politique entre les hommes étant fondée sur une alliance plus élevée entre les hommes et Dieu, le délit devenait un *péché,* que les magistrats réprimaient comme lieutenants de l'Éternel. Dans le Koran, Mahomet rappelle cette tradition des Hébreux en faisant dire à Dieu : « Souviens-toi de David et de « Salomon. Quand ils prononçaient une sentence..., nous étions présent « à leur jugement. » (Sourate XXI, 78.)

(4) Exode, XVIII, 21. On trouvera plus loin les preuves de cette opinion.

(5) Exode, *ibid.*

« le jugement de l'Éternel (1). » Mais tous aussi sont
astreints aux mêmes devoirs et soumis à la même responsabilité. Organes de la loi divine, représentants
vénérés du chef invisible d'Israël, ils ne doivent ni se
montrer complaisants envers le riche, ni se laisser fléchir par la misère du pauvre (2). Tenant la balance de
la justice d'une main ferme et impartiale, ils sont obligés d'écouter de la même manière le petit et le grand,
le puissant et le faible, l'indigène et l'étranger (3). Le
droit et la vérité doivent être les guides inflexibles de
leur conscience. Ils ne peuvent ni se ranger servile-
ment à l'avis du grand nombre, ni recevoir de présents,
parce que « les présents aveuglent les yeux des plus
« sages et corrompent les sentiments des plus
« justes (4). » Fuyant le mensonge et comprimant tous
•les mouvements de leur cœur, étrangers aux faiblesses
de l'amitié comme aux excitations de la haine, ils sont
tenus de se rappeler sans cesse l'importance et la grandeur de leur mission divine. « Recherchez ardemment
« la justice, s'écrie le législateur inspiré; ne vous dé-
« tournez pas à droite ou à gauche; n'ayez point d'égard
« à la qualité des personnes (5). » Une malediction
terrible pèse sur la tête du juge prévaricateur. « Les
« lévites, dit Moïse, prononceront ces paroles à haute

(1) Voy. ci-dessus la note 1re de la p. 200.
(2) Exode, XXIII, 3, 6. Lévitique, XIX, 15.
(3) Exode, XXIII, 9. Deutéronome, I, 16, 17. Comp. Lévitique, XIX,
33, 34.
(4) Exode, XXIII, 2, 7, 8. Deutéronome, XVI, 19.
(5) Deutéronome, XVI, 18-20. Dans ce dernier verset, Moïse s'écrie
littéralement : *Vous suivrez la justice, la justice !*

« voix et diront devant tout le peuple d'Israël : Maudit
« soit celui qui viole la justice dans la cause de l'étran-
« ger, de l'orphelin et de la veuve. Maudit soit celui
« qui reçoit des présents pour répandre le sang inno-
« cent. Et tout le peuple répondra : Amen (1) ! »
Quand le roi Josaphat, après avoir réformé l'administration de son royaume, réunit les juges qu'il venait
d'instituer, il se faisait l'organe fidèle de la loi nationale, en leur disant : « Veillez sur vos actes, car vous
« n'exercez pas la justice de la part d'un homme, mais
« de la part de l'Éternel qui est au milieu de vous et
« qui juge vos jugements. Que la crainte du Seigneur
« soit sur vous, car il n'y a point d'iniquité en l'Éternel,
« notre Dieu, ni d'acception de personnes, ni de ré-
« ception de présents (2). »

Le caractère, la tendance et le but de la justice criminelle sont indiqués avec la même précision. Dans
toutes les parties des lois mosaïques, le système de
répression s'appuie sur une triple base : l'expiation du
mal, la compensation du tort causé, la nécessité de
l'exemple pour jeter la crainte dans l'âme des pervers.

Quand Moïse parle de la punition des grands coupables, il termine ordinairement ses préceptes par les
mots suivants : « Et vous ôterez le mal (*ha-ra'*) du mi-
« lieu de vous (3). » L'équilibre moral, dérangé par le
délit, doit être rétabli par le châtiment. Le crime, quel
qu'il soit, est une atteinte à la constitution religieuse

(1) Deutéronome, XXVII, 19, 25.
(2) 2 Paralipomènes, XIX, 6, 7.
(3) Deutéronome, XIII, 5; XIX, 19, 21; XXI, 21; XXII, 21; XXIV, 7.

et civile du peuple, un acte de révolte qui ne souille pas seulement son auteur, mais qui affecte et déshonore le pays qui lui a servi de théâtre. La terre, aussi bien que l'homme, a besoin d'être purifiée par l'expiation. « La débauche et l'iniquité profanent la terre, « s'écrie le grand législateur d'Israël : elle devient « impure par le sang impuni de l'innocent qu'on a ré- « pandu dans son sein (1). » Quand un meurtre était commis par une main inconnue, les Anciens de la ville se rendaient sur les lieux, immolaient une génisse et, les mains étendues sur la victime, s'écriaient en présence des prêtres : « Nos mains n'ont pas répandu ce sang et « nos yeux ne l'ont pas vu répandre. Éternel ! pardon- « nez à votre peuple et ne lui imputez pas le sang in- « nocent répandu au milieu d'Israël (2). » La justice impuissante des hommes priait la miséricorde divine de suppléer à l'insuffisance de l'expiation.

Procédant avec la rigueur que les passions ardentes et fougueuses du peuple rendaient indispensable, Moïse prescrit la compensation du mal par une souffrance équivalente ; en d'autres termes, il veut que le délit soit balancé par la peine. Pour le châtiment du meurtre, des mutilations et des blessures, il proclame la règle sévère du talion (3). Pour la répression du faux témoignage,

---

(1) Lévitique, XVIII, 24-28 ; XIX, 29. Nombres, XXXV, 33.

(2) Deutéronome, XXI, 6-8. Voy., à l'Appendice, le § 1er du ch. V du *Code pénal extrait du Pentateuque.*

(3) Exode, XXI, 22-25. Lévitique, XXIV, 19-22. Deutéronome, XIX, 16-21. Nous examinons plus loin, au § 3 du chap. III, la question de savoir si les termes des textes qui prescrivent la peine du talion doivent être pris à la lettre.

il ordonne de traiter le coupable « comme il avait des-
« sein de traiter son frère (1). » Il exige que ceux qui
s'approprient indûment le bien d'autrui soient condamnés à payer, indépendamment de la restitution, une
somme au moins égale à celle dont ils ont dépouillé
leurs· concitoyens (2). Mais aussi, comme le devoir de
l'expiation ne pèse que sur la tête des coupables, il attribue à la peine un caractère essentiellement person-
nel. Repoussant avec indignation une pratique barbare
sanctionnée par la plupart des législateurs de l'antiquité, il défend sévèrement de frapper à la fois le délinquant et sa famille, l'innocence et le crime : « On ne
« fera point, dit-il, mourir les pères pour leurs enfants,
« ni les enfants pour les pères ; mais chacun mourra
« pour son péché (3). » D'autre part, s'élevant à une
hauteur de vues qui, en plein dix-neuvième siècle, ne sé
manifeste pas encore dans tous les codes européens, il
évite soigneusement d'attacher à la peine ce caractère
infamant qui provoque le mépris de la foule, démora-
lise le condamné et le rejette, presque toujours, dans
les voies de l'iniquité. Le coupable qui se repent et

(1) Deutéronome, XIX, 16-21.
(2) Exode, XXII, 1-4.
(3) Deutéronome, XXIV, 16. Le commandement est exprès et clair.
Il est textuellement répété au IVe livre des Rois (XIV, 5, 6) et au IIe livre
des Paralipomènes (XXV, 4). Ezéchiel le reproduit en d'autres termes
(XVIII, 20). Voy. encore Jérémie, XXXI, 29, 30. Si l'on fit mourir en
même temps Naboth et ses fils (4 Rois, IX, 26), c'était en violant manifestement les lois de Moïse. Quant à l'épisode d'Achan (Josué, VII), il
est loin d'être exposé avec lucidité. Peut-être les fils et les filles étaient-
ils complices du père.
Les Égyptiens avaient méconnu le grand principe de la personnalité
du châtiment. (Voy. ci-dessus, p. 156.)

subit sa peine « n'est pas déshonoré aux yeux de son
« peuple (1). » De même que le délit souille l'homme
et la terre, le châtiment purifie l'un et l'autre. Le délinquant qui a payé sa dette à l'ordre social reprend
librement sa place parmi ses concitoyens. Le crime
seul est frappé d'une flétrissure indélébile (2).

A côté du principe d'expiation envisagé de cette hauteur, le grand législateur d'Israël place les avantages
de l'intimidation. Il invoque à diverses reprises la nécessité d'effrayer, par l'exemple du châtiment, les
hommes corrompus qui seraient tentés d'imiter l'auteur
de l'infraction. Après avoir indiqué la peine, il ajoute
dans plusieurs passages du Pentateuque : « Punissez
« afin que tout Israël, entendant cet exemple, soit saisi
« de crainte et qu'il ne se trouve plus personne parmi
« vous qui ose entreprendre rien de semblable (3). »
Mais, ici encore, tout en montrant la sévérité nécessaire, il évite les déplorables erreurs auxquelles tant
de législateurs de l'antiquité et des temps modernes
sont arrivés par l'exagération du caractère exemplaire
de la peine. Ses lois ne portent aucune trace de ces
flétrissures, de ces mutilations, de ces tortures habilement prolongées dont on a fait si souvent l'accessoire
obligé de la peine capitale. Sa pitié s'étend jusque sur
le cadavre des suppliciés. Il veut que le corps soit dé-

(1) Deutéronome, XXV, 1-3.
(2) Nous verrons plus loin plusieurs conséquences importantes que
les rabbins ont déduites de ces prémisses pour la flagellation des rois
et des grands-prêtres.
(3) Deutéronome, XIII, 11 ; XVII, 13 ; XIX, 20 ; XXI, 21.

taché du poteau et enseveli avant le coucher du soleil (1).
Aux portes des villes de la Palestine, on ne voyait pas
ces fourches patibulaires, tristes trophées de la justice
humaine, où des lambeaux informes, balancés par les
vents, empestaient l'atmosphère, effrayaient les pas-
sants et prolongeaient le supplice au détriment de la
famille du criminel exécuté (2).

Il est inutile d'ajouter que, dans un pays où la législation criminelle était fondée sur ces bases larges et
fermes, où les droits personnels du délinquant restaient
debout à côté des exigences impérieuses de la sécurité
publique, l'organisation judiciaire ne pouvait manquer
d'offrir aux accusés toutes les garanties compatibles
avec la civilisation de l'époque. Malheureusement le
texte biblique est loin de nous offrir un tableau complet
des tribunaux d'Israël, et le Talmud lui-même, malgré
sa prolixité, ne nous permet pas de distinguer toujours,
avec la certitude désirable, entre les faits qui appartiennent à l'histoire et ceux qui doivent être relégués
dans le domaine illimité de la spéculation. Pour éviter
les erreurs et les anachronismes, nous rechercherons
d'abord les éléments de l'organisation judiciaire de la
Judée, en nous attachant exclusivement au texte de
l'Écriture. Nous exposerons ensuite, dans un para-
graphe spécial, le système des rabbins consigné dans la
Mischnah et commenté par les docteurs les plus célèbres.

(1) Deutéronome, XXI, 22, 23.
(2) Pour savoir ce qu'étaient ces exhibitions de cadavres, il faut lire
l'intéressante et savante notice historique de M. Molinier, intitulée *Les
fourches patibulaires de Toulouse* (Annales de l'Académie de législation de Toulouse, t. VI, 6ᵉ série).

§ 2. *L'organisation judiciaire suivant le texte biblique.*

Moïse ne pouvant suffire au jugement des causes qu'on venait soumettre à son appréciation, Jethro, le prêtre de Madian, dont il avait épousé la fille, lui dit : « Pourquoi êtes-vous seul assis pour juger, pendant « que tout le peuple attend depuis le matin jusqu'au « soir?... Ce fardeau est au-dessus de vos forces... « Soyez médiateur entre Dieu et le peuple; exposez à « Dieu les demandes du peuple et apprenez à la nation « les préceptes et les lois... Mais choisissez d'entre « tout le peuple des hommes fermes, craignant Dieu, « aimant la vérité et haïssant l'injustice. Prenez parmi « ces hommes des chefs de mille, de cent, de cinquante « et de dix. Qu'ils rendent la justice au peuple en tout « temps. Qu'ils s'en réfèrent à vous pour les causes « importantes et qu'ils ne jugent que les affaires de « moindre conséquence, afin que le fardeau, étant ainsi « partagé, vous devienne plus léger (1). »

Moïse suit ce conseil. Il convoque le peuple et établit comme juges les Israélites « sages, prudents et « connus » qui lui sont désignés par la nation. Il les institue chefs du peuple, les uns sur mille, les autres sur cent, les autres sur cinquante ou sur dix, et leur tient ce langage : « Écoutez ceux qui viendront vers « vous, citoyens ou étrangers. Vous ne mettrez aucune « différence entre les personnes. Vous écouterez le « petit comme le grand, et vous n'aurez aucun égard

(1) Exode, XVIII, 14-24.

« à la condition de qui que ce soit, parce que c'est le
« jugement de Dieu que vous exercez. Si vous rencon-
« trez une chose difficile à résoudre, vous me la rap-
« porterez et je l'écouterai (1). »

Dans l'Égypte primitive, le droit de juger était un
attribut du sacerdoce, un privilége du sanctuaire (2).
Dans l'Inde brâhmanique, les trois classes supérieures
étaient seules admises aux honneurs du prétoire (3).
Moïse, plus large dans ses conceptions démocratiques,
appelle aux fonctions de la magistrature tous ceux qui
sont dignes et capables de les exercer. Il place les
douze tribus d'Israël sur la même ligne, et prend les
juges dans tout le peuple (*miccol ha-'am*). Il se conforme,
autant que possible, aux traditions primitives du pays
des patriarches, où le châtiment des délits était réservé
à l'arbitrage des pères de famille (4).

Cette organisation judiciaire, parfaitement appro-

___

(1) Exode, XVIII, 25. Deutéronome, I, 15-17. Une très-grande diver-
gence d'opinions règne parmi les interprètes au sujet du sens réel des
mots « chefs de mille, chefs de cent, » etc. Il est possible et même probable que les unités désignent ici, non des individus, mais des chefs de
famille. Ces chefs sont souvent mentionnés dans l'Écriture.(Voy. Nombres, I, 2; XXXVI, 1. Josué, VII, 14-17. 1 Paralipomènes,XXIII, 11 ;
XXVI, 10. Michée, V, 1.)

(2) Voy. ci-dessus, p. 106.

(3) Voy. ci-dessus, p. 19.

(4) Suivant le v. 21 du chap. XVIII de l'Exode, les juges sont pris
« parmi tout le peuple. » Suivant le v. 25 du même chapitre, ils sont
choisis parmi « tout Israël. » Au v. 15 du chap. Ier du Deutéronome,
Moïse, rappelant l'institution des juges, dit : « Je les pris de toutes les
« tribus. » Michaëlis se trompe complétement (*Mosaïsches Recht*, § 49)
quand il suppose que, dans la pensée de Moïse, les fonctions de juges
devaient être déférées aux prêtres et aux lévites. — Voy., pour les prérogatives judiciaires des patriarches, Genèse, XXXVIII, 24.

priée aux besoins d'un peuple en marche, n'entraînait
pas, comme on l'a dit si souvent, le partage des causes
en deux grandes catégories, l'une réservée au jugement
de Moïse, l'autre abandonnée à la juridiction des magistrats ordinaires. Aux yeux du législateur des Hébreux, les affaires importantes sont celles dont la
solution exige des lumières exceptionnelles, et non pas
celles qui se distinguent par l'intensité du châtiment ou
la valeur élevée des objets que réclame la partie lésée.
Parlant aux juges populaires qu'il vient d'instituer, il
ne fait aucune distinction entre les causes religieuses,
profanes, criminelles et civiles. Il n'exige pas que certaines contestations soient directement portées à son
tribunal, à l'exclusion de tout autre. Il dit simplement :
« Vous jugerez tous ceux qui se présenteront devant
« vous, et, si des doutes surgissent dans vos âmes,
« vous me consulterez et je rendrai la sentence. »
Quelles que fussent la qualité des plaideurs, la nature
du litige ou la gravité de la peine, les juges étaient
compétents et avaient le droit de passer outre, quand
la constatation du fait et la détermination du droit ne
leur semblaient pas offrir des difficultés sérieuses. Ce
n'étaient pas les plaideurs, mais les magistrats eux-
mêmes qui devaient, au besoin, avoir recours à la
sagesse du chef inspiré de la nation (1).

Il ne faut pas croire non plus que l'appel des sentences d'un juge de dix était soumis à l'appréciation
d'un juge de cinquante ou de cent, et que ceux-ci, à
leur tour, avaient au-dessus d'eux, comme réformateur

____

(1) Voy. la justification de notre opinion à l'Appendice, litt. E.

éventuel de leurs décisions, un juge de mille. Le tribunal de Moïse, placé au sommet de la hiérarchie judiciaire, ne formait pas un cinquième et dernier degré de juridiction (1). Il est permis de supposer que les juges de mille avaient des attributions plus étendues que les juges de cent ou de dix; mais rien n'atteste que, dans le cercle de leur compétence respective, les uns jouissent de prérogatives déniées aux autres. Moïse les choisit tous parmi les hommes « sages, pru-« dents et connus » qui lui furent désignés par le peuple, et, après leur institution, il tint à tous le même langage, en leur ordonnant de réclamer directement de lui-même la solution des questions douteuses qui leur seraient soumises. Nulle part on ne rencontre la moindre trace d'un système savant et compliqué, organisé de manière à faire arriver les procès, à travers quatre instances superposées, jusqu'au tribunal suprême du chef civil et militaire de la nation. Il se peut même que, dans chaque division de mille hommes, tous les juges, étant plutôt des commandants militaires que des magistrats proprement dits, fussent obligés de se réunir en une seule assemblée pour exercer leurs fonctions judiciaires (2). Le texte garde un silence absolu sur le droit d'appel. Les juges seuls, lorsqu'ils se méfiaient de leurs propres lumières, pouvaient transférer

(1) Cette opinion est cependant soutenue par Michaëlis (*loc. cit.*) et un grand nombre d'interprètes de la Bible. — Il est assez remarquable que Michaëlis laisse complétement de côté les juges de cinquante.

(2) On serait arrivé ainsi à une assemblée de 131 juges, faciles à réunir aussi longtemps que la nation tout entière était campée autour

la connaissance de la cause à Moïse, comme au guide souverain que Jéhovah lui-même avait désigné pour maintenir le règne de la justice, du droit et de la vérité parmi le peuple élu (1).

Quoi qu'il en soit, les tribunaux ambulants et mobiles institués par le conseil de Jethro ne devaient avoir qu'une existence passagère. Établis pour rendre la justice au peuple pendant ses longues pérégrinations dans les déserts de l'Arabie, ils étaient nécessairement destinés à faire place à des institutions stables et permanentes, le jour où les Israélites, après avoir vaillamment triomphé de leurs nombreux ennemis, procéderaient au partage de la terre promise. Chaque cité devait alors obtenir ses juges propres, d'autant plus que la constitution de la propriété territoriale allait considérablement augmenter le nombre des contestations judiciaires.

du Tabernacle et ne formait pour ainsi dire qu'une seule ville ambulante.

Nous venons de dire que les chefs de mille, de cent, etc., étaient plutôt des commandants militaires que des magistrats proprement dits. Ce qui le prouve à l'évidence, c'est que nous les voyons figurer dans les armées des Israélites, longtemps après l'institution des tribunaux sédentaires dont nous allons parler. (Voy. 1 Rois, XVIII, 13; XXII, 7. 4 Rois, XI, 4, 19. 1 Paralipomènes. XII, 14; XIII, 1; XXVI, 26; XXVII, 1; XXVIII, 1. 2 Paralipomènes, VIII, 10; XXIII, 1, 20 ; XXV, 5.)

(1) Dans l'accomplissement de cette tâche laborieuse, Moïse réclamait probablement le concours des soixante et dix Anciens que Dieu lui avait adjoints pour « porter avec lui le poids du peuple. » (Nombres, XI, 14 et suiv.)

Les controverses qu'on rencontre ici parmi les interprètes proviennent, en grande partie, de ce que les textes relatifs à l'institution des magistrats ne renferment pas toutes les règles qui, à cette occasion, furent prescrites par Moïse. (Voy. la preuve à l'Appendice, litt. F.)

Ce fut dans la prévision de cet événement que Moïse, quelques semaines avant sa mort, adressa au peuple assemblé les paroles suivantes :

« Vous établirez des juges et des *schoterim* à la
« porte de toutes les villes que le Seigneur votre Dieu
« vous aura données, en chacune de vos tribus, afin
« qu'ils jugent le peuple selon la justice... (1).

« Lorsqu'une affaire sera trop embrouillée pour dis-
« cerner entre le sang et le sang, entre une cause et
« une cause, entre une blessure et une blessure, et que
« les opinions des juges qui siégent à vos portes seront
« partagées, vous vous lèverez et vous irez au lieu que
« l'Éternel aura choisi, pour vous adresser *aux prêtres*
« de la tribu de Lévi ou *au juge* qui sera en ce temps-
« là. Vous les interrogerez et ils vous diront la déci-
« sion du droit. Agissez alors suivant la parole qu'ils
« vous diront, au lieu que l'Éternel aura choisi, et
« ayez soin de faire tout ce qu'ils vous enseigneront.
« Vous vous conformerez à la doctrine qu'ils vous
« enseigneront et à la sentence qu'ils vous diront, sans
« vous en écarter ni à droite ni à gauche ; car l'homme
« qui, enflé d'orgueil, ne se conformera pas à la déci-
« sion *du prêtre...* ou *du juge* sera puni de mort (2). »

Dans son essence et dans ses conséquences dernières, le système consacré par ce texte important est
le même que celui qui fut établi au Désert par le con-

----

(1) Deutéronome, XVI, 18.

(2) Deutéronome, XVII, 8-12. Nous nous sommes un peu écarté de la traduction de la Vulgate pour nous rapprocher du sens littéral des termes.

seil du prêtre de Madian. D'un côté figurent les juges inférieurs, chargés de statuer sur les contestations ordinaires ; de l'autre, se trouve un tribunal unique et suprême, auquel on doit soumettre les causes qui soulèvent des difficultés sortant du cercle des controverses habituelles. Seulement, au lieu d'être les chefs d'un certain nombre d'hommes ou de familles, les juges deviennent des autorités locales, des fonctionnaires sédentaires, ayant une résidence fixe et une compétence territoriale nettement déterminée. La juridiction du tribunal suprême s'étend sur le pays entier ; celle des tribunaux inférieurs ne dépasse pas les limites du territoire dépendant des villes de leur résidence.

A l'égard des tribunaux inférieurs, Moïse, placé en présence d'hommes à qui ses intentions étaient déjà connues, s'exprime avec une grande concision. Laissant aux générations futures la liberté que réclame la mobilité incessante des intérêts et des mœurs, il n'indique pas le nombre des juges qui, suivant ses ordres, doivent être institués dans toutes les villes du pays. Mais il est certain que, sous peine de méconnaître ses intentions, on était obligé de composer chaque tribunal de plusieurs membres (1). Il est également certain qu'il voulait que les juges fussent choisis, au moins en majorité, parmi les « Anciens, » en d'autres termes, parmi

____

(1) Au verset 18 du chapitre XVI, il se sert du pluriel. Ailleurs il se sert du mot *Anciens* pour désigner les juges. (Deutéronome, XIX, 12 ; XXI, 19 ; XXII, 18 ; XXV, 7.) Au verset 8 du chap. XVII du Deutéronome, il parle du cas où les juges siégeant aux portes des villes sont divisés. Voy. encore Exode, XXIII, 2.

les pères de famille. C'est le titre d'*Anciens de la ville*
(*Sikné ir*) qu'il donne aux Israélites appelés à statuer sur
les différends qui surgissent entre leurs frères (1).
L'âge, l'expérience, la vertu, la confiance du peuple,
restent les seuls titres aux honneurs de la magistrature. Pas plus que dans les vallées arides du Désert, le
droit de juger ne devient, sur le sol béni de la terre promise, un privilége de race, un attribut du sacerdoce.
Les lévites sont les juges de leurs concitoyens dans les
quarante-huit villes qui leur sont assignées. Ailleurs
cette mission sociale est confiée aux hommes les plus
habiles et les plus dignes, et, si quelques lévites leur
sont adjoints, ce n'est que pour tenir les écritures et
expliquer aux juges le sens réel du texte de la loi nationale (2). Tous exercent la juridiction criminelle de la
manière la plus étendue. Ils infligent les châtiments
comminés par le législateur, depuis la peine pécuniaire

(1. Deutéronome, *loc. cit.* Le mot *Anciens* désigne ici manifestement
les juges. Quelquefois, il est vrai, on doit lui donner un sens plus
étendu; mais alors l'ensemble du texte est toujours conçu de manière à
dissiper le doute. Voy. Josué, XXIV, 1. 2 Rois, V, 3. 3 Rois, XII, 6,
13; XX, 7. 2 Paralipomènes, V, 2; X, 8; XXXIV, 29. 1 Ezra, V, 9;
VI, 7; X, 14.

(2) Joséphe, dans un passage dont nous discuterons plus loin le sens
réel (*Antiq.*, l. IV, c. 8), dit positivement que Moïse adjoignit deux lévites à chaque tribunal. (Voy., à l'Appendice, le fragment R.) Son témoignage est confirmé par un texte important du premier livre des Paralipomènes, où l'auteur sacré constate que, sous le règne de David,
6,000 lévites, sur un nombre total de 38,000, remplissaient les fonctions
de juges et de schoterim (XXIII, 3-4). Évidemment, ces magistrats
n'étaient pas tous attachés aux tribunaux des quarante-huit villes assignées à la tribu de Lévi. — Les lévites étant répandus dans toutes les
provinces, il était facile de les adjoindre aux tribunaux des localités
voisines de leur résidence.

jusqu'au dernier supplice. Leur compétence ne rencontre d'autres limites que les prérogatives réservées au tribunal suprême siégeant dans la capitale (1).

A côté des juges, mais dans un ordre distinct, on remarque les *schoterim,* fonctionnaires spéciaux remplissant à la fois les rôles d'huissier, de héraut, d'agent de la force publique et, au besoin, celui d'exécuteur des sentences civiles et criminelles. Dans l'enceinte du prétoire, ils veillent au maintien de l'ordre et de la décence parmi les assistants. Au dehors, ils proclament les ordres de l'autorité publique et exercent en même temps la police administrative et la police judiciaire. Auxiliaires indispensables des magistrats, la dignité de ceux-ci se reflète sur eux, et ils n'ont pas à souffrir des préjugés qui pèsent sur quelques-uns de leurs successeurs dans le monde moderne. Le rang qu'ils occupent dans la société hébraïque est tellement élevé qu'ils font partie, en même temps que les juges, des assemblées générales des représentants de la nation (2). De nombreux lévites figuraient dans leurs rangs, et plus d'une fois, dans la nomenclature des dignitaires d'Israël, le texte sacré les range parmi les chefs du peuple. S'il était permis d'appliquer le langage du droit moderne aux premiers tribunaux de la Palestine, nous dirions que les juges fournissaient l'élément judiciaire proprement dit, tandis que les attributions confiées aux schoterim représentaient la police et le pouvoir exécutif,

(1) Deutéronome, XXI, 18-21; XXII, 13-25; XXV, 2. Voy. à l'Appendice (litt. G) les preuves à l'appui de notre système d'interprétation.

(2) Deutéronome, XXXI, 28. Josué, XXIII, 2.

dans leurs rapports avec l'exercice du droit de juger (1).

Après avoir ainsi organisé les tribunaux inférieurs, Moïse, dans un texte déjà traduit, détermine, avec la même concision, la compétence et la composition du tribunal suprême. Ici encore, laissant à ses successeurs le soin de régler et d'expliquer les détails, il se contente de poser les bases, de tracer les lignes principales. Au premier abord, ses paroles semblent même renfermer une contradiction flagrante.

Il commence par dire : « .... Adressez-vous *aux* « *prêtres* de la race de Lévi ou au juge qui sera en ce « temps-là ; » puis, quelques lignes plus bas, s'occupant de ceux qui se montrent rebelles aux décisions du tribunal, il ne parle plus que *du prêtre* ou *du juge*. D'une part, on est tenté de croire à l'existence d'une juridiction exercée par plusieurs prêtres ou par un juge unique, tandis que, de l'autre, le texte paraît laisser le choix entre un juge prêtre et un juge laïque siégeant isolément.

La contradiction n'est qu'apparente. Moïse, voulant que la juridiction suprême fût toujours exercée sans interruption, la confie au souverain pontife, jugeant isolément ou à la tête d'un collége de prêtres : système éminemment rationnel dans un pays où la loi divine réglait tous les actes de la vie et où nul, mieux que les ministres du sanctuaire, ne se trouvait en état d'en acquérir une connaissance approfondie. Mais, après

____

(1) Voy. nos raisons à l'Appendice, litt. H.

avoir proclamé ce principe fondamental, agissant en législateur préoccupé des intérêts et des besoins de l'avenir, il ne s'oppose pas à ce que la nation, préférant un autre régime, confie la juridiction suprême à un tribunal composé en tout ou en partie de personnes étrangères aux fonctions religieuses. Le mot juge est ici évidemment synonyme de tribunal, et le véritable sens du discours du législateur doit être ainsi rendu : « Adressez-vous aux prêtres qui siégent à côté du « sanctuaire et à la tête desquels se trouve le grand-« prêtre ; mais si, dans les siècles qui vont suivre, la « nation confie cette haute mission à un autre tribunal, « soumettez à celui-ci les différends qui divisent les « magistrats siégeant aux portes des villes (1). »

Les matières dont le tribunal suprême avait à s'occuper sont assez clairement indiquées. Son rôle consistait à statuer sur les causes épineuses ou obscures dont la solution embarrassait les juges inférieurs. Siégeant dans la capitale, où les coutumes de la nation étaient le mieux connues, où la loi comptait ses plus savants

----

(1) Nous suivons ici l'interprétation donnée par M. Saalschütz, tout en nous écartant de son système pour quelques détails. (Voy. *Das Mosaïsche Recht*, p. 65, 66.) Nous ne croyons pas notamment que Moïse, au chap. XVII du Deutéronome, n'ait eu d'autre but que d'établir les rapports qui devaient exister entre les tribunaux locaux et le tribunal suprême. — Voy., pour les autres systèmes d'interprétation, à l'Appendice, la note I. Josèphe paraphrase la pensée de Moïse de la manière suivante : « Si les juges se trouvent en peine de décider certaines « affaires, comme il arrive souvent, ils doivent, sans rien prononcer, les « porter en leur entier dans la ville sainte ; et là, le grand sacrificateur, « le prophète et le sénat les jugeront. » (*Ant. jud.*, l. IV, c. 8.) — Pour la valeur du témoignage de Josèphe, voyez la note R de l'Appendice.

interprètes, il se trouvait parfaitement en mesure de trancher les controverses qui jetaient l'hésitation et le trouble dans l'esprit des juges inférieurs. Moïse, citant quelques exemples, indique d'abord le cas où il s'agit de discerner entre le « sang et le sang, » c'est-à-dire, entre les diverses espèces d'homicides et les conséquences juridiques qui en dérivent (1). Il indique encore les contestations dans lesquelles les juges sont appelés à se prononcer sur la nature et la gravité des lésions corporelles (2). Il exige enfin l'intervention du tribunal suprême, en termes généraux, chaque fois qu'il est difficile de juger « entre une cause et une cause (3). » Mais

(1) Grotius (*Annotata ad Vetus Test.*, t. Ier, p. 148; Paris, 1644) applique cette phrase au cas où les *Anciens* sont divisés sur le point de savoir si l'auteur d'un homicide mérite d'être reçu dans une ville d'asile. (Nombres, XXXV, 11-15, 22-28. Deutéronome, XIX, 4-13. Il y a, dans le droit hébraïque, bien d'autres cas où la qualification de l'homicide présente une grande importance. La loi prévoit l'homicide volontaire, la mort accidentelle, la mort causée par des animaux non surveillés, l'homicide commis la nuit en repoussant les voleurs, etc.

(2) La Vulgate traduit : *inter lepram et lepram.* Il s'agirait ainsi de faire statuer par le tribunal suprême sur les difficultés qui pourraient surgir au sujet de la constatation de la lèpre. Un grand nombre d'interprètes, entre autres Grotius (*loc. cit.*, p. 148), se prononcent dans le même sens. Ils oublient que les questions concernant l'existence de la lèpre étaient résolues, non par les tribunaux, mais par les prêtres. (Lévitique, XIII, 2-46.' Il nous semble préférable de traduire, avec Selden, *inter plagam et plagam* (*entre blessure et blessure, entre plaie et plaie*). Le mot hébraïque *Nega'* désigne tout mal grave. Indépendamment des embarras considérables que le principe du talion suscitait dans la pratique, il était très-important de savoir si les blessures étaient, de leur nature, mortelles ou non. (Exode, XXI, 18 et suiv.)

(3) Grotius, Dom Calmet et une foule d'autres interprètes supposent que les mots *cause* et *cause* se réfèrent aux contestations pécuniaires et aux injures verbales, dont les peines, disent-ils, étaient arbitraires. Nous verrons que, chez les Juifs, la seule peine arbitraire était la flagel-

toutes ces matières ne lui étaient soumises que lors-qu'elles avaient déjà fait l'objet d'une première délibé-ration de la part des juges régionnaires. Les plaideurs ne pouvaient laisser de côté les magistrats de leur ville, pour s'adresser immédiatement à ceux de la capi-tale. Les Anciens « siégeant aux portes » devaient être divisés (1).

Pendant le séjour du peuple dans le désert, c'étaient les chefs de mille, de cinquante, de cent et de dix qui soumettaient au jugement de Moïse les questions qu'ils se sentaient incapables de résoudre (2). Ici, au con-traire, le législateur, parlant à la nation assemblée, accorde aux plaideurs eux-mêmes la faculté de s'adres-ser au tribunal suprême, après qu'ils ont vainement eu recours aux juges locaux et que ceux-ci ne croient pas posséder les lumières nécessaires (3). Mais il ne faut

lation. (Voy. le § 4 du chap. III.) Cette peine n'était nullement flétris-sante aux yeux des Hébreux, et l'on ne comprend pas dès lors pourquoi elle aurait plus particulièrement réclamé l'intervention du tribunal suprême. Il est beaucoup plus simple, et surtout beaucoup plus con-forme à l'ensemble du texte, de prendre les mots cités dans leur sens le plus étendu, en les appliquant à tous les cas où les juges inférieurs hési-tent à se prononcer entre les prétentions respectives des plaideurs.

(1) Deutéronome, XVII, 8. « ... Si les opinions des juges qui siégent « à vos portes sont partagées. »

(2) Au v. 26 du chap. XVIII de l'Exode, il est écrit que les *juges* rap-portaient à Moïse ce qui se rencontrait de plus difficile. Aux vv. 16 et 17 du chap. Ier du Deutéronome, c'est encore aux *juges* que Moïse dit : « Si « vous rencontrez une chose difficile à résoudre, vous me la rapporte-« rez, etc. »

(3) Au v. 8 du chap. XVII du Deutéronome, c'est au peuple tout entier que Moïse s'adresse en disant : « Si les opinions des juges qui siégent à « vos portes sont partagées, vous vous lèverez et vous irez au lieu que « l'Éternel aura choisi, etc. »

pas en conclure que le citoyen condamné par le tribunal du lieu de sa résidence eût le droit de réclamer, par voie d'appel, un second examen de sa cause par les juges de la capitale. Quand les magistrats locaux hésitaient à émettre leur avis, les parties intéressées pouvaient s'adresser à la juridiction supérieure ; mais, la peine une fois infligée, les jugements prononcés aux portes des villes étaient réputés justes et légaux. La sentence étant rendue sous les yeux du peuple, par les plus vertueux, les plus habiles et les plus estimés des concitoyens du coupable, le législateur y avait attaché le caractère définitif que les lois modernes attribuent au verdict du jury. Le texte biblique ne renferme pas un mot d'où l'on puisse raisonnablement déduire l'existence du droit d'appel chez les Hébreux. Plus d'une fois Moïse s'exprime de manière à faire supposer que les sentences criminelles, sans en excepter les plus graves, étaient immédiatement exécutées (1).

En somme, les institutions judiciaires de Moïse se réduisent aux proportions suivantes : création de tribunaux sédentaires, composés en majorité d'Anciens d'Israël, siégeant aux portes de toutes les villes et exerçant à la fois la juridiction civile et la juridiction criminelle ; création, au centre politique et religieux du pays, d'un tribunal suprême, chargé de se substituer

(1) Voy. notamment Deutéronome, XXI, 18 et suiv.; XXII, 13 et suiv. ; XXV, 2. Suivant l'opinion de Josèphe, les juges devaient euxmêmes s'adresser au tribunal supérieur, quand ils hésitaient à se prononcer sur les causes qui leur étaient soumises. (*Antiq. jud.*, l. IV, c. 8.) Nous verrons plus loin que c'était réellement ainsi que les choses se passaient après le retour de Babylone.

aux juges locaux, chaque fois que ceux-ci ne possèdent pas les lumières requises pour se prononcer en parfaite connaissance de cause; conservation incontestée du dépôt des traditions et des lois dans le sein de ce tribunal suprême, au point que tous ceux qui désobéissent à ses ordres deviennent passibles du dernier supplice (1). Mais le législateur d'Israël ne détermine ni le mode d'élection des membres de ces tribunaux, ni les formes qui doivent être suivies dans la transmission des causes du juge inférieur au juge supérieur. Il ne pose que des jalons destinés à guider les pas de ceux qui lui succéderont à la tête du peuple. Laissant à l'avenir une liberté suffisante, il ne s'oppose pas à ce qu'on modifie les détails et qu'on mette les institutions en harmonie avec les vœux et les intérêts mobiles des générations futures. Il ne se montre inflexible que sur un point : l'obéissance absolue aux ordres des chefs de la magistrature nationale. Quoiqu'il eût prescrit aux Hébreux de conserver la loi sans y changer un seul mot (2), il savait très-bien que les institutions dont il avait doté le peuple grandiraient et se développeraient dans le cours des siècles. Il n'ignorait pas que les besoins nouveaux amèneraient infailliblement des règlements et des usages dont ses contemporains ne pouvaient pas même présager l'importance. Or, pour que le désordre ne se glissât pas dans les intelligences, pour que l'unité de doctrine et de mœurs fût toujours l'un

(1) Voy. Deutéronome, XVII, 8-12, et, à l'Appendice, le chap II du *Code pénal extrait du Pentateugue.*
(2) Deutéronome, IV, 2; XII, 32.

des traits distinctifs des descendants de Jacob, pour
que les innovations vinssent sans cesse se rattacher à la
loi révélée, comme à la source de la justice et de la
vérité, il fallait, à côté du sanctuaire, une assemblée
de magistrats assez éclairés pour éviter l'erreur, assez
élevés pour inspirer le respect et assez puissants pour
faire accepter leurs ordres. Moïse, dont le génie sagace
avait en même temps entrevu le péril et trouvé le remède, crut que l'existence et l'autorité de cette institution indispensable devaient être assurées par le supplice
des rebelles (1).

Les textes relatifs à l'exercice du pouvoir judiciaire,
qu'on rencontre dans les livres de l'Écriture postérieurs
au Pentateuque, ne s'opposent en rien à ce système
d'interprétation.

Ce n'est pas dans le gouvernement troublé, passager
et peu connu des Juges qu'on saurait trouver le modèle
d'un État organisé suivant les lois de Moïse. Le récit
de l'historien sacré prouve toutefois que, pas plus dans
cette ère de transition que dans les siècles suivants,
l'exercice de la juridiction souveraine n'était un privilége exclusivement attribué aux ministres de l'autel.
Parmi tous ces chefs d'Israël qui, suivant un usage
assez commun dans l'antiquité, empruntèrent leur titre
à l'une de leurs fonctions principales en temps de paix,
on ne voit figurer qu'un lévite et un prêtre. Les tribus
de Juda, de Benjamin, de Manassé, d'Isachar et de
Sebulon sont préférées à celle de Lévi (2). Mais le texte

(1) Voy. la note 1 de la page précédente.
(2) Voy. la preuve à l'Appendice, litt. K.

biblique atteste en même temps, au moins d'une manière indirecte, que la haute dignité de juge suprême était conférée de plein droit au grand-prêtre, quand la nation, agissant dans la plénitude de ses prérogatives, ne remettait pas à un autre chef la direction de ses destinées (1). C'était, du reste, une époque d'anarchie, de désordres, de luttes intestines et d'oppression étrangère, où bien souvent, selon le langage énergique de l'Écriture, chacun faisait ce qui lui semblait bon (2). L'ordre et l'uniformité reparaissent, il est vrai, sous l'administration sage et ferme de Samuel; mais, même alors, la capitale religieuse et politique n'étant pas encore désignée, on ne se croyait pas obligé de se conformer scrupuleusement à toutes les prescriptions de Moïse dans l'exercice du pouvoir judiciaire. Pendant que l'Arche du Seigneur se trouvait à Cariathiarim, Samuel rendait ses jugements à Ramah; de plus, une fois par an, il transportait ses assises à Bet-El, à Gilgal et à Mizpah, et plus tard, quand ses forces commencèrent à fléchir sous le poids de l'âge, il délégua son pouvoir de juge à deux de ses fils, indignes de sa confiance (3).

(1) L'historien sacré ne nous fait pas connaître les causes de l'élévation de Héli à la magistrature suprême. C'est parce que celui-ci, en l'absence d'un autre chef, exerçait la juridiction souveraine en vertu de la loi rapportée au Deutéronome. (Voy. ci-dessus, p. 212.)

(2) Juges, XVII, 6; XXI, 24. Au deuxième livre des Rois, nous lisons encore : « Les ennemis ont troublé Israël depuis le temps des Juges « jusqu'à David. » (VII, 11.)

(3) 1 Rois, VII, 2, 6, 15, 16, 17; VIII, 1-4. 1 Paralipomènes, XIII, 5. On s'étonne en voyant Dom Calmet et, à sa suite, une foule d'interprètes affirmer que sous Samuel l'ordre des jugements réglé par Moïse s'observait exactement dans Israël. (*Dissertation sur les supplices,*

Après l'établissement de la monarchie, nous voyons les rois investis de la juridiction suprême, comme d'un attribut naturel de la puissance souveraine. « Donnez-« nous, avait dit le peuple à Samuel, donnez-nous un « roi, afin qu'il nous juge (1). » Parmi les éloges que l'Écriture décerne à David figure, au premier rang, sa sollicitude à ne prononcer que des jugements équitables (2). Salomon, à l'exemple de son père, rendait la justice à ses sujets, et l'historien sacré nous a transmis la description du trône majestueux du haut duquel tombaient ces sentences à jamais célèbres qui faisaient dire au peuple : « La sagesse de Dieu est vraiment en « lui pour nous juger (3). » Il semble même que Salomon, aussi bien que David, permettait aux plaideurs de s'adresser directement à lui, sans avoir préalablement soumis la cause à l'appréciation des magistrats inférieurs (4). Quant à ces derniers, le texte biblique ne nous

p. VIII.) Moïse voulait que le tribunal suprême eût une résidence fixe, à côté du Sanctuaire, et ne se transportât pas d'un lieu à un autre. — Le texte ne nous dit rien de la résidence des juges inférieurs, sous le gouvernement de Samuel. Nous voyons seulement les *Anciens* accourir à Ramatha, pour se plaindre à Samuel des jugements injustes rendus par ses fils. (1 Rois, VIII, 4.)

(1) 1 Rois, VIII, 5. A la suite des remontrances de Samuel, ils ajoutèrent (v. 20) : « Nous voulons être comme toutes les autres nations ; « notre roi nous jugera, etc. » Tel était, en effet, le génie de l'Orient. Voy., pour les Mèdes, le mythe rapporté par Hérodote, l. 1er, c. 96 et suiv. ; pour l'Inde et l'Égypte, ci-dessus, p. 14 et 91.

(2) 1 Paralipomènes, XVIII, 14. 2 Rois, VIII, 15 *Ibid.*, XIV, 2 et suiv. Josèphe, *Antiq. jud*, l. VII, c. 6.

(3) 3 Rois, III, 28 ; VII, 7, 8 ; X, 18, 19. Josèphe, l. VIII, c. 2.

(4) Voy. le langage d'Absalon sous David (2 Rois, XV. 1-6) et le célèbre jugement de Salomon (3 Rois, III, 16-28). Voy. encore 2 Rois, XIV, 10. Nous trouvons le même fait sous leurs successeurs (4 Rois, VIII,

fait pas connaître la manière dont ils exerçaient leurs fonctions sous les deux règnes dont on vient de parler. Il est probable que les prescriptions de Moïse étaient fidèlement suivies (1).

Un demi-siècle plus tard, à la suite des désordres, des guerres et des apostasies occasionnés par la séparation des dix tribus, le roi Josaphat, ayant soigneusement visité toutes les parties de son royaume, crut devoir procéder à la réorganisation du pouvoir judiciaire. Il s'acquitta de cette importante tâche en se conformant strictement aux prescriptions essentielles du Deutéronome. Après avoir fait établir des juges inférieurs dans toutes les villes, il institua à Jérusalem

1-6.) — C'était méconnaître les prescriptions de Moïse ; mais cette dérogation n'a rien qui doive surprendre sous un régime où, sinon en droit, du moins en fait, les rois disposaient en maîtres absolus de la vie, de la liberté et des biens de leurs sujets. (Voy. 1 Rois, XXII, 11-19 ; 2 Rois, I, 15 ; IV, 12 ; XVI, 4. 3 Rois, II, 26, 27, 29, 46 ; XV, 29. 4 Rois, VI, 31 ; IX, 33 ; X, 11, 14, 17, 19, 24 ; XI, 1 ; XIV, 5 ; XV, 16 ; XXI, 16 ; XXIII, 20, 24 ; XXIV, 4. 2 Paralipomènes, XV, 13 ; XVI, 10 ; XVIII, 26 ; XXII, 4, 8, 10 ; XXIV, 20, 21 ; XXV, 11, 12. Jérémie, XXVI, 23.)

Le langage d'Absalon permet de supposer que David tenait à statuer par lui-même sur les causes qu'on venait soumettre à son tribunal. Sous le règne de Salomon, nous trouvons un conseil d'Anciens siégeant près du trône (3 Rois, XII, 6, 7, 8). Nous n'osons donner la même signification au v. 15 du chap. XXVI du premier livre des Paralipomènes. — Voy., pour l'exercice du pouvoir judiciaire par les rois, la note O de l'Appendice.

(1) Nous voyons seulement que Salomon convoqua les juges du peuple à Gabaon. (2 Paralipomènes, I, 2.) Dans le silence de l'Écriture, on peut supposer que des juges inférieurs siégeaient dans toutes les villes du pays, conformément aux prescriptions de Moïse.

Nous avons déjà expliqué ci-dessus (p. 214, note 2) le sens que nous attribuons aux v. 3 et 4 du chap. XXIII du premier livre des Paralipomènes.

un tribunal suprême composé de prêtres, de lévites et de chefs de famille d'Israël, et lui confia la mission de statuer sur les causes qui embarrassaient les juridictions inférieures. Le grand-prêtre Amarias présidait cette haute magistrature, quand elle était appelée à statuer sur des causes intéressant le culte de Dieu, tandis que, pour la solution des affaires temporelles, la présidence était accordée à Sabadias, fils d'Ismaël, prince de la tribu de Juda (1). Mais les rois, fidèles aux traditions de l'Orient, n'en continuèrent pas moins à exercer eux-mêmes le droit de juger, lorsque la cause leur semblait mériter une attention spéciale. Longtemps après la réforme introduite par Josaphat, nous lisons que Joathan, remplaçant son père Ozias frappé de lèpre, « rendit la justice au peuple d'Israël (2). »

Pour les époques plus rapprochées de nous, les divers livres de l'Écriture ne nous fournissent plus que des renseignements incomplets et vagues sur l'organisation du pouvoir judiciaire. Après le retour de la captivité de Babylone, Ezra, agissant en vertu des pouvoirs qu'il avait reçus d'Artaxerxès, établit des magistrats et des juges ; mais le texte ne nous apprend rien de plus (3). Il est probable que la juridiction suprême était

(1) 2 Paralipomènes, XIX, 4-11.— Josèphe, *Antiq. jud.*, l. IX, c. 1, compose le tribunal suprême de prêtres et de lévites, et oublie d'indiquer les *chefs tirés des familles d'Israël,* qui sont expressément désignés au v. 8. Bien des interprètes ont vu ici la distinction des deux juridictions, ecclésiastique et civile. (Voy. notre opinion à l'Appendice, note L.)

(2) 4 Rois, XV, 5. 2 Paralipomènes, XXVI, 21.

(3) 1 Ezra, VII, 25-26. 2 Ezra, II, 16; V, 17. A Jérusalem, les magistrats étaient au nombre de cent cinquante.

alors exercée par le grand-prêtre ou par ses délégués;
car c'est toujours le souverain pontife qui paraît à la
tête de la nation, dans toutes les circonstances solen-
nelles (1). Plus tard encore, nous voyons Judas Macca-
bée, en présence du peuple réuni à Maspha, établir des
chefs de mille, de cent, de cinquante et de dix hommes;
mais, selon toutes les probabilités, ces chefs militaires
n'avaient rien de commun avec les tribunaux de la capitale et des villes de province (2). Enfin, Jonathas,
frère et successeur de Judas, ayant réuni en sa personne la puissance publique et le sacerdoce, gouverna
la nation avec le concours d'un sénat, probablement
associé à l'exercice de la juridiction suprême (3). Le
livre des Maccabées nous apprend qu'il fixa sa résidence à Machmas, et qu'il y jugeait le peuple, châ-
tiant les méchants et faisant régner la justice (4).

Tels sont les seuls passages importants de l'Ancien

(1) Le grand-prêtre Jaddua, en qualité de chef de la nation, reçoit
Alexandre à Jérusalem. (Josèphe, *Antiq.*, l. XI, c. 8.) C'est encore au
grand-prêtre Onias que le roi de Lacédémone adresse la célèbre lettre
reproduite au premier livre des Maccabées (XII, 20 et suiv. Josèphe,
ibid., l. XII, c. 5).

(2) Une erreur commise par beaucoup d'interprètes et à laquelle
M. Saalschütz (*Das Mosaische Recht*, p. 55) n'est pas resté complétement
étranger, consiste à oublier que les chefs de mille, de cent, etc., ne
remplirent les fonctions de juges que pendant le séjour du peuple dans
le Désert. Pour les temps postérieurs, il faut se référer au chap. XVI,
v. 18, du Deutéronome.

(3) L'existence de ce sénat résulte assez clairement des lettres que
Jonathan adressa aux Spartiates et aux Romains. (1 Maccabées, XIII,
1 et suiv.)

(4) 1 Maccabées, IX, 73. — Il en était de même sous ses successeurs.
Le droit de juger resta l'un des attributs de la puissance souveraine.
(Voy. à l'Appendice la note O.)

Testament que l'on puisse, avec quelque apparence de raison, rapporter à l'organisation des tribunaux (1). On y trouve, à la dernière évidence, la consécration historique de deux maximes essentielles qui servent de base à notre système d'interprétation du texte célèbre qui ordonne l'institution du tribunal central : la première, que l'exercice de la juridiction suprême n'était pas indissolublement uni au sacerdoce ; la seconde, que les formes mêmes de cette haute juridiction n'avaient pas été invariablement fixées par Moïse.

§ 3. *L'organisation judiciaire suivant les traditions rabbiniques.*

Une organisation judiciaire plus savante et beaucoup plus compliquée nous est présentée par la Mischnah, complétée et interprétée dans le Talmud.

S'il faut ajouter foi au témoignage unanime des rabbins, il existait en Palestine trois classes de tribunaux dont la composition, le rang et la compétence étaient minutieusement réglés par la jurisprudence nationale.

A l'échelon le moins élevé de la hiérarchie judiciaire, se trouvait un tribunal de trois juges institués par le grand Sanhédrin et présidés par leur doyen d'âge (2). Il siégeait dans les bourgs où l'on comptait moins de cent vingt pères de famille, et sa mission consistait à statuer sur les délits qui n'entraînaient que le fouet ou

(1) On cite à tort une foule d'autres textes. (Voy. un exemple à l'Appendice, note M.)
(2) Mischnah, *Sanhédrin*, I, 5 ; III, 7.

des peines pécuniaires (1). Ses jugements n'étaient pas susceptibles d'appel (2) ; mais, si les juges eux-mêmes avaient des doutes sur la solution à donner au procès, ils pouvaient renvoyer la çause à un tribunal supérieur et se borner à transmettre aux parties la sentence rendue par ce dernier (3).

Un tribunal plus important, composé de vingt-trois juges et de deux secrétaires, siégeait dans les villes qui renfermaient plus de cent vingt pères de famille. Jérusalem en avait deux, dont l'un tenait ses séances au pied de la montagne du Temple et l'autre à l'entrée du parvis (4).

(1) Mischnah, *Sanhédrin*, I, 1 et suiv. Comme il s'occupait surtout d'intérêts privés, on l'appelait *Din mammona*, tribunal pécuniaire. Il était institué par le grand Sanhédrin. (Mischnah, *ibid.*, 5.) Quelques rabbins lui attribuent la répression de la calomnie ; mais leur opinion est généralement rejetée parce que, dans certains cas, la calomnie peut entraîner une condamnation capitale. (Voy. Mischnah, *ibid.* ; Deutéronome (XIX, 18, 19), et ci-après le § 3 du chap. III.) — Les tribunaux des Trois sont les συνέδρια dont parlent les Évangiles. (Marc, XIII, 9 ; Matthieu, X, 17.)

Dans les matières civiles, chacune des parties avait le droit de nommer un juge, et les deux juges réunis en nommaient un troisième. (Mischnah, *Sanhédrin*, III, 11.) Il n'en était pas de même dans les matières criminelles. Les peines, sans en excepter les plus légères, devaient toujours être prononcées par des magistrats tenant leur mandat de la puissance publique et ayant reçu l'ordination judiciaire (*Semichah*) dont nous parlerons plus loin. (Maïmonide, *Sanhédrin*, IV.)

(2) Les traditions rabbiniques n'admettent l'appel que dans les matières pénales. C'était le système de Moïse. Voy. ci-dessus, p. 220.

(3) Quand ce cas se présentait, l'un des juges, devenant le mandataire légal des parties intéressées, se rendait auprès des magistrats dont on réclamait l'avis et leur disait : « J'ai attribué tel sens à nos lois sacrées ; « mes collègues, tel autre : statuez entre nous. » Mischnah, *Sanhédrin*, X, 2. Voy., pour les détails, à l'Appendice, la note N.

(4) Mischnah, *Sanhédrin*, I, 4, 6 ; X, 2. Ghemare de Babylone, *Sanhé-*

Le tribunal des Vingt-trois, possédant la compétence criminelle la plus étendue, statuait sur toutes les causes qui échappaient à la juridiction inférieure et n'étaient pas expressément réservées au grand Sanhédrin. Il était surtout chargé de prononcer la peine capitale, même contre les animaux, quand la loi exigeait que ceux-ci fussent mis à mort (1). Lui aussi jugeait sans appel dans les matières pénales; mais, si ses membres rencontraient des difficultés sérieuses dans l'exercice de leurs fonctions, ils avaient le droit de soumettre le différend à l'avis du grand Sanhédrin. Ils pouvaient également révoquer leurs propres sentences si, avant l'exécution, on leur prouvait qu'ils s'étaient trompés (2).

A la tête de ce tribunal se trouvaient deux chefs, le Prince (*Nasi*) et le Père (*Ab bêt din*), l'un et l'autre élus par leurs collègues (3). Le premier se plaçait au fond d'un hémicycle, afin de pouvoir facilement jeter les yeux sur tous les assistants. Le Père siégeait à sa

----

drin, 88; de Jérusalem, 19. Un des secrétaires tenait note des faits et des raisons allégués en faveur de la condamnation; l'autre, des faits et des raisons mis en avant pour obtenir l'acquittement de l'accusé. Mischnah, *ibid.*, IV, 3.

En dehors de Jérusalem, le tribunal des Vingt-trois, obéissant au vœu de Moïse (Deutéronome, XVI, 18), siégeait aux portes de la ville. Il se nommait *Din mischpât*, tribunal du jugement ou des condamnations capitales.

(1) Mischnah, *Sanhédrin*, I, 4, 6. Pour les textes qui ordonnent la mise à mort de certains animaux, voy. à l'Appendice le § 7 du chap. IV et le § 4 du chap. V du *Code pénal extrait du Pentateuque*.

(2) Mischnah, *Sanhédrin*, VI, 1.

(3) Maïmonide, *Sanhédrin*, 1.

droite, et les autres juges étaient assis des deux côtés,
dans l'ordre de leur mérite respectif (1).

Aux pieds des magistrats, trois rangs de gradins
servaient de siéges à trois classes de disciples, véritables juges surnuméraires qui, après avoir scrupuleusement étudié la loi, venaient apprendre des anciens
de la cité l'art difficile d'appliquer les préceptes aux
actes imprévus que font surgir les complications infi-
nies de la vie sociale. Chaque classe se composait de
vingt-trois membres, et ceux-ci étaient également placés dans l'ordre de leur science et de leur mérite (2).

Lorsqu'un juge mourait ou se trouvait dans l'impossibilité de vaquer désormais à ses fonctions, le tribunal
le remplaçait par le premier disciple de la première
classe. Le premier disciple de la seconde passait alors
à la première, et le premier de la troisième classe entrait dans la seconde; le mouvement se continuait sur
toute la ligne, et la place devenant vacante était donnée
à un citoyen réunissant les qualités requises. Le tribunal, tout en se complétant par lui-même, était ainsi
toujours composé de magistrats d'un jugement mûri,
familiarisés avec les difficultés de la pratique et parfaitement au courant des mœurs, des usages et des besoins des justiciables (3).

Cette organisation judiciaire avait pour couronne-

(1) Mischnah, *ibid.*, IV, 3. Les rabbins ne nous font pas connaître les
moyens qu'on employait pour classer chacun suivant son mérite respectif.

(2) Mischnah, *ibid.*, IV, 4. Maïmonide, *Sanhédrin*, 1.

(3) Mischnah, *Sanhédrin*, IV, 4. Maïmonide, *Sanhédrin*, I.

ment le sénat de la nation, connu sous le nom de grand Sanhédrin de Jérusalem.

Placé au-dessus de toutes les autres juridictions, entouré du respect séculaire et de la confiance illimitée du peuple, le grand Sanhédrin s'assemblait dans une salle majestueuse du Temple, nommée *Lischcat ha-ga-zith* (1). Siégeant à côté du Sanctuaire, au centre religieux et politique du pays, il voyait rejaillir sur ses membres une partie de la majesté du culte national (2).

Outre son chef, le grand Sanhédrin se composait de soixante et dix membres. De même que le tribunal des Vingt-trois, il avait à sa tête un Prince (*Nasi*) et un Père (*Ab bêt din*), élus par leurs collègues (3).

Aux côtés du Prince et du Père, les soixante-neuf membres de l'assemblée se rangeaient en demi-cercle, dans l'ordre de leur mérite respectif. Deux secrétaires, occupant les extrémités de l'hémicycle, rédigeaient le protocole des débats. La rédaction du procès-verbal de

(1) Littéralement : *salle en pierres taillées*. Mischnah, *Sanhédrin*, X, 2 ; *Middoth*, V, 3. Seulement, comme il n'était jamais permis de s'asseoir dans l'enceinte du Temple, on avait eu soin de prolonger au delà de la ligne de l'enceinte la partie du prétoire où se trouvaient les siéges des juges.

(2) *Sanhédrin* est un mot d'origine étrangère ; il dérive du grec συνέδριον, nom donné à l'Aréopage d'Athènes. Dion Cassius applique le nom de Synédrion au sénat romain. C'était aussi le titre du sénat des Macédoniens. (Tite-Live, l. XLV, c. 32.)

(3) Mischnah, *Sanhédrin*, I, 6 ; *Avoth*, I, 1 et suivants. Maïmonide, *Sanhédrin*, 1. Salvator (*Institutions de Moïse*, liv. II, c. 2) et le marquis de Pastoret (*Histoire de la législation*, t. III, p. 259) prétendent que le Père était le doyen d'âge de l'assemblée. Ils se trompent. Dans le passage cité, Maïmonide dit positivement que le Père, choisi par ses collègues, était, après le Prince, le personnage le plus distingué par sa science.

la séance, facultatif devant les tribunaux inférieurs, était obligatoire devant le Sanhédrin suprême, dont les décisions, indépendamment de leur importance intrinsèque, offraient une autorité doctrinale qui ne pouvait être abandonnée aux incertitudes de la tradition orale. Mais on ne rencontrait pas ici les trois classes de disciples qui venaient ailleurs s'asseoir aux pieds des magistrats. Avant de monter sur les siéges du *Lischcat ha-gazith*, il fallait s'être longuement distingué par la vertu, la science et la pratique des affaires judiciaires.

On veillait, en effet, avec une sollicitude extrême, à ce que les siéges qui devenaient vacants au sein de cette haute magistrature fussent constamment occupés par des citoyens capables et dignes. Le Prince envoyait des messagers dans toutes les villes du pays pour recueillir les noms des citoyens « sages, doux, calmes, « généreux, d'un naturel soumis, d'un cœur droit, « doués d'une âme sensible et jouissant d'une aisance « honnête. » Ces messagers usaient de l'influence attachée à leur caractère, pour faire entrer ces hommes d'élite, d'abord dans le tribunal des Vingt-trois placé au pied de la montagne du Temple, ensuite dans le tribunal siégeant à l'entrée du parvis, et de ce dernier dans le grand Sanhédrin, afin que celui-ci fût toujours composé des plus sages, des plus savants et des plus expérimentés parmi les juges du peuple (1).

(1) Ghemare de Jérusalem, 39. Maïmonide, *Sanhédrin*, 11. Ghemare de Babylone, *Sanhédrin*, 88.

Indépendamment des poursuites dirigées contre le roi (1) et le souverain pontife (2), le Sanhédrin était seul compétent pour statuer sur la rébellion des juges inférieurs qui refusaient d'obéir à ses ordres (3) ; sur les crimes commis par la totalité ou la majeure partie d'une tribu (4) ; sur l'apostasie d'une ville entière ou de la majeure partie de ses habitants (5) ; sur l'accusation de fausse prophétie (6) ; sur l'épreuve des eaux amères imposée à la femme suspectée d'adultère (7) ; sur les contestations existant entre deux ou plusieurs villes,

(1) Une foule d'interprétes de l'Ancien Testament prétendent que le roi était fouetté, par ordre du Sanhédrin, quand il abusait de son pouvoir pour se procurer trop d'argent ou de femmes. Voy , pour la valeur de cette prétendue tradition, la note O de l'Appendice.

(2) Les poursuites exercées contre les rois sont le produit de l'imagination des talmudistes. (Voy., à l'Appendice, la note O.) Quant au grand-prêtre, la Mischnah (*Sanhédrin*, I, 5; II, 1 : *Middoth*, V, 3) s'exprime en termes généraux ; mais des docteurs illustres, entre autres Maïmonide et Bartenora, prétendent que cette règle ne recevait son application que lorsque le grand-prêtre était accusé d'un crime capital. Dans les autres cas, il devait, à leur avis, comparaître devant les juges ordinaires. Voy. Maïmonide, *Sanhédrin*, V, et Selden, *De Synedriis*, liv. III, c 8.

(3) Deutéronome, XVII, 12. Mischnah, *Sanhédrin*, X, 4. Voy. ci-après le § 1ᵉʳ du chap. III.

(4) Mischnah, *Sanhédrin*, I, 5.

(5) Mischnah, *Sanhédrin*, I, 5.— Les rabbins fondent la compétence du grand Sanhédrin sur ce que, dans le cas où le Deutéronome (XVII, 5) ordonne de conduire les apostats devant les juges régionaux, il ne s'occupe que de crimes commis par des individus isolés.

(6) Mischnah, *Sanhédrin*, I, 5. Quelques uns croient que Jésus fait allusion à cette coutume, quand il dit, dans l'Évangile : « Il est impossible qu'un prophète meure hors de Jérusalem (Luc, XIII, 33). Jérusalem ! Jérusalem ! qui tuez les prophètes et qui lapidez ceux qui vous sont envoyés. » (Matth., XXIII, 37.)

(7) Mischnah, *Sotah*, I, 4. Nombres, V, 12 et suiv., et, à l'Appendice, le § 1ᵉʳ du ch. IV du *Code pénal extrait du Pentateuque*.

au sujet des cérémonies expiatoires à accomplir sur le cadavre de l'homme assassiné par une main inconnue (1). Il était enfin la lumière et le guide de tous les magistrats inférieurs, quand ceux-ci hésitaient à se prononcer sur les causes qui leur étaient soumises (2). Son influence était d'autant plus grande et ses décisions inspiraient d'autant plus de respect, qu'il n'était pas seulement une cour de justice investie d'une large juridiction civile et criminelle. Il remplissait, en réalité, les fonctions de sénat suprême de la nation (3).

A côté de cette organisation judiciaire, partant des dernières bourgades du pays et trouvant son couronnement dans l'enceinte du Temple, à quelques pas de l'autel unique de Jéhovah, les talmudistes placent un vaste ensemble de règles et de préceptes, destinés à

(1) La contestation existant entre plusieurs villes, les juges d'aucune d'elles ne pouvaient être convenablement chargés de la solution du différend.

(2) Ghemare de Jérusalem, *Sanhédrin*, 19; Ghemare de Babylone, *ibid.*, 88. Maïmonide, *Memarim*, c. III.

(3) Indépendamment des matières criminelles que nous venons d'énumérer, les traditions rabbiniques placent dans la compétence du grand Sanhédrin les objets suivants : examen des prêtres auxquels on objectait que des vices de corps ou des irrégularités de naissance les rendaient impropres au service des autels ; autorisation de déclarer la guerre, en dehors des luttes obligatoires contre les Chananéens ; jugement des contestations surgissant à l'occasion du payement des impôts perçus pour les dépenses du culte ; fixation des néoménies et intercalation des jours nécessaires pour mettre l'année lunaire en rapport avec l'année solaire ; institution des tribunaux inférieurs partout où ils sont nécessaires ; nomination du roi et du grand-prêtre, etc., etc.

Les traditions rabbiniques concernant les attributions du grand Sanhédrin ont été minutieusement recueillies par Selden, au liv. III de son traité de *Synedriis veterum Ebræorum*.

maintenir constamment la magistrature à la hauteur de ses nobles et éminentes fonctions.

Les incapacités légales étaient assez nombreuses. Outre le vieillard que le poids des années privait de la plénitude de ses facultés intellectuelles, on excluait de la magistrature le chef de l'État, parce que sa présence n'aurait pas laissé aux autres juges une entière liberté d'appréciation (1); l'indigent, parce que, dans un pays où les fonctions judiciaires n'étaient pas rétribuées, sa misère l'aurait rendu trop accessible à la corruption (2) ; l'homme disgracié par la nature, parce que les dédains et les sarcasmes provoqués par ses défauts corporels pouvaient rejaillir sur ses collègues; l'eunuque et l'homme sans enfants, parce que leur âme n'avait pas subi l'influence bienfaisante de la tendresse paternelle (2); le bâtard, parce que la défaveur attachée à

(1) Le roi ne juge pas est l'une des maximes fondamentales de la Mischnah. (*Sanhédrin*, II, 2.) Maïmonide et Bartenora enseignent que la prohibition ne concernait que les rois d'Israël, toujours rebelles à la loi du Seigneur et dédaignant les paroles des sages. (Voy. Surenhusius, t. IV, p. 217.) Nous ne croyons pas que, même avec cette restriction, la maxime puisse être admise. (Voy., à l'Appendice, la note O.)

(2) Si un juge, dit la Mischnah (*Becoroth*, IV, 6), reçoit un salaire, son jugement est nul. Il fut seulement admis que l'artisan qu'on arrachait à son travail pouvait réclamer un dédommagement égal à la perte qu'il avait soufferte. (*Kethuboth*, 105 *a*.) Il paraît aussi que plus tard les membres des tribunaux siégeant à Jérusalem recevaient une indemnité du trésor du Temple. (*Kethuboth*, ibid.) — C'est en faisant allusion à l'incapacité des indigents que l'Ecclésiastique dit que les ouvriers en terre, etc., ne sont pas reçus dans les charges de la magistrature (XXXVIII, 38).

(2) Dans l'Inde brâhmanique, l'homme sans enfants était même déclaré incapable de témoigner en justice, dans les cas ordinaires. (Voy. ci-dessus, p. 26.)

sa naissance eût détruit le prestige du juge; l'étranger et même les descendants des prosélytes, parce que, n'étant pas Juifs d'origine, on pouvait les soupçonner de ne pas éprouver pour les coutumes de la nation cet inviolable attachement que Moïse avait recommandé avec tant de sollicitude (1). On excluait encore, pour cause d'indignité, les usuriers, les trafiquants de fruits de la septième année, les individus livrés à la passion du jeu et ceux qui faisaient voler les colombes (2). Mais aussi, dès l'instant que l'Israélite n'appartenait pas à l'une des catégories frappées d'incapacité, il pouvait concevoir la noble ambition de figurer un jour parmi les juges de son peuple. La magistrature n'était pas l'attribut d'une seule catégorie de citoyens. Les prêtres, les lévites, le souverain pontife lui-même, y entraient comme jurisconsultes et nullement comme membres d'une classe privilégiée (3). Une profession d'un ordre peu élevé, un humble métier honorablement exercé

(1) Il en était autrement quand le prosélyte avait une mère israélite.

(2) Mischnah, III, 3. Il n'est pas nécessaire de justifier l'exclusion des usuriers et des joueurs. Suivant quelques rabbins, ceux qui dressaient les colombes étaient exclus comme une sorte de voleurs, parce qu'ils attiraient dans leurs colombiers les pigeons des voisins ; selon d'autres, on les rejetait comme joueurs, parce que le vol des colombes était la cause de nombreux paris. Les marchands de fruits de la septième année étaient frappés d'incapacité, parce qu'ils se mettaient en opposition avec un précepte important de la loi nationale. On pouvait se nourrir de ces fruits, mais non les vendre, sauf pour l'acquittement des impôts. (Voy. Lévitique, XXV, 6.)

(3) Les rabbins font seulement remarquer qu'il est désirable que toutes les juridictions renferment quelques prêtres, parce que ceux-ci font une étude particulière de la loi divine. (Voy. Maïmonide, *Sanhédrin*, II.)

n'écartaient pas le savant modeste des degrés du prétoire (1). Il fallait seulement que le candidat fût d'un sang assez pur pour que sa fille pût épouser un prêtre (2). Il fallait surtout qu'il possédât le discernement, la prudence et la science nécessaires pour rendre des jugements justes en fait et irréprochables en droit (3).

Il est vrai que, suivant les talmudistes, le programme des connaissances requises avait de vastes proportions.

L'étude approfondie des lois civiles et criminelles, des mœurs et des coutumes du peuple, était naturellement un devoir imposé à tous les membres de la magistrature. Mais ces notions indispensables ne suffisaient pas pour assigner au juge israélite une place distinguée dans l'opinion de ses collègues. Les docteurs d'Israël étaient partis de l'idée que le tribunal, pour échapper à l'obligation humiliante de recourir aux lumières d'autrui, devait toujours trouver dans son propre sein les indications et les renseignements indispensables pour juger en parfaite connaissance de cause. A cette fin, ils recommandaient au juge d'acquérir une connaissance des langues étrangères assez étendue pour pouvoir se passer de la version souvent inexacte d'un inter-

---

(1) Nous avons vu ci-dessus 'p. 236, note 2 qu'on devait même indemniser les artisans qu'on arrachait à leur travail pour les faire siéger comme juges.

(2) Mischnah, *Sanhédrin*, IV, 2 ; *Qidduschin*, IV, 1, 4, 5.

(3) Voy., pour les incompatibilités en général, la Ghemare de Babylone, *Sanhédrin*, 17, 36 ; *Menachot*, 65 ; la Ghemare de Jérusalem, *Sanhédrin*, 22. — Maïmonide, *Sanhédrin*, II et IV.

prête (1). Ils lui imposaient l'obligation de se mettre au courant de tous les mystères et de toutes les pratiques de la magie, afin de se trouver en état de statuer, avec une certitude entière, sur les accusations relatives à ces manœuvres sacriléges que Moïse avait proscrites avec une inexorable rigueur. Ils exigeaient encore que le magistrat eût des notions au moins superficielles de l'astronomie, des mathématiques, de la médecine et de tous les arts en général. On n'imposait, à la vérité, ces longues études qu'aux seuls membres du grand Sanhédrin ; pour les juridictions inférieures, on se montrait moins sévère, et l'on était surtout indulgent à l'égard des membres du tribunal des Trois (2) ; mais pour ces derniers, comme pour tous les juges sans exception, on exigeait qu'ils réunissent sept qualités indispensables : sagesse, humanité, crainte de Dieu, désintéressement, amour de la vérité, amour du prochain, réputation irréprochable. Alors seulement ils pouvaient, comme leurs collègues des juridictions supérieures, recevoir, par l'imposition des mains de trois autres

----

(1) L'imagination des rabbins s'est ici donné libre carrière. La Ghemare de Babylone (*Menacoth*, 65, exige, même pour les membres du tribunal des Vingt-trois, la connaissance de soixante et dix langues ! Maïmonide, plus modéré, dit simplement qu'ils devaient connaître plusieurs langues pour ne pas avoir besoin de recourir sans cesse à des interprètes. (*Sanhédrin*, II.)

La Mischnah (*Maccôth*, I, 9) dit expressément que le juge doit entendre la parole des témoins et non pas celle des interprètes. Les Juifs cependant, au dire de Josèphe (*Antiq. jud.*, l. XX, *cap. ult.*), dédaignaient l'étude des langues étrangères.

(2) On pouvait au besoin y faire entrer un Israélite quelconque, dit la Mischnah, *Sanhédrin*, IV, 2.

juges, l'ordination judiciaire que les rabbins désignent sous le nom de *Semichah*, et qui n'était en réalité que l'attestation authentique de la science et de la capacité du nouveau magistrat (1).

On voit que, si l'organisation judiciaire décrite dans le Talmud n'offre pas la simplicité toute primitive de celle que nous trouvons dans le Pentateuque, elle a cependant conservé toutes les parties essentielles du système recommandé par le législateur inspiré d'Israël : admissibilité de tous les Hébreux aux fonctions de la magistrature, juridiction locale dans toutes les villes du pays, juridiction suprême siégeant près du Sanctuaire, absence d'appel dans les matières pénales, recours du juge inférieur au juge supérieur pour la solution des questions graves et embarrassantes. Considérée en elle-même, elle n'est pas le résultat de l'abandon ou de la violation des lois promulguées au moment où les Israélites allaient franchir les limites de la terre promise. Elle est bien plutôt le développement successif, l'épanouissement scientifique des principes et des règles posés par Moïse.

Mais a-t-elle réellement existé sur les rives du Jourdain? N'est-elle pas le produit de l'imagination ardente, du patriotisme surexcité des rabbins? Ne convient-il pas d'y voir un amas de fictions ingénieuses, inventées et successivement embellies par des proscrits qui voulaient donner aux nations étrangères une haute

(1) Voy., pour la Semichah, la Mischnah, *Sanhédrin*, c. I, 3, et la note P de l'Appendice ; pour les connaissances requises, la Ghemare, *Sanhédrin*, 17 : *Menachoth*, 65, et Maïmonide, *Sanhédrin*, II.

idée de la sagesse de leurs ancêtres? Il est peu de problèmes historiques qui aient autant préoccupé les théologiens, les jurisconsultes et les philologues des temps modernes.

Unis aux rabbins du moyen âge, toute une pléiade de savants illustres prétend que le Talmud a reproduit trait pour trait le système d'organisation judiciaire établi par Moïse. S'ils font quelques timides réserves, celles-ci ne se rapportent qu'aux conditions de capacité et de science exigées de la part des candidats qui ambitionnaient les honneurs de la magistrature (1). Dans le Conseil des soixante et dix vieillards institué par Moïse, ils voient l'origine du grand Sanhédrin, et ils soutiennent que celui-ci, triomphant de tous les malheurs et survivant à toutes les vicissitudes, a toujours subsisté parmi les Hébreux, sous les Juges, sous les rois, sous la domination étrangère, sous les Asmonéens et leurs successeurs, jusqu'au jour où l'existence politique de la nation fut définitivement anéantie par les Romains. Ils enseignent que les tribunaux des Trois et des Vingt-trois sont réellement les « juges siégeant « aux portes » dont il est parlé dans le Pentateuque (2).

(1) Notamment la connaissance des soixante et dix langues, l'étude de la magie, etc. (voy. ci-dessus, p. 239, note 1re).

(2) Quelques-uns d'entre eux prétendent même que le grand Sanhédrin prolongea son existence jusqu'au ve siècle de l'ère chrétienne. — Parmi les savants chrétiens qui acceptent à peu près complétement les traditions rabbiniques concernant la durée du grand Sanhédrin, nous citerons : Selden, *de Synedriis Ebraeorum*, l. Ier, c. 13 ; Grotius, *De jure pacis et belli*, l. Ier, c. III ; Casaubon, *Exercitationes in Baronium*, XIII ; Baronius, *Annales ecclesiastici*, ad an. XXXI, § 10 ; Cunæus, *de*

D'autres savants non moins nombreux et tout aussi
célèbres prennent une attitude diamétralement opposée.
Dans les affirmations de la Mischnah et de ses innombrables commentateurs, ils ne voient que l'œuvre du
mensonge audacieux des uns et de la crédulité systé-
matique des autres. Pour les juridictions inférieures,
ils s'en tiennent exclusivement au texte du Pentateuque
et rejettent les tribunaux des Trois et des Vingt-trois
dans le domaine de la fable; pour l'exercice de la juridiction suprême, ils admettent l'intervention du grand
Sanhédrin, mais en soutenant que celui-ci est d'origine
récente et n'a jamais possédé les prérogatives immenses
que lui attribuent les traditions rabbiniques (1).

Ni les uns ni les autres ne se sont renfermés dans
les limites de la raison et de la vérité historique. Le
grand Sanhédrin n'a pas constamment existé depuis
Moïse jusqu'à la conquête romaine, et l'on peut même
très-difficilement faire remonter son origine jusqu'aux
réformes introduites par Zorobabel, Ezra et Néhémie,
après le retour de l'exil. Les tribunaux des Trois et
des Vingt-trois, avec leur ordre hiérarchique, leurs
trois classes de disciples, leurs attributions distinctes
et leur mode de nomination différent, ne datent pas
davantage de l'époque reculée où les talmudistes se

Republica Hebræorum, l. Ier, c. 12; Sigonius, _de Republica Hebræorum_,
l. VI, c. 7; Cornelius à Lapide, _Commentaria in Pentateuchum_, p. 850
et seq. (édit. d'Anvers, 1622); Pastoret, _Histoire de la législation_, t. III
et IV. Voy., à l'Appendice, la note Q.

(1) La question a été traitée dans ce sens par D. Calmet, dans sa _Dis-
sertation sur la police des Hébreux;_ par Basnage, dans son _Histoire des
Juifs,_ l. V, c. 1; par Michaëlis, dans son _Mosaisches Recht_, § 50.

plaisent à placer leur origine; ils appartiennent incontestablement à un âge beaucoup plus rapproché de nous, qu'on ne saurait déterminer avec une précision rigoureuse, et il serait même téméraire d'accepter sans réserve tous les détails qui nous sont fournis par les rabbins au sujet de leur organisation intérieure. On doit admettre, d'autre part, que l'imagination brillante et patriotique des docteurs s'est donné libre carrière dans l'énumération des qualités requises chez les juges, et surtout dans l'indication de quelques-unes des prérogatives souveraines, telles que l'élection des rois et des pontifes, qu'ils attribuent au premier corps judiciaire de leur patrie. Il est enfin incontestable qu'ils se sont écartés de la vérité historique en soutenant que les rois d'Israël et de Juda n'avaient pas le droit de juger (1). Mais ces erreurs et ces exagérations, quelle que soit l'importance qu'on leur assigne, ne nous autorisent pas à rejeter, dans leur ensemble et d'une manière absolue, les traditions unanimes et constantes des Hébreux sur l'existence d'une triple juridiction criminelle parmi leurs ancêtres, dans la dernière période de leur existence nationale.

Le grand Sanhédrin existait du temps de Jésus-Christ, et les Évangélistes, loin de lui attribuer une origine récente, en parlent comme d'une institution puissante et enracinée dans le pays (2). Il joue le pre-

---

(1) Voy., à l'Appendice, la note O. — Quand les talmudistes restreignaient ainsi arbitrairement le pouvoir des rois, ceux-ci avaient disparu depuis longtemps, et le problème était devenu purement théorique.

(2) Voy., à l'Appendice, la note Q.

mier rôle dans le procès du Rédempteur, et, quarante ans plus tard, nous le voyons figurer dans le mouvement national dirigé contre la domination romaine (1). Il s'agit donc uniquement de fixer, aussi exactement que possible, la date de son origine.

Les trois siècles qui s'écoulent entre l'arrivée d'Ezra et le règne d'Antiochus Épiphane ne sont que très-imparfaitement connus. Les écrits de Josèphe, pas plus que la Bible, ne nous fournissent les moyens de dissiper les ténèbres qui couvrent cette longue période de l'histoire de la Palestine. Les renseignements tant soit peu précis sur l'organisation politique et civile du pays ne reparaissent qu'à l'époque mémorable où la nation, rangée autour des premiers Asmonéens, brise le joug odieux des païens et reprend, avec un zèle ardent et soutenu, la pratique libre et complète du culte de Jého-vah. Or, c'est au milieu de ces luttes glorieuses que déjà le Sanhédrin se montre avec tous les caractères d'une assemblée investie d'une autorité prépondérante. Sur les monnaies du temps, il s'appelle *cheber ha-ye-houdim* (sénat des Juifs), et c'est à ce même sénat (γερουσία) qu'Antiochus Eupator, après la défaite de son ministre Lysias, s'adresse pour annoncer qu'il rend à la Judée la liberté religieuse supprimée par son père,

---

(1) Dans son autobiographie, Josèphe dit formellement qu'à peine arrivé en Galilée, pour prendre le commandement de cette province, il s'empressa d'écrire au Sanhédrin de Jérusalem pour lui demander des ordres.

Nous parlons, à l'Appendice, des tribunaux de sept juges et deux lévites, que Josèphe lui-même institua dans les villes de la Galilée. (Note R.)

Antiochus Épiphane (1). Dans la lettre que Jonathas
envoie aux Spartiates, pour faire alliance avec leur
république, on voit de nouveau figurer le sénat de
Jérusalem (2). On lui donna d'abord le titre de *tribunal
des Asmonéens* (3) ; mais, quelques années après, sous le
règne de Jean Hyrcan, l'influence de la civilisation
grecque devenant de plus en plus absorbante, il reçut
le nom de Sanhédrin (συνέδριον) , comme l'Aréopage
d'Athènes et le sénat des Macédoniens (4). Il n'est donc
pas possible d'admettre l'opinion de ceux qui, avec
le P. Petau et Basnage, rendent l'institution de ce
grand corps judiciaire contemporaine de la réforme
judiciaire entreprise par le général romain Gabinius (5).
Il faut au moins faire remonter son origine à l'époque
des Asmonéens, et il est même probable que ceux-ci
avaient trouvé le type de leur sénat dans une institution analogue établie par Ezra et Néhémie. Ezra ayant
reçu d'Artaxerxès l'autorisation d'établir des juges, on
ne voit pas pourquoi cet illustre Sopher, si savant et en
même temps si dévoué aux lois de Moïse, aurait mé·
prisé l'une des prescriptions les plus importantes du
Pentateuque, en négligeant de placer, à côté du Sanctuaire, un tribunal suprême chargé de la noble

(1) 2 Maccabées, XI, 27.
(2) 1 Maccabées, XII, 6, 35.
(3) *Sanhédrin*, 82, a ; *Aboda-Zara*, 36, b.
(4) Derenbourg, *Essai*, etc., p. 86 et 87. — Pour le titre de συνέδριον
voy. ci-dessus, p. 232, note 2, et Tite-Live, décade V, 1. 5.
(5) Petau, *Doctrina Temporum*, 1. Ier, c. 27 ; Basnage, *Histoire des
Juifs*, 1. Ier, c. 4, p. 31 (édit. de Rotterdam, 1707). Dans la suite de son
livre, Basnage lui-même revint sur cette opinion et plaça l'origine du
grand Sanhédrin sous les Maccabées. (L. V, c. I, p. 509.)

mission d'éclairer et de guider les juridictions locales (1).

Les tribunaux inférieurs, qui ne pouvaient prononcer que la peine de la flagellation, sont clairement désignés dans les Évangiles (2) ; mais l'Écriture, aussi bien que Josèphe, garde un silence absolu sur les Sanhédrins de vingt-trois juges investis du droit de connaître des accusations capitales. Nous ne croyons pas que ce silence suffise pour faire ranger au nombre des fables les affirmations de Juda le Saint, immédiatement acceptées par toutes les écoles de la Palestine, comme étant la reproduction fidèle des traditions unanimes et constantes des docteurs d'Israël. Le récit biblique, qui s'arrête à l'avénement de Jean Hyrcan, n'a pas eu pour but de nous faire connaître l'organisation judiciaire adoptée par les Juifs qui vivaient à l'époque du deuxième Temple ; et le silence de Josèphe, qu'on a tant de fois invoqué, ne peut servir d'argument contre les faits qu'il ne raconte pas. Josèphe, pour nous servir des termes employés par un savant Israélite français, est toujours muet lorsqu'il s'agit de décrire les institutions de sa patrie (3).

On peut critiquer les détails et prétendre que l'organisation judiciaire de la Palestine ne fut pas constamment invariable depuis Ezra jusqu'à la domination romaine, comme elle ne le fut pas depuis Moïse jusqu'à la captivité de Babylone (4). On peut supposer, dans cer-

---

(1) Voy. ci-dessus, p. 216 et 221, et, à l'Appendice, la note Q.

(2) Marc, XIII, 9 ; Matthieu, X, 17.

(3) Derenbourg, *Essai*, etc., p. 89.

(4) Voy. ci-dessus, p. 225, la réorganisation judiciaire effectuée par Josaphat.

taines limites, que les rabbins, suivant un procédé souvent employé dans le Talmud, ont plus ou moins confondu des règles accessoires appartenant à des époques diverses. Mais une saine critique historique ne doit pas dépasser ces limites. Le fait essentiel, celui de l'existence d'une triple juridiction criminelle parmi les Hébreux, au moment où arrivèrent les légions romaines, ne peut pas être révoqué en doute. Qu'importe que nous soyons dans l'impossibilité d'indiquer l'époque précise où cette triple juridiction a pris naissance (1)?

Moïse avait dit au peuple : « Vous établirez des « juges dans toutes vos villes, et vous aurez un tribunal « suprême dans votre capitale. » La composition, la compétence et l'ordre hiérarchique de ces tribunaux avaient été laissés dans le domaine du législateur ordinaire (2). Il faudrait bien peu connaître l'histoire et le caractère des Juifs, pour oser affirmer qu'ils n'usèrent jamais de cette latitude. Si nous rencontrons des difficultés insurmontables pour résoudre, avec une certitude entière, toutes les controverses qui se rattachent à la composition et à la compétence des juridictions postérieures à Ezra, cette impuissance peut nous inspirer de légitimes regrets, mais elle ne nous autorise pas à prendre le parti leste et commode d'une négation absolue.

(1) Voy., à l'Appendice, note R, les preuves à l'appui de notre opinion.
(2) Voy. ci-dessus, p. 221.

FIN DU PREMIER VOLUME.

TABLE DES MATIÈRES.